U0638084

体育产业发展理论与实践研究

刘 岩 牛振华 赵同庆 著

全国百佳图书出版单位

吉林出版集团股份有限公司

图书在版编目（CIP）数据

体育产业发展理论与实践研究／刘岩，牛振华，赵同庆著. --长春：吉林出版集团股份有限公司，2022.5

ISBN 978-7-5731-1521-8

Ⅰ. ①体… Ⅱ. ①刘…②牛…③赵… Ⅲ. ①体育产业－产业发展－研究－中国 Ⅳ. ①G812

中国版本图书馆 CIP 数据核字（2022）第 075952 号

体育产业发展理论与实践研究

TIYU CHANYE FAZHAN LILUN YU SHIJIAN YANJIU

著：刘岩　牛振华　赵同庆

责任编辑：欧阳鹏

封面设计：豫燕川

开　　本：787mm＊1092mm 1/16

字　　数：330 千字

印　　张：13

版　　次：2023 年 12 月第 1 版

印　　次：2023 年 12 月第 1 次印刷

出　　版：吉林出版集团股份有限公司

发　　行：吉林出版集团外语教育有限公司

地　　址：长春福祉大路 5788 号龙腾国际大厦 B 座 7 层

电　　话：总编办：0431—81629929

印　　刷：吉林省创美堂印刷有限公司

ISBN 978-7-5731-1521-8　　　　定价：48.00 元

版权所有　侵权必究　　　　举报电话：0431－81629929

前　言

　　随着社会的发展，人们对体育的需求日益增长，体育不再是少数人的专利，也不再是仅仅为了身体健康需要的产品，随着体育事业产业化的日益完善，体育已经成为一种特殊的可供娱乐的消费品。为了适应人们日益增长的体育消费的需要，专门从事体育服务产品生产和经营的人也越来越多。

　　"体育强则中国强，国运兴则体育兴"，这个论断既概括了体育对于国家和国民的巨大价值，又洞察到国泰民安对体育发展的基础性支撑。我国已经进入发展的新时代，体育提供的健康与快乐，是人民群众美好生活愿望中的重要需求，极具增长潜力，极具社会价值。2016 年，全国体育产业增加值 6 475 亿元，产业增加值占同期 GDP 的比例达 0.9%；体育产业就业人数 440 余万人，占当年城镇就业总数的 1%。从国际比较和国内需求看，我国体育产业发展滞后、比例偏低，需要加快发展。从发达国家的经验看，体育产业的比例相当甚至超过汽车、科技、高等教育等，在国民经济中的地位很重要。

　　习近平总书记在十九大报告中提出："广泛开展全民健身活动，加快推进体育强国建设，筹办好北京冬奥会、冬残奥会。"这一号召使得体育的产业特性得到了前所未有的关注，当体育作为一种产业形态出现的时候，必然会带来一系列关于产业层面的思考。资本对体育的投资急剧递增，体育产业出现了许多新的商业发展机会和就业机会，体育企业集团、体育产业集群风起云涌；技术变革使得体育的参与、体育观赏方式发生了巨大的转变，不仅为体育消费者提供了便利、多样性的选择，也为相关体育组织创造了更多的收入来源；肥胖人数增多、医疗费用问题、疾病预防意识的觉醒，以及人们对于体育生活方式的接纳，马拉松跑步、健步走、户外旅游等参与型体育构成了现代体育产业日益重要的一部分；从国家到地方，从一个地方到一个区域，均在以一种战略性发展眼光，全面地谋划将体育产业中的体育赛事和全民健身作为改造社区、优化城市环境、完善公共基础设施、提升城市形象的催化剂。在这样的大背景下，如何看待体育产业的各种问题，促进我国体育产业的发展成为亟须解决的问题。本书从我国体育产业发展的实际出发，从不同的角度对体育产业的发展进行了分析与研究，希望能够为我国体育产业的发展贡献自己的一分力量。

在立足我国国情的基础上，笔者对国内外体育产业的发展进行了深入的分析。所以在撰写过程中，本书运用经济学的视角，结合体育产业形成和发展的基础理论，对我国体育产业的发展现状、主要问题、发展战略等方面进行了深入研究和分析，以期从理论和实证两方面为我国体育产业的发展提供有益的参考，且本书集科学性、系统性、时代创新性于一体，对体育产业的研究内容丰富全面，涉及体育产业的方方面面，结构清晰完整，各部分内容的研究均是建立在相关理论和科学分析的基础之上，并结合我国体育产业的发展现状提出了发展创新策略，体现了时代价值与学术创新。同时，对我国体育产业的发展进行了系统的实证研究，使得本书在较强理论性的基础上又具有了实用性。本书作为较系统化的理论研究成果，旨在通过对民族体育产业的经济理论分析，探寻我国民族体育产业的市场化运行规律与科学机制，为我国民族体育产业的科学化发展提供理论与现实指导。本书结合我国民族体育产业的发展现状及发展环境、影响因素对未来民族体育产业发展进行了分析，并提出了科学化发展策略，兼具理论与实践指导意义。

本书由哈尔滨师范大学体育科学学院刘岩、山东中医药大学牛振华、河西学院体育学院赵同庆共同担任著者。具体撰写分工如下：刘岩负责第一章至第三章、第十章的内容（共计 11.3 万字）；牛振华负责第四章至第六章的内容（共计 12.7 万字）；赵同庆负责第七章至第九章的内容（共计 9 万字）。全书由刘岩统稿完成。

在全书的撰写过程中，作者参考和借鉴了大量国内外相关专著、论文等理论研究成果，在此，向其作者致以诚挚的谢意。同时由于时间仓促、作者能力有限等原因而导致本书出现的疏漏之处，也恳请专家、读者批评指正。

作　者

2021 年 2 月

目　　录

第一章 体育产业概述

第一节 体育产业理论

一、体育产品

（一）体育产品的含义

体育产品是由体育生产活动产生并且可以满足人们某种体育需求的劳务产品。具体来看，体育产品有如下特点：

（1）体育产品的"体育性"。体育产品是由体育活动而非其他活动产生的。

（2）体育产品的"生产性"。体育产品是在体育生产活动中产生的，是生产性的劳务活动。此外，体育产品的"生产性"还表现在它是产出品而非投入品。

（3）体育产品的"劳务性"。体育产品是以服务的形式向消费者提供的劳务产品。

（4）体育产品的"满足体育需求性"。体育产品是为了满足人们对体育的某种需求而生产的，突出其目的性。

（二）体育产品的类别和特征

1. 体育产品的类别

（1）体育健身休闲产品是指满足人们强身健体和休闲娱乐需要的各类体育产品。主要包括健身指导、体育锻炼咨询、体育医疗咨询以及各种体育休闲服务等。体育健身休闲产品是体育产品的重要组成部分，这类产品要求消费者以直接参与的形式消费。随着经济发展水平和人们生活水平的提高，人们对健康和生活质量的关注程度和要求也越来越高，体育健身休闲产品逐渐受到人们的重视。人们更多地参与健身休闲活动，成为推动大众体育发展的重要力量。

（2）体育竞赛表演产品是指体育组织为满足人们娱乐身心和审美享受的需要，以运动员高超的竞技能力为产品向消费者提供的各种体育比赛、竞技表演等。这类体育产品的提供者主要是各类体育组织，包括营利性或非营利性组织。消费者主要是以现场观看或者通过其他形式观看而不是以直接亲身参与的形式消费。

（3）体育技术培训产品主要是体育人才培养和培训形式的体育劳务，它的生产是专业教师、教练及专业技术人员采用科学有效的训练方法和训练手段,有计划地对运动员或其他体育人才进行训练或培训,使他们的运动技能、运动水平得到提高的劳动过程。它产出的产品就是专有的训练方法、训练计划及其在训练中的实践与运用。这种产品的生产与消费对整个体育产品的质量有着重要的作用,特别是对竞赛产品作用尤为明显。

(4) 其他体育产品主要是上述分类中没有涉及的其他符合体育产品定义的产品,如竞技体育所产生的荣誉、体育无形资产等。

2. 体育产品的特征

(1) 体育产品具有生产和消费的不可分割性,主要表现在以下方面[1]:

第一,时间上的不可分,即在生产过程完成的同时消费过程也随之结束。由于体育产品是以体育服务(活劳动)的形式出现的,因此,比赛或锻炼过程一旦结束,观众对体育赛事的观赏或消费者对体育健身产品的消费也就宣告结束。没有人能将这一生产过程完全地重复和储存,所以在时间上,体育产品的生产与消费是同步的。第二,空间上的不可分,即生产活动和消费活动往往是在同一空间中实现的,如健身房和比赛现场。第三,对体育活动的亲身参与是无法替代的。一个人不可能通过让别人帮他运动来实现健身,也不可能通过让别人代替他到现场观看比赛来使他获得现场的气氛与内心的激动。他只有亲临现场,才能真正完成对体育产品的消费过程。对体育产品消费的这种亲身参与性也决定了体育产品的生产和消费的不可分割性。

(2) 体育产品具有需求层次的高端性。

第一,体育产品具有需求层次的高端性。人们对于体育产品的需求并不是为了满足基本的生存需求。人们基本的生存需求主要是指衣食住行等生活必需品的需求,离开了衣食住行,人们是无法生存的。而体育需求并非是人们生存所必需的,也就是说离开了体育运动,只是影响到人们的生活质量而已。由此,在经济学中,生活必需品被描述为替代性很低,甚至是替代弹性几乎为零的产品,而体育产品的替代性则是较高的。第二,当人们的可支配收入达到一定的水平时,参与休闲性体育活动和观赏高水平竞技表演就会逐渐成为满足人们享受性需求的重要形式(当然这种需求并不是必然产生的,人们也可能通过观看文艺节目等形式来实现类似的需求)。第三,人们对体育产品的需求是满足人们发展性需求的重要内容之一。首先,人们的生存需求得到满足后,还渴望着更高的需求,如强身健体、身心和谐发展等。体育产品恰恰可以满足人们这种更高层次的需求。其次,从满足人们发展性需求的角度看,对体育的需求还是一种重要的人力资本投

---

[1] 李颖川. 体育蓝皮书 中国体育产业发展报告 2019 [M]. 北京:社会科学文献出版社,2020.

资。人力资本是与物质资本相对的一个概念，一般被理解为通过人力投资形成的、附着于劳动者身上并能够为其带来持久性收入来源的生产能力。人们通过消费体育产品，可以消除疲劳，更好地恢复体力，实现劳动力的再生产；通过消费体育产品，可以增强体质，减少疾病，从而提高劳动生产率；通过消费体育产品，可以改善健康状况，增加收入，延长工作年限；通过消费体育产品，可以舒缓心理压力。

（3）体育产品具有消费结果的不可预测性，主要表现为：第一，体育产品是以活劳动的形式提供的，而活劳动的一个重要特点就在于不可完全重复。因为每一次劳动过程受到劳动者本身以及外界环境等诸多因素的影响，所以很难保证有两次劳动过程是完全一致的。第二，体育产品最终是要作用于人这个复杂的主体，而每个人的情况又有很大差别，例如同样是"瘦身运动"，但由于每个人本身的体质状况以及生活方式等方面的差异，很难准确预测其最终结果。第三，最难预测的当属高水平的竞技体育比赛。当消费者购买到一场高水平比赛的入场券时，比赛的激烈程度，比赛过程中可能出现的突发情况，购买入场券的其他观众的心理预期和倾向，特别是比赛的最终结果都是难以在比赛前知道的。

（4）质量评判的差异性主要表现为：第一，由于消费者主观感受的差异性，同样一场比赛，观众可能会根据自己的好恶或者知识、经验的不同，对场上球员的表现及比赛的结果做出不同甚至是完全相反的评价。第二，在娱乐健身活动中也是如此，任何健身器材和场地、培训方式等，要让绝大多数消费者都能满意不是一件容易的事，这也恰恰是服务类产品的特点之一。

（5）体育产品生产的劳动密集型特点在前面的分析中已经反复提到过，因为体育产品是在体育运动中产生的，主要投入就是活劳动，无论投入多少器材设备，离开了人本身的身体运动过程就不能称其为体育，更无所谓体育产品生产。人的体力投入是在体育产品的生产过程中无法取代的基本要素，体育产品是劳动密集型产品的属性也无法改变。随着科技的进步，从事体育活动的人的运动量有不断加大的趋势。科学的训练方法，不断改进的训练器械，日益发达的疲劳恢复手段，使得职业运动员得以不断突破自身的运动极限，运动的负荷量不断加大，从这个意义上讲，在职业运动员所提供的体育产品中劳动的比重有增无减。

（三）体育产品向体育商品的转化

1. 体育产品向体育商品转化的可能性

体育产品可以向体育商品转化，原因如下：

（1）体育产品中的一部分产品可以满足体育商品的价值要求。商品是用于交换的产品，但用于交换的前提就在于商品具有使用价值和价值。使用价值表现为商品的有用性。而价值则因为体育产品的生产过程和其他有形或无形产品的生产一样，也要投入一定的人力、财力、物力和时间，也就是说体育产品的生产同样耗费了"无差别的人类劳动"，这种无差别的人类劳动构成了体育产品的价值量基础，为其进入交换领域完成与其他产品的交换奠定了基础，从而使其向商品的转化成为可能。

（2）体育产品可以通过市场实现其交换价值。体育产品兼有私人产品和俱乐部产品的特性，这也使体育产品向体育商品的转化成为可能。因为私人产品具有竞争性与排他性，可以以较低的成本实现排他，将不付费的人排除在外，从而保证成本回收和实现一定的利润。这在交换中是很重要的，因为一旦缺少了这种保证，那么交换就会成为单方面的服务，并因一方的利益持续受损而最终停止交换。而私人物品的排他性，其实是一种产权上的保证，保证其在完成交换的同时可以获得相应的交换价值，从而使交换行为成为可能。体育产品中还有相当一部分属于竞争性较弱但排他性较强的俱乐部产品。竞争性在市场交换中的作用更多的是决定了定价的依据，因为竞争性直接决定了产品的边际成本问题，而排他性则决定了人们以何种分配方式得到该产品。所以即使是俱乐部产品，因为其具有排他性，仍然可以保证收费的实现，从而保证交换的顺利进行。例如到一个没有坐满的球场观看比赛，尽管多一个观赏者的竞争性很弱，甚至根本不存在边际成本，但是组织者仍然可以通过售卖门票的形式实现对消费者的排除，以保证其利润的实现。正是这种排他的"权力"使得体育产品的交换价值能够在市场中得以实现。

2. 体育产品向体育商品转化的意义

（1）体育产品向体育商品转化的最大意义在于它提高了体育资源配置的效率。如前所述，无论是私人体育产品还是俱乐部体育产品，在提供方式上，都有其最具效率的选择。作为私人体育产品，当然是由市场提供，以市场交换的形式进行分配最有效率。而俱乐部体育产品虽然不具有完全的竞争性，但是同样可以通过市场生产、市场交换的方式来实现，所不同的是，政府往往要对提供这类产品的行业或企业给予一定的政策优惠。但是从整体上讲，俱乐部产品由市场提供比单纯地由政府提供更有效率，只有这样才能弥补政府将体育产品作为纯粹的公共产品来提供时造成的供给不足和资源配置的低效率。

（2）体育产品向体育商品的转化能够更好地满足人们日益增长的体育文化需求。随着经济的发展和人们生活水平的提高，人们越来越重视健康和生活质量，对体育产品的需求也日益多样化和高质化。依靠计划的方式或是自给自足的供给模式是难以满足人们对体育产品的需求的，而体育产品一旦进入市场，完成向商品的转化，人们对体育产品的种种需求愿望就会在现实购买力的支持下转化为一种有效的需求，进而通过价格机制向生产者发出信号。"哪里有需求，哪里就会有生产"，市场机制就会自动地实现对这种有效需求的反应，从而更好地满足人们的体育文化需求。

（3）体育产品向体育商品的转化还可以带来一系列的社会效益和经济效益。最为明显的就是体育产品向体育商品的转化可以有力地推动体育产业的发展。而体育产业的发展对国民经济发展的重要意义如下：促进国民经济的增长，减少国家财政支出，为社会提供就业机会，增加国民收入，促进相关产业的发展，拉动内需，吸收社会游资。

3. 体育产品向体育商品转化的条件

西方体育发展史表明，在相当长的时期内，体育是作为公共产品或是社会福利而非体育商品向社会提供的。只有在具备了一定的经济和社会基础之后，这种公共性才被打破，体育才开始走向市场，体育作为一种商品的特性才被人们认可。

体育产品向体育商品转化的经济与社会条件主要包括以下几点：

（1）体育的社会化。以欧洲为例，从17世纪开始，除了公共教育机构之外，私人也开始注重体育的作用。在学校体育旺盛发展的同时，体育在瑞典和德国都开始走出学校，面向社会。德式体操、瑞典体操和英国的户外运动成了近代体育手段的三种主要形式。这种社会化的体育运动，既包含了现代大众体育的要素，也孕育着现代商业化表演体育的萌芽。面对复杂多变的大众体育需求，除了延续由公共部门继续提供基础体育机会的做法外，更多的私人与营利企业也参与进来。从当时的大众休闲体育活动内容来看，有一部分体育游戏如足球、棒球、赛马等项目逐渐分流而成为彻底的商业化表演。可见，在西方，体育活动的社会化为体育的商业化提供了必要条件。

（2）社会分工的发展。社会分工是一切商品出现的必要条件，体育商品也不例外。但只有当社会分工发展到从事体育产品的生产成为一种可以维持基本生存且生活质量不低于社会平均的生活水平时，社会才会从原有的分工中再分离出专门从事体育产品生产的劳动，形成体育商品市场的供给方；也只有社会分工发展到不再是自然经济条件下自给自足的生产和消费体育产品的程度时，对体育商品的需求才能形成一定的规模，从而形成体育商品市场的需求方。

（3）经济的快速增长。在西方，自产业革命之后，劳动生产率大幅度提高，经济飞速发展，机械化生产方式将人们从繁重的劳动中逐渐解脱出来，人们的体育需求被极大地激发了。经济的快速增长增加了人们的收入，从而提高了人们的消费水平，这从另一个角度降低了人们参加体育的机会成本，并提高了人们为体育付费的欲望。

（4）城市化进程。人口向城市的集中，使得制度化、规则化的赛事和赛事组织变得容易而有利可图，比赛容易举办，消费者也容易聚集，由此促使以大城市为据点的各种赛事开始盛行。

（5）市场环境。日益成熟的市场环境，尤其是现代企业制度与金融制度的建立，为体育商业化的形成创造了条件。当最终在供给与需求两个方面，体育的规模化、专业化、商业化都形成了收益大于成本的格局时，体育产品也最终完成了向体育商品的转化。

在我国，体育产品向体育商品的转化同样需要一定的政治、经济和社会条件。在这些条件中，最为重要的有两点：第一，经济发展水平。体育产品是满足人们享受和发展需求的产品，而这种需求只有在人类社会的经济发展到一定水平时才能得到满足。换言之，只有在经济发展到一定的水平时，人们的体育需求才能形成一种有效的市场，从而使得体育产品可以完成其交换过程，实现其向商品的转化。此外，体育产品的消费还必须耗费一定的时间，就是人们所说的"既有钱还得有闲"，这个条件也只有在经济的发展足以解放出人类一部分闲暇时间时才能达到。第二，市场化改革。市场化改革是体育产品向体育商品转化的制度基础。体育产品属于比较高层次的产品（满足享受和发展需要），它只有在商品化程度很高、市场化较为成熟的阶段才能真正作为商品进入市场，才能以价格作为信号进行生产和交换。以前，体育被作为纯粹的公共事业，体育产品自然也不可能进入市场成为商品。现在，部分体育项目开始进入市场，体育产品也开始了向商品的转化。随着我国市场化改革的逐步深入，由市场配置部分体育资源的制度也会逐渐发挥作用，从而为体育产品向体育商品的转化奠定坚实的制度基础。

二、体育产业结构

研究产业结构是所有产业发展的必由之路。分析和研究体育产业的结构，对于科学制定体育产业政策，促进体育产业的发展有着重要的理论意义和实践意义。分析体育产业结构的目的是选择合理的体育产业结构政策，制定协调体育产业内部比例关系以及保证为促进这种结构变化应采取的政策措施。

（一）产业结构理论

我国的产业结构理论研究相对较晚，多出现于改革开放之后。论述的重点都集中于计划经济体制下形成的具有刚性的事业结构，以及社会主义市场经济条件下实现产业结构转变的若干对策。与西方产业经济学家在研究方法上不同的是，我国的经济学家注重居民消费结构的变化，这是与传统的马克思的产业结构理论相一致的。以林白鹏为代表的学者根据马克思关于两大部类的产业分类法，将产业结构划分为消费品产业部门和资本品产业部门。

（二）体育产业结构的含义

从上文关于产业结构的三个层次来看，体育产业结构关注的是第三个层次——某个行业内的部门结构。但是由于我国体育产业的起步较晚，体育产业理论的发展相对滞后，国内学者对于体育产业结构的认识仍存在较大的分歧。主要代表性观点有如下几种：

（1）张中江、田祖国认为，体育产业结构就是指各个体育产业部门之间及其内部的相互关系和比例关系。研究体育产业结构就是研究体育产业各部门之间的不同排列顺序、比重配置、联系方式以及各要素之间的相互影响等。

（2）杨铁黎根据产业结构的划分标准认为，体育产业结构是指体育资源在体育部门之间配置的构成和相关性，并将体育产业划分为体育本体产业、体育相关产业、体育延伸产业和体育边缘产业四部分。

体育本体产业即以体育自身特性从事生产或服务的部门。它是产业的部门群，即使用价值相近的产品生产、服务部门的集合。如体育健身娱乐业、体育培训业、竞赛表演业等，这部分基本属于无形的非实体产品。

体育相关产业即为体育本体产业的发展提供生产要素的物质生产部门。在归类上不属于体育产业，但与体育产业有着十分密切的联系，为体育本体产业的生产创造条件。它是一种产业链，是由递进关系横向构造的产品生产、服务部门的组合。如体育用品、器材设备、体育服装等，这部分基本是有形的实体产品。

（三）体育产业结构变动的影响因素

决定和影响产业结构的因素是很复杂的，决定和影响体育产业在国民经济中的地位及其内部结构的因素同样极为复杂。产业经济学研究一般是从需求结构、供给结构、贸易结构和社会结构四个角度来分析产业结构的演化，体育产业结构变化的影响因素同样可以从这四方面得到解释。

1. 需求结构

体育需求结构是社会对体育及其相关产业产品的需求。按照马克思的需求理论，人的需求可分为生存需求、享受需求和发展需求三类。其中，生存需求是满足人们的生理需要，属低层次需求；而享受和发展需求是满足人们作为社会人实现自我价值的需要，属高层次需求。人的需求结构客观上具有由低级向高级转化的趋势。在社会经济发展水平较低阶段，人们追求温饱，主要是对物质消费品的需求。随着经济生活由温饱型向小康型、富裕型的转变，人们对物质消费品需求的增长势头将会减弱，而对服务消费品，尤其是对与人的健康和生活质量提高直接相关的服务消费品的需求将会迅速上升。体育运动既是提高身体素质、获得健康的途径，又是个人得以娱乐和休闲、提高生活质量的方式。因而，体育消费是顺应消费需求结构变化规律、有增长潜力的服务性消费，由此必然带来体育产业结构的相应变化。

2. 供给结构

供给结构是指社会的物质基础。体育产业的发展要有大量的物质资本的积累、大量相关人力资本的积累和技术水平的进步。这些因素都影响着体育产业结构的演变，当整个社会的供给水平比较低时，整个社会财富的大部分被用于解决人们的温饱问题，体育产业根本就没有发展的条件。只有当物质生产水平足以使人们从基本的生存压力中解放出来，人们才能有更多的闲暇去娱乐、休闲以及发展自己的身体和兴趣，从而为体育产业的发展营造良好的外部环境。而且，物质条件越发达，技术越进步，体育产业的结构也就朝着更加高级、更加优化的方向发展。

3. 贸易结构

这里的贸易结构指的是体育产业的国际贸易结构，也就是国际的体育用品和体育服务的进出口结构。体育用品和服务的跨国流动是影响体育产业结构变动的重要外部因素。出口反映的是国际市场对体育产业的需求结构，进口反映的是体育产业的供给结构。国与国之间体育用品和体育服务生产的相对优势变动造成的体育产业进出口结构变动，会引起体育产业供需结构的变动，进一步带来国内体育产业结构的变动。

4. 社会结构

体育产业结构作为社会经济结构的一个组成部分，自然也会受到社会其他结构的影响和制约。对体育产业结构变动产生影响的社会结构有：人口结构、文化结构、阶层结构、城乡结构等，它们都直接或间接影响社会供需结构，进而影响体育产业结构。

第二节 体育产业的属性及研究范围

目前关于体育产业的界说有多种，其中有一些表述与产业经济学和逻辑学原理明显相悖，这必将导致人们在具体研究中的认识偏误，为此，有必要以产业经济学理论和逻辑学原理对目前体育产业的几种界说进行辨析。

一、体育产业的基本属性

（一）体育产业外延的广义说

尽管学者以宽口径的方式界定体育产业时有多种陈述，但产业外延广义化的共同点却相当明显，在此我们以"体育产业外延的广义说"来概括这类认识。"体育产业外延的广义说"的典型表述是：与体育有关的一切生产、经营活动部门的总和。其产品包括体育物质产品、体育服务和劳务产品；其基本内容包括健身娱乐业、竞技观赏业、体育用品业、体育传媒业、体育博彩业、体育广告业、体育饮品业等。在1995年的全国体委主任会议上体育产业被概括为体育三大类别：第一为体育主体产业类，指发挥体育自身的经济功能和价值的体育经营活动内容，如对体育竞赛表演、训练、健身、娱乐、咨询、培训等方面的经营；第二指为体育活动提供服务的体育相关产业类，如体育器械及体育用品的生产经营等；第三类指体育部门开展的旨在补助体育事业发展的其它各类产业活动。

（二）体育产业的体育事业说

有学者认为体育事业包含了体育产业，或称体育产业是社会主义市场经济运行体制下的体育事业，它是体育事业由传统的计划经济转到社会主义市场经济体制下的称谓。在此将这类陈述简称为"体育产业的体育事业说"。持这类观点的学者的思维基点有两方面：第一，将体育事业的概念范畴置于体育产业上一个层次来认识。认为在现代社会里，体育是人们从事有一定目标、规模、组织和系统的活动成为一种事业，亦即体育产业。体育的生产、经营活动符合这种活动的特性。第二，将体育产业作为体制转型过程中体育事业功能延伸的一种形态。

（三）体育产业外延的狭义说

体育产业是生产和提供体育、运动服务或劳务产品的企业集合，或称以活动、劳动形式向全社会提供各类体育服务的行业总和。其基本特点是强调了产品的非实物性，以劳务或服务的"活动"形式存在，并提供满足人的身心等方面需求的使用价值，生产过程是消费者直接参与并享受的过程。此类界说在此处简称"体育产业外延的狭义说"。持此类观点的学者的主要思维基点有两方面：第一，A. Fisher 等人提出的三次产业法是界定产业属性的重要依据，将体育产业定位于生产劳务或服务产品的行业在第三次产业范畴里，符合经济学原理；第二，体育产品与生产的投入品之间有质的区别，两者不存在替代性，只存在互补性，故不能将它们视为相同产业生产的产品。

二、体育产业的研究范围

（一）体育健身娱乐业

健康包括身体健康、心理健康和社会适应等几方面。应该说，身体健康是一切健康的基础，没有身体健康，其他的方面也就无从谈起。我国健身娱乐行业的发展充分说明了经济发展的重要基础作用。劳动方式的转变为该行业发展提供了保证。生活方式的转变也是促进行业发展的又一动因。为了获得好的工作职位，人们不得不将更多的时间用于学习和提高工作效能。人与人之间的相互联系少了，紧张、过度劳累的现象不断增加，体育的特殊功能使之越来越受到青睐。生活水平的提高使得人们对参与体育的各种环境有了新的要求，体育健身成为一种服务行业的时机已经成熟。一个新兴的体育健身行业逐渐在我国发展起来。

有关调查表明，我国农村地区的健身娱乐状况还不够理想，体育人口非常少。虽然国家十分重视农村体育的开展，但由于受经济、社会、文化等条件的限制，体育健身娱乐在农村地区广泛开展尚待时日。在参与国民体育健身运动的人员中，青少年和老年人体育人口所占比重较大，而有经济基础、年富力强的中青年人却因为各种原因而参加体育运动不多，这直接影响了行业的发展。

（二）体育竞赛表演业

竞赛表演业是竞技体育产业化的实体形式。由于它的发展关联度大，能带动其他行业的快速发展，把它确立为整个体育产业发展的重点不仅具有战略意义，而且可操作性强。当前中国体育竞赛表演呈现出多样化的发展趋势，一些新兴的运动形式正在进入我国的竞赛表演市场。一些职业体育人也开始关注开发我国市场，有一些俱乐部已经与我国建立了广泛的市场关系。近年来，一些国际上新兴的、影响力很大的职业运动在我国发展势头良好，如职业高尔夫球运动，各种拉力赛、越野赛等，这也为我们学习国际先进经验提供了直接的教材。在注重引进的同时，我们也开始开放市场，尤其是职业体育劳动力的开放程度已经达到了相当高的水平。

北京成功申办 2022 年冬奥会后，有关利用北京奥运会大力发展体育产业的问题已经提上了议事日程。经过多年的发展，国际奥委会已经形成了一整套的经济开发运作模式。对于奥运举办城市来说，也有相应的开发形式。这使得我们可以近距离接触国际先进体育产业开发经验，利用北京举办冬奥会的有利时机，从人才构建、体制改革、经营运作等多方面提高我国体育竞赛表演业的发展水平。

体育竞赛表演业的发展既需要传统项目水平的不断提高，也需要不断创造新型运动项目。

（三）体育用品业

我国已经成为世界第一的体育用品生产大国。早在 20 世纪 80 年代，一些世界知名体育用品生产厂商看好我国产品原料丰富而且价格低、政府优惠政策多等优势，纷纷在国内建厂和合作生产。良好的市场前景也吸引了国内厂家的注意，一些老的体育用品生产企业抓紧改制，一些新的企业迅速上马，形成了多头并举的态势。我国体育用品业在改革开放后经历了两个发展阶段。

第一阶段：国外厂商进入国内市场。这一阶段，国内原有厂商由于生产工艺落后、技术能力不强和企业负担重等原因，没有顶住来自国外企业的冲击，一些厂家被迫转产。这一阶段国内一些新兴的体育用品企业逐渐成长起来，以李宁为代表的体育用品人开始了实践探索。还有一些国内老品牌开始重视市场竞争，不断积蓄力量，在竞争中生存，并且发展壮大起来。

第二阶段：与国外厂商展开竞争。随着国内体育用品市场需求的不断增加，生产与国外产品有差异性的产品是国内企业新的增长点。国内产品在价格方面有竞争优势，在低端的体育用品市场上取得了压倒性优势。完成了资本原始积累、人才培养、体制转型，生产技术好的国内企业开始大量占据市场。一些国内知名品牌在许多体育用品领域取得了较大的市场份额，形成了中国名牌。但国内企业在体育用品生产的核心技术、市场开发等方面还处于劣势。出口商品中大多数属于贴牌商品。

（四）与体育相关的其他行业

我国体育新闻传播业的发展势头非常迅猛。体育新闻传播过去只是作为新闻机构的一个副业来经营的。新闻传播业关注的是大众需求，体育在现代社会的重要作用和广泛的群众基础引起了高度重视。中央电视台创办的体育频道是我国体育新闻传播业发展的一个里程碑。我国体育传播业已经开始与国际体育新闻传播业广泛开展合作，提升了行业整体水平。1984年北京举办马拉松赛时开始发售彩票用以筹集资金，到今天，体育彩票的品种和形式越来越多，体育彩票成了筹集体育资金的重要手段。我国体育彩票的销售额总体上呈持续上升的趋势。但是，由于体育彩票行业发展时间尚短，管理经验不足，有些问题有待进一步的解决。另外，我国体育建筑行业、体育教育等行业也有良好的市场前景。

第二章 体育产业多元化发展的理论

目前，体育产业作为一种新兴产业，发展明显加快，并不断呈现多种组织形式，已经成为国民经济新的增长点。作为第三产业的组成部分，加快我国体育产业的发展既是建立社会主义市场经济体制的需要，也符合我国经济结构战略性调整的要求。我国体育产业刚开始进入市场化运作，尚处于国际体育产业发展过程中的初期，机遇与挑战并存，将具有很大的发展潜力和上升空间。然而，要在实践中不断寻求体育产业发展的出路和对策，需要对基础的产业理论以及体育产业本身的特殊性有一定的理论奠基，才能更好地服务于未来我国体育产业的健康多元化发展。

第一节 产业集群理论与主导产业理论

一、产业集群理论

产业集群是指区域内特定产业的众多具有分工合作关系的不同规模等级的企业以及与其发展有关的各种机构、组织等行为主体，通过纵横交错的网络关系紧密联系在一起的空间集聚体。国内外学者对产业集群理论进行了大量的研究，下面对主要的产业集群理论进行简要的评述。

（一）亚当·斯密[①]和马克思的分工协作理论。亚当·斯密认为劳动分工是国民财富增进的源泉，是经济生活的核心现象。他在《国富论》中分析道：劳动生产率上最大的增进，以及运用劳动时所表现的更大的熟练、技巧和判断力，似乎都是分工的结果。斯密不仅一般论述了采取分工生产的方式可以提高劳动生产率，而且深入分析了产生分工效率的原因。他将分工分为三种：一是企业内分工；二是企业间分工，即企业间劳动和生产的专业化；三是产业分工或社会分工。第二种分工形式实质是企业集群形成的理论依据所在。正是因为这种分工，企业集群才会具有无论是单个企业还是整个市场都无法具备的效率优势，过细分工和市场分工都有一系列弊端。企业集群保证了分工与专业化的效率，与此同时

---

① JOHNCOLLINS. 张德让，译. 解析亚当·斯密《国富论》［M］. 上海：上海外语教育出版社，2020.

还能将分工与专业化进一步深化，反过来又促进了企业集群的发展。而马克思认为生产组织方式的选择必须满足降低个别价值的目的，否则资本增值的目标将难以实现。所以当事实证明新的生产组织方式——分工与协作具有更高的生产率时，采取这种生产组织方式就成为资本家的普遍行为，以便利用分工的优势降低成本。

马克思认为建立在协作基础上的企业生产，可以产生比分散生产更大的效率。[①] 究其原因，首先协作性的集体生产在相同产量的条件下比分散生产节约了占用的空间，其次有利于在交货期临近或其他紧急情况出现时集中生产能完成较大的生产量，再次在集体生产的环境中，个人能力可以通过劳动效率间的差异表现出来，努力争先的竞赛提高了生产率，最后把不同的生产环节容纳在一个企业中，有利于管理和控制，可以保持生产的连续性和比例性。总之，对高效率和低成本的追求，成为产业集群形成的内在动因。

（二）马歇尔的规模经济理论[②]

马歇尔提出两个概念即内部规模经济和外部规模经济。外部规模经济是指在特定区域由于某种产业的集聚发展所引起的该区域内生产企业的整体成本下降。通过对英国一些传统工业的企业集群现象的考察，马歇尔发现了外部规模经济与企业集群之间的密切关系，他认为企业集群是基于外部规模经济而形成的。马歇尔认为外部规模经济与内部规模经济同样具有产业组织效率，这种经济往往能使许多性质相似的小型企业集中在特定的地方。马歇尔把专业化产业集聚的特定地区称为"产业区"。

同时他还对导致规模经济的原因作了细致的探讨。他认为大规模生产的主要利益是技术的经济、机械的经济和原料的经济。因为大工厂可以采用高效率的机械，从而极大地提高生产效率，从机械的经济所获得的各种利益是小工厂难以企及的。大企业的大批量采购可以获得相对低的价格，而且大批量运输保证了对运输工具的充分利用，因此有着较低的运输成本。企业集聚在"产业区"内，可以降低劳动力的搜寻成本和辅助生产成本，信息的溢出可以使集聚企业的生产效率高于单个的分散的企业，同时协同创新的环境也促进了企业集群的发展。

（三）产业区位理论和新产业区位理论

德国经济学家韦伯从产业集聚带来的成本节约角度讨论了产业集群形成的动因。他认为费用最小的区位是最好的区位，而聚集能使企业获得成本节约。一个企业规模的增大能给工厂带来利益或节约成本，而若干个企业集群在一个地点同样也能给各个企业带来更多的收益或节省更多的成本，技术设备发展的专业化、

---

①　鲁凤龙. 永远的马克思 [M]. 昆明：云南大学出版社，2019.

②　李乡状等著. 马歇尔 [M]. 长春：吉林大学出版社，2009.10.

搜寻劳动力的相关成本的降低，也都促进了企业集聚。正是成本的节约促使企业产生了集聚的动因。

新产业区理论从企业与其所处的社会环境之间的互动关系入手研究企业集群的形成动因。在对美国硅谷、德国巴登-符腾堡、意大利爱米利亚-罗马格纳等高技术产业综合体实践的研究基础上，新产业区理论在 20 世纪 80 年代应运而生。该理论认为，决定一个国家一个地区乃至一个企业高新技术产业发展状况最主要的因素，不是物资资本的数量与质量，而是与发挥人力资本潜力相关的经济组织结构和文化传统等社会环境因素。硅谷的成功正是因为有一个良好的有利于创新、有利于人才成长的文化生态环境。

此后，欧洲学派小组又把文化环境这个概念引入产业的空间聚集现象与创新活动。创新环境理论认为产业的本地化包括提升整个社区的技术和专业化水平，提供丰富的高素质劳动力，增加辅助的贸易和专业化服务，满足众多公司的需求，为采用更加专业化的机构创造条件。企业聚集使大家可以共享单个企业无法实现的大规模生产和技术以及组织创新的好处。创新环境研究强调产业区内创新主体的集体效率即创新行为的协同作用。

（四）技术创新理论

美籍奥地利经济学家熊彼特认为，技术创新及其扩散促使具有产业关联性的各部门的众多企业形成集群。因为创新不是孤立事件，并且不在时间上均匀分布，而是相反，它们趋于群集，或者说成簇地发生。这仅仅因为，在成功的创新之后，首先是一些小集群，接着是大多数企业会步其后尘；其次，创新甚至不是随机地均匀分布于整个经济系统，而倾向于、集中于某些部门及其邻近部门。熊彼特在解释经济周期或经济波动时认为，除战争、革命、气候等外部因素外，创新的群集和增长的非周期因素是经济波动的主要原因。

同时我们必须认识到首次创新会比随后类似的创新艰难得多，一旦突破入门障碍，对后来者的启迪，包括观念、认识、信心及行为都有极大激励；其次创新是一个学习过程，首次创新的失败教训和成功经验，都会给后来者提供少走弯路、快速实现创新成功并较快获得超过社会平均赢利能力的机会的借鉴。两点重要性造成的结果将是客观诱导后来者蜂拥而至，即形成技术创新的群集现象。

（五）基于竞争力的产业集群理论

在经济日益全球化的今天，在跨国公司全球化的供应链和市场战略下，投入要素可以从许多不同的地区获取，但运输成本的降低并未使许多公司不把公司设立在原料来源地或者大的市场所在地。

哈佛大学教授波特率先提出全球经济下的产业集群理论，从一个全新的视角——竞争力的角度来看待和分析产业集群现象。产业集群在竞争日趋复杂、知识导向和动态的经济体中，其角色也愈来愈重要。波特提出了由四种关键要素所形成的"钻石体系"理论，从竞争力角度对集群的现象进行分析和研究，结果显示集群不仅仅降低交易成本、提高效率，而且改进激励方式，创造出信息、专业化制度、名声等集体财富。更重要的是集群能够改善创新的条件，加速生产率的成长，也更有利于新企业的形成。虽然群内企业的惨烈竞争暂时降低了利润，但相对于其他地区的企业却建立起竞争优势。

二、主导产业理论

主导产业是指在经济发展的一定阶段成长性很高并具有很高的创新率，能迅速引入技术创新，对一定阶段的技术进步和产业结构升级转换具有重大的关键性的导向作用和推动作用，对经济增长具有很强的带动性和扩散性的产业。在产业的生命周期中，主导产业处于成长期。

主导产业理论主要包括主导产业的选择和认定理论。美国经济学家罗斯托首先对主导产业的形成和作用机制进行了系统研究，认为不同的产业部门中每一个成长阶段都有与之相适应的、起主导作用的部门，该部门不仅本身具有较高的增长率，而且能带动其他部门的经济增长。区域主导产业选择理论主要沿袭了比较优势理论、产业关联理论、经济增长理论和筱原三代平准则的相关内容。下面我们具体分析主导产业的选择基准。

（一）产业关联基准

产业关联基准最早由赫希曼在《经济发展研究》一书中提出。

赫希曼根据发展中国家的经验指出，在产业关联链中必须存在一些与其前项产业和后项产业在投入产出关系中关联系数较大的产业，这些产业的发展对其前、后项产业的发展有较大的影响，可以促成或带动其前、后项产业的发展。因此发展中国家首先应当发展那些关联强度较大的产业，以此为主导产业来带动其他产业的发展。那么依据关联强度来选择主导产业的方法叫作产业关联基准。就是选择关联强度较大，能对其前、后产业起较大带动作用的产业作为主导产业。那么产业关联度的衡量标准有影响力系数和感应度系数，具体含义和计算我们不在这里叙述了。

（二）需求收入弹性基准

需求收入弹性，是需求增长率与收入增长率之比，表示需求增长对收入增长的依赖程度。价格不变的假设前提下，随着收入水平的提高，人们对不同商品需求量的增长率是不同的。需求收入弹性大于 1 的产业，对其的需求增长速度高于收入增长速度；而需求收入弹性小于 1 的产业，对其的需求增长速度低于收入增长速度。如果选择需求收入弹性较大的产业作为主导产业来发展，则随着经济的发展和国民收入的提高，需求收入弹性较大的产业在未来的产业结构中将会有较大的市场需求，对进一步推动经济的增长将会起到更大的作用。

（三）生产率上升基准

生产率上升基准也是由筱原三代平提出的另一个主导产业选择基准，与上述的需求收入弹性基准一起被称为"筱原二基准"。这是从供给角度，依据各产业产出增长的前景和技术进步的状况，选择技术进步快、生产率高的产业为主导产业。在工业化过程中，各产业的技术进步是不一样的，一般地说，重化工业比轻工业技术进步快，而技术、知识密集型工业又比重化工业技术进步快。由于技术进步与附加值的提高成正比关系，因此，选择技术进步快、生产率上升快的产业部门作为主导产业加以重点扶植，就能在提高国民经济的附加值产出水平的同时，促进产业结构高度化演进。根据这一准则选择主导产业，其实质就是选择那些技术进步速度最快、产品附加值最高的产业作为主导产业。对生产率上升率即技术进步的判断，目前使用较多的是按索罗剩余法进行的计算。

（四）过密环境基准和丰富劳动内容基准

过密环境基准和丰富劳动内容基准是日本产业结构审议会于 20 世纪 70 年代对日本经济发展的新形势所提出的两个选择主导产业的基准。过密环境基准要求选择能满足提高能源的利用效率、强化社会防止和改善公害的能力，并具有扩充社会资本能力的产业作为主导产业。过密环境基准的着眼点是经济的长期发展与社会利益之间的关系。

经过 20 世纪 60 年代的发展，日本经济进入了起飞的阶段，工业化与环境保护、经济发展与社会成本之间的矛盾日益突出。为了解决这些矛盾，日本提出了过密环境的选择基准，以缓解和解决发展与环境、经济与社会之间的矛盾。丰富劳动内容基准要求在选择主导产业时要考虑到发展能为劳动者提供舒适安全和稳定劳动场所的产业。这一基准同过密环境基准的一个共同之处是反映了日本当时经济发展如何协调的问题。丰富劳动内容基准的提出，标志着已到了将发展经济的最终目的与提高劳动者的满意度如何联系的时代。

第二节　产业多元化保护理论与支柱产业理论

一、产业多元化保护理论

产业多元化保护理论是研究贸易保护与国内产业结构变动的理论。这一理论认为由于各种生产集团的利益是互相交织的，所以某一产业直接获得利益将使其他产业也间接地获得利益。因而一定时期的保护政策可能使一国在产业多元化上逐步形成一种均衡稳定的经济结构。鉴于多数发展中国家并没有形成国内独立的经济体系，并且明显地存在劳力、资源的大量闲置，因此一定时期采取一定程度的保护关税政策，对形成国内完整、独立的经济体系，促进发展中国家长期经济发展有重要意义。

产业多元化保护有以下两个严重的缺陷：一是在资源充分应用下，总的生产不可能因保护关税而得到扩张。因为这时一方面经济活动的扩张必然是以其他方面产量的减少为代价的。在这种情况下，保护关税的结果只能是使资源从这一产业转移到另一种产业。因此以生产的扩张和市场的扩大而形成的多元化产业不可能实现；二是某些资源因保护关税而进行了重新分配，但这些资源很可能是从出口品的生产中被分派出来的，这样必然会引起出口品生产的紧缩，影响出口品市场的扩张，其结果是使资源从国内相对有效率的出口产业转移到国内相对无效率的受保护的产业，这种情况很难说对整个经济有利。

二、支柱产业理论

多元化的产业毕竟会增强区域或国家的竞争力，在产业多元选择和并存的前提下，必须有效保护好支柱产业和主导产业。支柱产业指在国民经济中生产发展速度较快，对整个经济起引导和推动作用的先导性产业。支柱产业具有较强的连锁效应：诱导新产业崛起；对为其提供生产资料的各部门、所处地区的经济结构和发展变化有深刻而广泛的影响。这里需要指出的是支柱产业与前述的主导产业是有区别的。下面具体阐述支柱产业与主导产业的关系以及如何选择支柱产业。

支柱产业与主导产业之间存在着既相互联系又相互区别的关系，主导产业是未来的、潜在的支柱产业。在一定条件下，当前的主导产业将会转化为未来的支柱产业。但并不是所有的主导产业都会转化为支柱产业，只有当其蕴含的先进技术与一切影响生产的因素诸如各种资源、市场需求、制度和意识形态等相适合时，才能发生转化。并且随着条件的改变，包括社会对技术进步的强烈要求，市场竞争机制的完善等，转化的速度或频率将会更快，转化的时间将会缩短，此时的产业生命周期也将缩短。在此情况下，主导产业从一开始就会发挥支柱产业的作用。

对于主导产业与支柱产业的联系，我们从以下几个方面来理解。首先，二者处于产业体系的不同位置，对经济增长发挥着不同的作用。支柱产业构成一个国家或地区产业体系的主体，提供大部分的国民收入，是整个国民经济的支柱。支柱产业的构成及其技术水平决定了产业结构在演变过程中所处的阶段；其次，二者所处产业生命周期的不同阶段。从产业生命周期理论看，任何产业都有生命周期，它是由产业内的产品生命周期所决定的。一般情况下，主导产业处于产业的幼稚期到成长期之间，而支柱产业则处于成熟期，有些则已经步入衰退期；再次，二者目标设定不同，着眼点不同。正因为支柱产业与主导产业处于经济发展的不同时期，对二者的选择也有侧重。前者侧重于国民经济和产业结构的近期或中期目标，主要着眼于它在国民经济中的地位以及国民经济的发展与构成，目的在于提高现实的经济效率和规模，实现当前国民经济和产业结构的升级，而后者侧重于长期目标，主要着眼于它对整体国民经济的发展带动，目的在于培育长期国民经济的增长点和塑造未来的产业结构。

第三节 多元化发展理论与体育产业多元化

一、多元化发展理论

多元化理论多是研究企业的多元化经营，指企业尽量增加产品大类和品种，跨行业生产经营多种多样的产品或业务，扩大企业的生产经营范围和市场范围，充分发挥企业特长，充分利用企业的各种资源，提高经营效益，保证企业的长期生存与发展。

（一）多元化经营战略的组织形式

企业的多元化经营又有多种组织形式。包括同心多元化经营、水平多元化经营、垂直多元化经营和整体多元化经营。

同心多元化经营战略也称集中化多元化经营战略。指企业利用原有的生产技术条件，制造与原产品用途不同的新产品。如汽车制造厂生产汽车，同时也生产拖拉机、柴油机等。这种多元化的经营特点是需要原产品和新产品之间存在较强的技术关联性。

水平多元化经营战略也称为横向多元化经营战略。指企业生产新产品销售给原市场的顾客，以满足他们新的需求。如某食品机器公司，原生产食品机器卖给食品加工厂，后生产收割机卖给农民，以后再生产农用化学品，仍然卖给农民。水平多元化经营的特点是，原产品与新产品的基本用途不同，但它们之间有密切的销售关联性。

垂直多元化经营战略也称为纵向多元化经营战略。它又分为前向一体化经营战略和后向一体化经营战略。前向一体化多角经营，是指原料工业向加工工业发展，制造工业向流通领域发展，如钢铁厂设金属家具厂和钢窗厂等。后向一体化多角经营，指加工工业向原料工业或零部件、元器件工业扩展，如钢铁厂投资于钢矿采掘业等。垂直多元化经营的特点，是原产品与新产品的基本用途不同，但它们之间有密切的产品加工阶段关联性或生产与流通关联性。一般而言，后向一体化多角经营可保证原材料、零配件供应，风险较小；前向一体化多角经营往往在新的市场遇到激烈竞争，但原料或商品货源有保障；整体多元化经营战略，也称混合式多元化经营战略，指企业向与原产品、技术、市场无关的经营范围扩展。

整体多元化经营需要充足的资金和其他资源，故为实力雄厚的大公司所采用。例如，由广州白云山制药厂为核心发展起来的白云山集团公司，在生产原药品的同时，实行多种类型组合的多元化经营。该公司下设医药供销公司和化学原料分厂，实行前向、后向多元化经营；下设中药分厂，实行水平多元化经营；下设兽药厂，实行同心多元化经营；还设有汽车修配服务中心、建筑装修工程公司、文化体育发展公司、彩印厂、酒家等，实行整体跨行业多角经营。

（二）多元化经营战略的意义

多元化经营的战略思想是一个企业、一个行业或产业不断适应外部环境和提高核心竞争力的重要手段，对于一个企业的生存发展至关重要。

首先，多元化的经营有利于企业经济效益的扩大。一般来说，联合生产的成本小于单独生产成本之和。

其次，多元化经营可以分散企业经营风险。多元化经营的一个非常重要的目的就是通过减少企业利润的波动来达到分散风险的目的，基于此目的，企业能够避免经营范围单一造成企业过于依赖某一市场易产生波动的弱点。

最后，多元化经营可以使企业获得核心技能。企业在多元化发展时，各个相关行业都是在企业核心竞争力的基础上发展的，在其取得相关行业的核心竞争力的同时，使得资源共享企业的核心竞争力在各个相关行业都能得到有效的开发和利用，企业在相关领域能获得与原有核心竞争力有较高融合力的新的核心技能。

二、体育产业多元化

体育产业是以体育为支撑点形成的基本产业和围绕着推广体育的活动过程，推销企业产品或企业服务或企业知名度而形成的体育相关产业。体育产业作为国民经济的一个部门，具有与其他产业相同的共性，即注重市场效益，讲求经济效益，同时又具有不同于其他产业部门的特性，其产品的重要功能在于提高居民身体素质、发展社会生产、振奋民族精神、实现个人的全面发展和社会文明进步。

体育产业多元化的内涵就在于体育产业的工业化、农业化、商业化和信息化，实际是体育产业的集群化，这一内涵一方面表现了体育产业在经济社会生活中的特定功能，另一方面表现了其与社会生活主体的特殊关系，由此可见体育事业和体育产业是与人类社会活动和人的生命活动共始终的。目前学术界研究体育产业的文章尚属少见，但是我国又是一个体育大国，因此对于体育产业理论的深入研究和对于现今体育产业的管理和治理的探究对于保护我国产业的多元化以及促进体育事业的发展大有裨益。

在世界高新技术飞速发展的今天，体育产业及其产业群已成为各国经济增长的最重要源泉。世界各国政府都在不失时机地采取各种对策加速体育产业的发展。体育产业从科研开发、成果转化、产品生产到知识产权保护和市场开发，已经形成产业规模等需要一整套包括政策、基础设施、法律、金融、技术、人力资源、国际合作以及咨询与中介服务机构等特殊的环境和完善高效的支持体系作为保障。世界主要发达国家通过其明确、系统、高效的政策等扶持，加速了体育产业的发展，一大批主宰世界体育产业的发展方向、制定行业标准、控制上游资源的巨型体育企业如耐克、阿迪达斯等纷纷出现。

三、国外体育产业多元化的实践

国外在支持体育产业发展上的一些政策研究有些已经很成熟，值得我们借鉴。其主要做法包括成立高层次的组织领导机构；制定与经济社会发展紧密结合的体育产业政策；选择和确定国家关键技术进行重点突破；制定发展战略和计划，积极推进体育产业创新；实行税收优惠政策；建立有效的科技投入机制；兴办科技体育产业工业园；注重面向市场的研究与开发，提高体育企业创新能力；利用政府采购计划，扶持本国体育产业上市公司的发展；利用高新技术促进体育产业的发展；重视培养和吸纳体育科技人才；加强国际体育科技交流与合作等。

例如美国规定凡投资体育产业、赞助体育的企业均可获得国家免税。近几年美国积极实施体育产业发展计划推动了体育产业的发展，使美国成为全世界体育产业最发达、产值最高的国家。根据美国联邦政府经济分析局有关体育产业的专题报告发布的数据显示，美国的体育产业已超过通讯、汽车及影视业，跃居美国十大支柱产业的第六位，其中规模最大的是体育旅行，占体育产业总值的20％。同时政府通过法律、税收、关税和优惠贷款采取倾斜政策鼓励体育产业发展。例如美国允许体育企业提取很高比例的折旧，并在税法上明确规定了各类体育产业科研机构属于非营利机构，没有纳税义务，这在一定程度上激发了民众产业体育事业发展的积极性。

英国的体育产业也十分发达，举世闻名的F1赛车、温布尔顿网球赛、高尔夫球赛和英超足球等均是英国体育产业的国粹，英国1987年调查结果表明，体育产业产值68.5亿英镑，超过当年的汽车和烟草行业，政府税收24亿英镑，提供37.6万个就业机会，而1990年总产值超过80亿英镑，各行业中排名第五，就业人员50万。英国政府不仅把发展体育产业作为提升经济发展水平的重要部分，而且作为增强国力的重要手段以及增强民族凝聚力的重要因素。英国把发展体育产业作为优化产业结构、提升经济发展水平、丰富人民大众精神生活、提高生活质量的重要方面。第三产业在产业结构中已达到 80％以上，其中体育产业在第三产业中占有举足轻重的地位。与此同时，他们希望用体育产业的发展来影响整体的走向，增加人们对国家的认同感，强化民族向心力和凝聚力。

促进产业多元化发展的理论主要包括产业集群理论、主导产业理论、促进产业多元化保护理论和支柱产业理论等方面的理论研究成果。多元化经营战略不论是对于企业还是对于行业乃至地方区域产业发展都具有非常重要的意义。因此在研究体育产业的发展理论相关问题时，既应当借鉴传统产业发展方面的一些有益经验，如产业集群理论、主导产业理论等，又应该根据其产业自身与大众产业的区别，进行多元化、差别化的产业多元化战略，同时参照欧美等体育产业发展较快国家的实践案例，不断丰富和完善我国体育事业和体育产业的壮大。

第三章 我国体育产业发展的现实基础

第一节 新常态的界定与我国经济发展的新常态

一、新常态的界定

近年来，在讨论全球金融危机以来的国内外经济发展格局时，"新常态"被越来越多的人所应用；其他如经济发展的"新阶段""新时期""新秩序"等的概括，表达的意思也与"新常态"有着相似的意思。

作为近年来重要的经济术语，新常态最早是由美国太平洋基金管理公司总裁埃里安提出，之后在不同领域都得到一定的应用，所引申出的含义也有所差别。新常态，从其表面上来看，所谓的"新气意味着有别于旧质"，而"常气则意味着相对稳定"，由此可以得知，"新常态"就是不同于以往的、相对稳定的状态。

新常态是在与旧常态作对比中产生的。尽管"新常态"在不同领域所引申出的含义不同，但在宏观经济领域被西方舆论普遍形容为：在出现经济增长率降低、失业率增高、金融风险攀升等危机之后，经济逐步复苏的过程[①]。

"新常态"一词，在国内外的缘起及其表达的含义并不完全一致。在国际上，"新常态"一词最初是与经济衰退联系在一起的。在中国，"新常态"一词则与中国经济转型升级的新阶段密切相连。

由此可以得知，新常态概念在国内和国外基本上是相对独立形成的。

全球经济的新常态，实际上就是从危机开始，以探索全球经济发展新路径为主要内容的恢复过程。全球新常态的特征主要表现为：第一，经济增长低水平波动；第二，各国经济恢复陷入"去杠杆"和"修复资产负债表"的两难境地；第三，贸易保护主义盛行；第四，主要国家的政策周期非同步；第五，全球出现治理真空。

中国的新常态更应该看作是习近平主席的创造性转化：中国新常态包含着经济朝向形态更高级、分工更复杂、结构更合理的阶段演化的积极的内容[②]。

---

① 姜同仁. 新常态下安徽省体育产业发展研究 [M]. 北京：经济科学出版社，2015.
② 李扬，张晓晶. 论新常态 [M]. 北京：人民出版社，2015.

由此可以看出，全球新常态与中国新常态的经济基础是共同的。国内外的经济学家、政治家和商界领袖们都清醒地认识到，自本轮全球危机以后，全球经济的发展，包括构成"全球"的各个国家的经济发展，自然也包括中国在内，均进入了一个新的发展时期。但它们之间也存在着非常显著的区别。具体来说，在国际上，新常态更多的是被动地将自20世纪80年代以来的经济增长之长周期的阶段转换反映了出来，其隐含的意蕴，如果不是消极的，至少也是无可奈何的。而在中国则不是这样的，新常态构成面向未来更高发展目标的战略规划，其在对中国经济转型的必要性进行分析的同时，也将中国经济转型的方向以及转型的动力结构都明确指了出来。

新常态蕴含着发展的新动力，这是毋庸置疑的。发现、挖掘并运用好这些动力，需要我们从革命性的角度来调整旧常态下习以为常的发展方式，必须对已被旧常态扭曲的经济结构进行壮士断腕式改革，必须以高度的智慧引领新常态。这也就是说，改革构成新常态条件下的经常性任务。

通过上述分析可以将"新常态"界定为：由传统的非平衡、欠协调、不可持续的粗放型发展方式转入速度适宜、结构优化、可持续的集约型发展方式，形成不同于以往的、相对稳定的良好发展状态。

二、我国经济发展的新常态

中国改革开放波澜壮阔，并且创造出了"中国奇迹"，而这些都是在新一轮全球化浪潮下展开的。相较于19世纪工业革命之后的第一轮全球化浪潮、两次大战之间的第二轮全球化浪潮，从20世纪80年代末开始的第三轮全球化浪潮是真正"全球"的。由于苏联东欧集团解体并普遍推行市场化改革，再加上广大发展中国家纷纷推行各种形式的改革开放战略，在本国发展市场经济体系并主动融入全球经济体系，绝大多数国家都卷入了全球化过程并享受了全球化收益。

然而，福祸相依。尽管全球化让各国的经济活动紧密联系在了一起，将市场及其运行规则统一了起来，重塑了国际分工体系，使资源配置效率得到有效提高，但是，不可忽视的是，这也是一个让世界各国的经济运行和金融风险发生"日趋复杂关联"的过程。由此可以看出，正是在全球"大稳定"时期，中国经济创造了年均增长9.8%的奇迹；同样，正是在金融危机发生后不久，全球经济陷入长期停滞时期，中国经济也步入了中高速增长的新台阶。

2009年开始，中国经济增速换挡就开始了。自那以后，特别是随着2009年大规模经济刺激计划的效果逐渐减弱以及宽松政策的退出，中国的GDP增速就开始明显回落，物价指数也继而在2011年开始转向。

除此之外，绝大多数对中国经济增长的预测都认为，未来中国经济的增速将逐步放缓，这也在一定程度上体现出了中国经济的减速。

中国经济进入新常态，不仅能够从全球经济的下行趋势中找到一定的解释，而且中国作为世界上最大的发展中社会主义国家，经济的长期走势自有其内在的规律，而且基于中国国情的内因不容置疑成为主导因素。

当前，中国经济已经从过去 30 余年的"结构性增速"转向了未来一段"结构性减速"的时期，旧常态下的潜在增长率水平是很难再有了，一位数的增长率将成常态，且增速存在较大的进一步下滑的可能。

当前，造成增速下滑的原因有很多，其中最主要的往往是结构性因素，是潜在增长率下降的结果。由此可以看出，金融危机后中国经济增长的主要因素是资本要素的积累（投资）。这也在一定程度上证实了结构性减速的判断。

（一）结构性减速的原因

可以将结构性减速的原因大致归纳为以下几个方面。

1. 资源配置效率下降

从国际上看，服务业的劳动生产率低于制造业，是一个普遍规律，因此，当资源发生从制造业向服务业转移的过程时，整体经济的劳动生产率（增速）必然下降。

从人口的空间分布看，传统体制下我国人口极度缺乏流动。市场经济发展起来以后，人口的流动性开始提高，人们从农村进入城市，从中西部向东部聚集。由于这个过程同时伴随着劳动生产率的提高和就业率的提高，这就使我国劳动力的配置效率大大提高。

关于资本配置，可以从两个角度加以分析，一个是资本供给及其同需求的关系，一个是资本配置的机制。在新常态下，通过改变资本配置机制，我国在提高资本配置效率方面还存在着较大的潜力。

总的来说，如果要素能够自由、快速地流动，在一个信息充分的市场导向下，要素通过市场之手自然就可以得到更优的配置，从而对效率提高起到积极的促进作用。中国当前要素配置效率提高困境的症结，主要还是体现在非市场的制度层面。然而，毋庸置疑的是，只有在各个领域的改革扎实推进的前提下，资源配置效率的潜能方能变为现实。

2. 人口红利式微

经济发展的三大支撑要素分别是劳动、资本和技术进步。所谓的"人口红利"，实际上就是在过去 30 余年中，每年数以千万计的劳动力从闲置、半闲置状态转而投入制造业，成为支撑我国经济高速增长的主要动力。但是，近年来，中国劳动供给整体上已经放缓，人口老龄化趋势明显，人口抚养比上升，传统意义上的人口红利即将终结，劳动力成本随之上升。这就在一定程度上将中国制造业的这一优势削弱了，同时，也在一定程度上冲击着中国制造业的国际竞争力。在未来相当长时期中，在劳动投入增长率趋降的背景下，摩擦性失业、结构性失业将与某种程度上的"用工荒"长期并存。劳动力，特别是新增青年劳动力的下降还对创新和创业产生了一定的制约作用。不同年龄人口的创新和创业的质量也不一样，年轻人的创业和创新质量更高。但无论如何，可以肯定的一点是，人口结构在创新以及经济发展中所起到的作用是非常重要的。

靠政府主导干预配置和动员资源以获得赶超效应的高速增长阶段已经接近尾声，我国的经济增长要向以提升劳动生产率为主导的内生发展方式进行全面的转变。而要提高劳动生产率在经济发展方面的贡献，提高人们的教育水平和劳动技能是一个根本上的途径。

3. 资本积累的低效率困境

我国增速下降的主要原因在于全要素生产率和人力资本增速的下滑，而资本积累则是支撑中国高增长的主要生产要素。然而，如果从长远的角度来说，中国的资本积累情况并不乐观，究其原因，主要是由于中国资本积累的效率越来越低。

作为最重要的生产要素，资本的质量还会对经济增长产生影响。这里所说的资本质量，实际上是资本积累效率的又一种说法，其度量指标是资本的边际产出。资本边际产出是非常重要的，究其原因，主要是由于积累资本是为了在将来给我们带来更多的产品和服务的回报，从而增进人们的福利，因此，边际产出越高，资本积累的效率越高。从目前的形势来看，中国的资本边际产出已经下滑到接近发达国家的水平。

从不断降低的资本边际产出（资本回报率）中可以看出，中国已经、至少即将陷入资本的低效率困境，并且直到现在仍未看到资本边际回报改善的迹象。如果一直持续这种状况，那么就很有可能约束和制约我国的资本积累形成，长期来看，供给端的约束仍会强硬地限制经济发展。并且，从资本积累的"黄金律"准则看，这种高积累模式使人们的福利水平有所降低。要提高资本的回报，可以通过提高技术水平和人力资本水平，从而使资本的边际回报得到有效提高；还可以调整分配资本和投资的方向，让市场对资本流向更有效率的企业和行业进行积极的引导。

4. 创新能力有待提高

中国早已跨越了贫困陷阱，现正面临中等收入陷阱的挑战。而要改变这一现状，就需要借助于技术进步，特别是生产效率和产品创新能力的提高。

一个国家在与世界技术前沿差距较大时，提高生产效率的难度会相对较小。通过引进和模仿生产技术、加强基础设施的投入、雇佣低成本的工人、建立足够大的企业以使其规模效应可以降低资本的平均成本，就会使一个在国际市场有竞争力的生产效率的提高较容易得以实现。这种生产效率提高型的技术进步通常伴随着投资的高速增长，德隆·阿西莫格鲁等将这种后发国家的技术进步模式称为"投资战略"。但是，当一国技术水平较世界前沿差距缩小时，引进前沿生产技术的难度就会变大，生产成本、特别是低劳动成本的优势会逐步丧失，这时，就要求依赖于本国的产品创新效率来使经济发展水平得到有效提升，这时技术的进步就更加依赖于"创新战略"。相比而言，投资战略对生产效率的提高较为注重，而创新战略则对创新效率的提高更加重视。

总而言之，改革开放至今，我国经济一直处于赶超进程之中，这与我国的起点太低，导致技术学习效率较高有着非常密切的联系。然而，随着逐步走向技术前沿，我国的技术学习效率趋减，并导致技术进步放缓。需要重点强调的是，随着我国越来越接近科技前沿，必须从依赖技术进口转向自主创新。这也是习近平总书记在谈到我国未来经济发展的关键所在时，曾连续说了三个创新："创新，创新，再创新"的主要原因所在。由此可以看出，在总书记看来，经济发展从要素驱动型转向创新驱动型，在很大程度上决定着中国经济在新常态下的发展。

5. 资源环境约束增强

从传统观念上来说，资源是几乎取之不竭的。但是，这至多只是经济处于极低水平下的假象；一旦经济迈上发展之路，就立刻显现出资源环境的约束。具体来说，主要从以下几个方面得到体现。

第一，从能源方面来说，由于受到粗放的发展方式和能源结构的影响，近年来我国原油、煤炭等消费量的绝对规模和在世界总量中的占比都持续上升，新增需求规模占世界比例则更高。由于中国自然资源相对匮乏，这类能源产品的对外依存度均相对较高。同时，由于使用效率低下，单位 GDP 的能源消耗居高不下。

第二，由于多年受到"重发展，轻治理，先污染，后治理"的发展方式的影响，严重得甚至不可逆转地破坏和污染了我国的生态环境。而要治理污染，对资金投入有着非常高的要求，这实际上是经济的净损失，主要由政府来投入，但资金来自政府的税收，因此最终仍由企业和居民承担。而如果要从源头上通过降低排放来治理污染，包括使用更高技术的设备、使用更加清洁的能源类型，所带来的直接影响就是技术上的难度加大和成本提高。无论是哪一种方式，要治理污染，保护生态环境，都会带来经济、特别是工业的减速。

第三，从世界发展的角度来看，随着新兴经济体和发展中国家全面崛起，未来中国和世界将面临的资源压力也是非常严重的。

需要特别强调的是，在同样的技术水平下，生产相同的产品，不同国家的生产对资源和能源的消耗以及污染的排放，往往会存在着较大的差异性。一般来说，造成人均或每单位 GDP 资源和能源消耗的巨大差异的原因主要有两个方面：一是产业结构的不同导致的排放差异，二是生活中能源和资源消耗的差异。从社会总体来说，这显然就需要将城市化的水平和质量置于更重要的地位，大规模采用低能源消耗的交通方式和低能源消耗的居住方式。

6. 国际竞争压力加剧

经过改革开放后的高速发展，中国贫穷落后的面貌已经得到了改变，正向着全面小康的美好愿景前进，但是同时，也不断有各种问题出现。从经济结构的角度上来说，我国目前正处于从产业链低端向产业链中高端升级的阶段，这一发展阶段面对的局面是较为复杂的，一方面要与发达经济体主宰的高端产业竞争，争取占有一席之地；另一方面，印度、越南、印尼等其他发展中经济体正在产业链的中低端与我国展开激烈的竞争。这种两面作战的困境，对中国的经济增长产生了非常大的制约甚至阻碍作用，可以说，这已经成为导致结构性减速的又一因素。

在这样的情况下，中国经济要想得到进一步的发展，就必须逐步放弃和退出低端产业链。因此，迅速前进，尽快拉开同他们的距离是最合理的选择。通过提升竞争力跻身全球产业链的高端，对我国来说命运攸关，究其原因，主要是由于这对中国能否真正实现转型升级，能否摆脱中等收入陷阱，能否最终成为现代化的发达国家起到重要的决定性作用。

目前，我国与发达经济体的竞争主要体现在两个方面：一个是技术前沿，一个是国际规则。

首先，在技术前沿方面，第三次工业革命将重构发达经济体与新兴经济体在国际分工体系中的地位及利益分配格局。众所周知，第三次工业革命的代表性趋势是网络化、智能化和服务化，目前，发达经济体仍引领着这一潮流。若不打破发达经济体对这些前沿的垄断，广大发展中经济体的低成本劳动力比较优势将进一步丧失。这种新的分工和利益分配格局，将可能使发达经济体在新一轮工业革命中重拾制造业优势，给尚处于传统意义上工业化中后期的中国带来重大挑战。

其次，在国际规则方面，2007 年国际金融危机爆发之后，全球范围内再平衡与结构调整的竞赛再次展开。发达经济体对传统全球化的模式不满意，欲重塑全球化格局。特别是在经贸和国际投资领域，美欧试图通过改变规则提高其自身优势，并在客观上形成对中国不利的国际竞争局面。其主要通过给中国贴上"国家资本主义"标签，试图通过确立"竞争中性"原则来达到使政府对经济活动的支持和中国企业在国际上的竞争优势降低的目的。另外，还试图通过气候谈判确立碳排放规则对中国施予更大的减排压力，极力阻挠中国主张的"共同但有区别的责任"的原则成为国际谈判的基础。为防止中国的技术赶超和中国政府对自主研发的支持，以美国为首的发达国家不仅维持对中国的技术管制，还试图在国际知识产权保护等方面制定有利于发达国家的条款。在中国国内，他们则力促中国政府在知识产权保护和政府采购方面消除对外资和外国品牌不利的条款。

通过对中国的产业结构和经济规模的充分考量，可以得知，在国际竞争中，美国、欧盟和日本等国仍然是中国的主要竞争对手。这些国家当然不会坐视中国来赶超。除了在国际贸易、投资等方面与中国展开竞争、在国际规则方面约束中国的发展，与中国在中共十八届三中全会对改革做出全面部署一样，他们也纷纷推出自己的结构性改革计划与长期增长战略，改革竞争的序幕悄然拉开。

从上述分析中可以得知，中国经济的未来发展面对着更为复杂的竞争，其中，改革是我们面临的最深刻、最关键、最硝烟弥漫的新竞争。要想取胜，就必须通过彻底、持续的改革，大规模收取改革红利，这是关键之处，不可忽视。另外，我们必须适应以经济增长速度下滑至中高速水平为外在特征、以结构性减速为基本原因的新常态，只有这样，才能给改革留出足够的时间和空间，也才能给改革创造合适的宏观环境。

（二）中国经济发展新常态的特征

2014 年 11 月，习近平主席在亚太经合组织（APEC）工商领导人峰会上首次系统阐述了新常态。在习近平看来，新常态的特点主要有以下几个方面：第一是速度，从高速增长转为中高速增长；第二是结构，经济结构不断优化升级；第三是动力，从要素驱动、投资驱动转向创新驱动。总的来说，中国经济的新常态所表现出的特征主要有中高速、优结构、新动力。

1. 中高速特征

新常态最基本的特征，就是中国经济增速换挡回落、从过去 10% 的高速增长转为 7%～8% 的中高速增长。从世界范围内来说，当一个国家或地区经历了一段时间的高速增长后，增速"换挡"现象便都会出现。

2. 优结构特征

我国经济新常态的重要表现是潜在的、渐进的结构调整，需要强调的是，这种结构调整不是唯一的、孤立的，而是多元的、全方位的调整，具体来说，主要从产业结构、需求结构、城乡结构等方面得到体现。

（1）产业结构优化。新常态的最重要特征就是中国产业结构优化升级、第三产业超过第二产业。经济服务化理论的主要观点是，产业结构重心具有向服务业转移的规律性，服务业的迅速发展已经成为发达国家的普遍经济特征并进一步成为国际性的发展趋向。新常态下，我国服务业比重上升已经成为一种长期的发展趋势。

（2）需求结构优化。消费需求逐步成为需求主体。经济增长结构也发生了一定的变化，主要表现为：逐步转向以消费为主，更多地依靠内需，从要素效率提升获取动力。

（3）城乡结构优化。城乡区域差距将逐步缩小。按照《国家新型城镇化规划》，至 2020 年我国城镇化率将达到 60％左右[1]。随着国家新型城镇化战略的实施，城市化速度将进一步加快，城乡二元结构逐渐打破，区域差距也将逐渐拉近。

3. 新动力特征

新常态下，中国经济将从要素驱动、投资驱动逐渐向创新驱动发生转变。从科技的快速发展中可以得知，随着劳动力、资源、土地等价格上扬，中国经济已经开始由过去依靠低要素成本驱动的经济发展方式逐步转换到科技创新上来。

第二节　国外体育产业的发展状况分析与启示

一、国外体育产业的发展状况分析

关于国外体育产业的发展状况，这里主要就较为具有代表性的几个地区和国家进行分析和阐述。

（一）美国体育产业的发展状况

美国经济在 20 世纪持续增长，与第三产业的迅速发展，特别是体育产业成为美国第三产业中的支柱产业有直接关系。美国人在体育产业发展史上创造的一系列奇迹，使得体育产业的规模、结构、水平和效益都远远高于世界上任何一个国家。

从相关的调查研究中得知，美国体育产业是由以下几个方面构成的，每一种产业都有其各自的发展状况。

1. 健身娱乐业

美国健身娱乐业是美国体育产业中最重要的组成部分，由于美国经济发达，生活水平高，有健身消费的意识和习惯，有全球最大的健身娱乐市场，有充足的高素质的体育经营人才，这就使得美国健身娱乐业具有市场规模大、经营水平高、组织化程度高、竞争有序的显著特点。

2. 职业体育产业

美国的职业体育产业起步早，发展也比较成熟和规范。从当前的形势来看，美国职业体育产业已经走上经营有方、管理有序的良性循环的发展道路。球员、俱乐部和联盟的主要目的在于实现各自的利益，既相互竞争又相互制约，这也标志着其成为一项成熟的产业。

3. 体育用品业

体育用品业是美国体育产业的重要组成部分。19 世纪上半叶，美国体育开始起步，体育用品也随着发展起来。20 世纪 20 年代，美国体育用品业得到了进一步的发展，这与当时运动员转投体育用品业有着非常密切的联系。后来，随着

---

[1]　姜同仁. 新常态下安徽省体育产业发展研究［M］. 北京：经济科学出版社，2015.

需求的不断提升，体育用品市场上的需求持续大于供给，这也使得美国的体育用品业受到日本、韩国、中国台湾等国家和地区的冲击。20世纪80年代，耐克和锐步的产生进一步带动了美国体育用品业的发展。

4. 体育经纪业

尽管美国的体育经纪业产值不高，但是，其具有非常重要的推动整个体育产业发展的作用。首先，体育经纪业的勃兴带动了职业体育产业的发展和壮大；其次，体育经纪公司和体育经纪人卓越的专业化服务，尤其是拓展市场的能力，对体育无形资产的开发、体育书刊和音像制品的生产和经营，以及体育广告业和体育用品业的发展等都起到了积极的带动作用。

（二）西欧国家体育产业的发展状况

关于西欧国家体育产业的发展状况，主要从英国、意大利、德国、法国等国家的体育产业发展状况上得到体现。

1. 英国体育产业发展状况

英国是一个有体育运动传统的国家，有体育消费的意识和习惯。因此，英国的体育消费和体育市场都比较发达，体育产业体系也相当完善。

英国的体育产业主要包括健身娱乐业、职业体育业、体育用品业、体育博彩业、体育赞助和体育广告等。英国体育产业起步早，但发展相对缓慢。

2. 意大利体育产业发展状况

体育运动在意大利社会生活中的地位是非常高的，受到意大利人的欢迎与喜爱，意大利政府一直把体育看作是能带动国民经济增长的重要产业部门。

体育用品业、职业体育产业、健身娱乐业、体育博彩业和体育赞助、体育广告等都属于意大利的体育产业范畴之内。

需要强调的是，足球体育产业是意大利体育产业中最重要的部分，而"足球产业"则是职业体育产业的重要支柱。意大利的足球产业是一个包括门票、广告、电视转播权、俱乐部标志产品的营销、职业运动员的买卖和足球彩票在内的复合产业。除此之外，足球彩票是意大利足球产业中最重要、最有特色的部分，也不能忽视。

3. 德国体育产业发展状况

作为欧洲比较发达的国家，德国的体育产业主要是由体育用品业、健身娱乐业、职业体育产业和体育赞助构成的。其中，体育用品业是德国体育产业中的支柱产业，阿迪达斯公司的产品和市场占有率代表了德国体育用品业的整体水平。健身娱乐业在德国是非常发达的。德国的职业体育产业也高度发达。需要强调的是，德国的赛车、足球和网球是商业化程度最高的运动项目。尤其是德国足球甲级联赛经营管理有序。

4. 法国体育产业发展状况

法国政府鼓励和引导体育与经济的融合，这也是该国体育产业发展与其他欧美国家不同的一个重要方面。法国的体育产业以健身娱乐业为主。由于法国的体育人口占总人口的 2/3 以上，因此，法国的大众体育消费非常高。

法国的体育博彩业也相当有规模，目前，国家体育基金会基金的 70％来自体育彩票的收入。除此之外，企业的体育赞助在法国也相当普遍。

（三）东亚国家体育产业的发展状况

东亚国家的体育产业的发展状况可以从日本和韩国两国的体育产业发展状况上得到体现。

1. 日本体育产业发展状况

日本政府对体育产业的发展方面是非常重视的，日本的国际工贸部的主要职责就是对体育产业的发展加以规划和指导。

日本体育产业包含的内容主要有：体育用品业、体育建筑业、体育场馆出租业、健身娱乐业、体育广告和体育赞助以及职业体育产业。其中，健身娱乐业高度发达，国民整体的体育消费水平非常高。由于大众健身娱乐消费非常普及，国民对体育用品的需求量很大，体育用品市场规模迅速扩大。

另外，日本的职业体育产业也有了迅猛的发展，传统的职业棒球联赛继续保持旺盛的发展势头，除此之外，还有逐渐发展起来的赛车、高尔夫球、网球、排球，以及强劲的新发展起来的职业足球联赛。体育广告和赞助业的勃兴就是在职业体育产业迅速发展的带动下实现的。

2. 韩国体育产业发展状况

20 世纪 70 年代中期，韩国的体育产业才刚刚起步，到了 80 年代中后期开始发展迅速，尤其是举办 1986 年的亚运会和 1988 年的奥运会获得成功，对体育产业的发展起到了积极的推动作用。

韩国体育产业的构成要素主要有两个方面：一是体育用品业，二是体育服务业。韩国竞技体育在亚运会和奥运会中取得优异成绩，对大众体育的发展起到了非常大的促进作用，人们对体育用品和健身服务的需求迅速提高。韩国人在体育服务业的消费增长也很快。

二、国外体育产业发展的启示

对国外体育产业发展状况的分析和评价主要是为了借鉴先发国家发展体育产业的经验和教训，从中找到与我国体育产业发展相适应的道路。总的来说，可以将从中得到的启示大致归纳为以下几个方面。

（一）对体育产业发展加以科学规划

20 世纪 60 年代，体育产业开始在西方国家崛起，并且一直保持高速增长的势头，许多国家的体育产业已经或正在成为国民经济的新增长点，对本国社会经济发展起到了积极的带动作用。相较于发达国家来说，我国的体育产业还是较为落后的，但是有着巨大的发展潜力。随着我国社会经济的快速发展，人们生活水平的提高，健康意识的增强，体育消费需求越来越旺盛。因此，对体育产业目标加以科学规划，使体育产业规模进一步扩大，能够有效拉动内需，并对国民经济的增长起到积极的促进作用。

（二）走政府主导型的市场发展道路

我国是体育产业后发国家，走政府主导型的发展道路是一个选择。究其原因，可以归纳为以下三个方面：第一，我国的市场经济体制尚不健全，市场体系和市场机制也还没有达到完善的地步；第二，我国体育产业还处在起步阶段，发展成熟度还不够，需要政府保护和政策支持；第三，我国的体育产业需要政府将其独特的主导作用充分发挥出来。同时，需要强调的是，体育产业的发展必须走市场化的道路，政府的引导只是暂时的和有限的，按市场经济规律办事才是必然[①]。

（三）保证梯度发展战略的顺利实施

我国体育产业的发展必须以中国的国情和体育产业发展的现状为主要依据，确立重点、找准难点、以点带面、逐步推进的发展思路，这主要取决于我国的体育产业处于发展的初级阶段。在现阶段，我国体育产业发展中实施梯度发展战略主要包含两个方面：一方面是将体育产业的发展重点科学地确立下来，另一方面是要找准切入点和突破口。

（四）通过多种所有制形式发展体育产业

我国体育产业发展的重要基础是国有、国办体育事业。但在我国鼓励和发展非公有制经济的政策下，国家再向体育产业进行投入是不可能的。因此，这就要求积极采取措施，鼓励和引导非公有制经济主体在更大、更广的范围内参与体育资源的配置，投资于体育产业的生产和经营，从而使体育产业以民营为主的格局尽快形成。

第三节　我国体育产业发展的现实情况分析

一、我国体育产业发展的总体情况

从总体上来看，我国体育产业发展呈现出的情况主要归纳为以下几个方面。

（一）整体规模情况分析

通过对我国有关体育产业统计试点的北京、广东、浙江、辽宁、安徽、云南、四川七个省市的调查分析中可以得知，尽管当前我国体育产业由于规模限制，没有充分发挥出吸纳就业的作用，但是从其前景看体育产业对扩大我国的就业人口的作用潜力巨大。

我国体育产业有着巨大的发展潜力，有可能会成为我国国民经济新的经济增长点。我国体育产业有着非常重要的作用，这主要从扩大就业人口、拉动国内消费、带动经济增长方面得到体现。另外，体育产业作为国民经济新的经济增长点

---

①　柳伯力，李万来. 体育产业概论 ［M］. 北京：人民体育出版社，2005.

已经初现端倪。

（二）结构特征情况分析

在目前我国体育产业结构中，体育用品制造业、体育用品销售业占据重要的地位，体育服务业所占比重不高。体育用品制造业创造的增加值要高于体育服务业创造的增加值。总产值、就业人口等重要指标也呈现相同的特点。我国的体育产业发展还不成熟，以健身娱乐业为核心的体育服务业发展水平严重滞后。从另一个侧面也说明了我国体育服务业的发展空间还是巨大的。

（三）地域分布情况分析

长江三角洲、珠江三角洲及环渤海经济带，以及沿海地区和竞技体育较为发达的省份，是我国体育产业的主要分布地区。其中，北京市作为我国的首都，是全国的政治文化中心，国民经济迅速稳定健康地发展。广东省是我国市场经济的前沿地带，体育产业发展处于全国领先地位。浙江地处东南沿海，是我国最早实行改革开放的地区之一，成为我国经济大省。辽宁作为我国老工业基地，虽然在全国的经济地位已大不如前，但其经济实力仍然保持全国中上水平，同时，其也是我国的体育强省，为体育产业的发展提供了良好的条件。

（四）所有制结构情况分析

目前在我国体育产业经济结构中，非公有制经济已经逐步占据主导地位，形成与公有制经济并驾齐驱的多元化投资格局。尤其在体育用品制造业中，非公有制经济已经完全处于主体地位。

改革开放至今，我国体育以往在计划经济条件下，由政府垄断体育事业的局面已经发生了一定的变化，体育的产业化和社会化水平正在不断提高。具体来说，主要表现为国有经济所占比例不断下降，非国有资产比例在不断提高，我国体育产业投资结构多元化格局正逐步形成。

二、我国体育产业发展过程中存在的问题

经过一系列的深入改革，促进体育产业发展的新政策的出台，我国的体育事业有了一定的发展，但是，原有的"以体为主，多种经营"的格局仍然存在，旧的管理体制和运行机制仍然对体育经济功能的发挥产生一定的制约作用。在我国体育产业不断探索和发展的过程中，依然存在着一些问题和阻碍因素。具体来说，主要表现在以下几个方面。

（一）体育产业发展不平衡，水平有待提高

改革开放以来，我国体育产业呈现出较快的发展速度，但是，由于起步晚和受各种因素的影响，相较于发达国家来说，总体发展水平是相对较低的。另外，受经济发展程度的制约，各地区的体育产业规模和发展水平也是参差不齐的，经济较发达的大中城市和东南沿海地区体育产业发展速度快，并且达到的水平较高，而广大的中西部地区发展则比较迟缓，地区间的发展差距也呈现出逐渐增大的趋势。

（二）体育产业结构的合理性欠缺

我国体育产业结构不够合理，具体来说，主要从以下三个方面得到体现。

第一，体育服务业所占比例太低。按照体育产业发展的一般规律，体育服务业是体育产业发展的重点，一般来说，其在体育产业结构中所占的比重应达到60%～70%。而我国体育服务业在体育产业总体结构中所占比重太低，体育产业结构配置的合理性较为欠缺。

第二，我国体育产业地区有着较大的差距。我国体育产业主要集中于京、津、沪及东南沿海经济发达的省份，而广大内地省份和西部地区体育产业发展则相对落后。从某种意义上来说，我国体育产业的发展在很大程度上受到我国体育产业巨大的地区差距的制约。

第三，我国体育产业不够集中。目前我国只有中体产业一家体育上市公司，多数企业经营规模较小，自己有影响的品牌还没有形成。我国体育市场总体上处于"小、散、乱、差"的局面。

（三）体育产业相关法律法规不够健全

目前，关于体育市场的管理缺乏高层次立法，国务院的行政法规甚至法规性文件一项也没有。虽然一些地区和大多数省会城市都发布了地方性体育市场管理法规或政府规章，但在管理权限划分、执法程序和保障措施等方面仍存在着诸多矛盾，这就使体育市场的管理难度进一步增加了。

作为一个新兴产业和朝阳产业，我国的体育产业要想同其他产业一样获得较快的发展，面对大众体育需求的日益增长，以及体育产业前向、后向关联产业链条的延伸，必须要制定新的发展战略和发展政策，并且对体育产业结构进行不断调整，将体育产业的主导部门产业作为发展的重点，使体育产业上一个新台阶，真正成为国民经济新的增长点[①]。要实现这样的战略目标，需要政府部门对我国体育产业发展实际进行深入的调查，并且对制约体育产业发展的市场因素和政策因素加以分析，将促进和扶持体育产业发展的宏观经济政策制定出来，从而使我国体育产业的持续健康发展得到有力保证。

（四）体育系统产业开发不理想

中华人民共和国成立以来，我国体育系统行政事业单位在国有资产方面有了较为充足的积累，其中规格较高具有一定开发潜力的体育场地设施就有20000多个。但是，观念落后、体制与机制僵化、缺乏产业开发理论和经验等因素，在很大程度上制约着体育产业的发展，我国体育系统大量场地设施等有形资产和大量无形资产没有得到有效开发。很多体育系统的产业工作仅局限于出租体育场馆的

---

① 曹可强. 体育产业概论 [M]. 上海：复旦大学出版社，2004.

房屋、收房费等简单的初级开发活动，大量的无形资产白白丧失。这就导致了我国体育行政事业单位的产业工作进展缓慢，经费的自给率在文化行业处于较低水平的情况发生。

（五）体育产业市场化程度低

体育产业中许多部门主要是政府有关部门主办的，因此，往往会造成政企不分、产权不清的问题发生；另外，还会造成部门垄断现象比较严重，市场准入的限制比较多，竞争不充分，还没有形成市场决定价格的机制。一些本来可以市场化经营的领域，被当作公益型、福利型的事业来办，由此，政府无力兴办体育和社会力量想办体育产业却办不成的尴尬局面便形成了。尤其是我国加入世界贸易组织后，体育产业的诸多部门将面临激烈的国际市场竞争，政府是难以代替市场而减少竞争的。

（六）体育场馆建设与发展的理念没有统一起来

体育竞赛表演业、健身娱乐业、体育培训业等多种体育服务业的发展，是必须在体育场馆这一基本载体上才能实现的。可以说，合理的体育场馆布局结构和发展模式能够为体育产业良性运行奠定良好的基础。中华人民共和国成立以来我国的体育事业一直围绕竞技体育这一主线来运行，在体育场馆建设和发展思路方面仍然存在着一些问题，具体来说，主要有以下几个方面。

第一，有关体育行政机构和城市决策机构倾向于建设大型体育场馆，并力求将体育场馆建成城市的形象工程。一般来说，这种场馆往往存在着占地面积巨大、功能单一、造价极为昂贵、维护比较困难的问题。

第二，在场馆建设的发展目标上将服务于竞技体育的大型场馆作为侧重点，这就造成服务于全民健身事业的场馆尤其是社区体育场地设施严重缺乏。

第三，我国体育场馆的建设和管理存在着非常严重的条块分割现象，从而进一步造成非常严重的重复建设和资源浪费的情况。

（七）对体育产业经济功能没有清晰的认识

不同的地区和部门，对体育产业的概念和范畴的看法也存在着一定的差异性，对体育产业发展规律及特征的认识存在着清晰度、全面性欠缺的问题，还有部分人甚至认为体育根本就不能成为一项产业。这些认识上的偏差，以及由此出发确立的管理制度、制定的政策，否认体育在国民经济发展中的产业地位和经济价值，都对体育产业的发展产生了严重的制约甚至阻碍作用。

（八）体育产业经营管理水平有待提高

从总体上来看，我国体育产业经营管理水平是较为落后的，仍然处于由计划经济体制下的管理模式向市场经济转轨的阶段。我国体育产业经营管理水平落后主要从以下几个方面得到体现。

第一，我国体育产业特别是健身娱乐业的科学经营管理模式还没有形成，经营者在经营管理方面的知识与经验较为缺乏，市场化运作水平较低。由此，便直接导致了企业的运营成本太高，再加上国家税收过高等因素，许多健身娱乐企业在总体上处于亏损经营的状态。

第二，我国体育产业制度建设相对滞后，对体育产业运营管理必要的规范和指导较为欠缺。目前尽管国家体育总局先后制定了《体育运动项目经营活动管理办法》《体育竞赛管理办法》等法规，但是，其针对性和操作性较为缺乏，再加上上述法规属于部门规章，其只有非常有限的法律作用。

第三，我国体育产业中，熟悉体育产业、懂得经营管理、综合素质较高的人才较为缺乏。

第四章 体育产业结构的构成与优化策略

第一节 体育产业结构的构成

一般来讲，体育产业结构具体是由行业结构、产品结构、就业结构以及消费结构构成的，本节就具体对体育产业结构的构成进行分析。

一、行业结构

产业的行业结构指的是国民经济中产业内部各生产行业之间，在社会再生产过程中相互联系、相互制约的比例关系与有机结合体。而体育产业的行业结构就是按照体育产品的各自生产、流通、交换、分配使用的过程中所形成的劳动形式与价值实现方式的不同而确定的有机结合体。体育产业行业结构是体育产业结构的有机组成部分，它能够对体育产业的结构有一定程度的反映，即体育产品与相应服务在不同体育行业之间相互联系的流转过程与比例关系。行业结构的形成建立在社会分工与协作的基础上，因此体育产业的行业结构就是体育，生产和服务的社会化、专业化、协作化相互作用和发展的结果。具体来讲，根据不同的划分依据可以将行业结构的构成进行不同的划分。

（一）按体育产品形成过程中的不同劳动形式与价值实现方式划分

体育产业内部的行业结构可分为两大门类：第一个门类为体育服务业，其体育产品为非实物产品，包括健身娱乐业、体育场地服务业、竞赛表演业等；第二个门类为体育用品业，其体育产品主要是实物产品，它包括了体育用品制造业、体育用品销售业等。

在当前阶段，我国体育产业虽然得到了很大的发展，但是由于起点比较低，因此总体的发展水平仍然不够高，总体水平和人均水平与西方体育产业发达国家相比还存在着不小的差距。但是，我国经济发达地区与西方发达国家相比，其体育产业的差距正在不断缩小。

我国体育产业发展水平在不同的地区也存在着很大的差异，其中西部地区的体育产业明显落后于东部地区。例如，浙江、辽宁以体育用品为主，而四川、安徽则以体育服务业为主，并且以体育健身娱乐业占主导地位。

（二）从体育本质的角度划分

体育产业的行业结构还可分为职业体育产业、健康体育产业两大类。它们包含了前面所有体育产业的不同行业，是体育产业发展过程中最为有力的支撑。

职业体育产业是以职业体育俱乐部为主要经营形式的体育产业，它是通过向体育消费者（观众或者听众）提供以娱乐为主的体育产品（体育竞技活动）来获得相应报酬的一种经营活动。在职业体育中，运动员自身已经成为一种物化了的体育产品，它已经完全被商品化，运动员自身的价值可以通过经济形式体现出来，而竞技水平是决定运动员自身价值的一个主要因素。对于职业俱乐部来讲，其经济报酬的获得主要是通过门票收入、转播费、体育广告费等形式，如欧洲的职业足球联赛就是非常成功的例子。在当前阶段，我国职业体育产业的状况可以说是喜忧参半。一方面，早在1994～1999年的几年中，我国正式公布的职业体育俱乐部总数（含准职业体育俱乐部）就已经达到美国职业俱乐部总数的47%。但是实际上，我国以职业体育俱乐部为代表的职业体育产业虽然数量众多. 在质量方面却是非常低下，很多都是在政府的扶植下勉强发展。

健康体育产业是在社会经济进入高速发展的大环境下，以健康与体育有机结合形成的一种体育产业。作为健康体育产业的支撑，健康体育早已经进入到了人们的日常生活，并且发展成为其中不可缺少的组成部分。健康体育的活动范围非常广泛，不仅包含锻炼身体、增强体质的目的，同时还包含休闲娱乐、陶冶情操的目的。我国的健康体育与竞技体育一样都经历了国家主导下的健康体育事业向社会健康体育福利的过渡，通过事业、福利与产业发展并存的磨合，最终走向产业化的发展道路。如今，健康体育已经发展成为我国体育产业的一个重要支持点。随着科学技术的不断发展以及社会经济、物质基础的不断提升，尤其是国际政治经济的不断变化，健康体育作为一种国家健康体育发展事业的政府行为将逐渐淡化，并且最终将会被社会健康体育福利事业完全代替，进入社会健康福利事业和健康体育产业同步协调发展的新时期。我国的健康体育产业已经形成不可动摇的产业地位，同时还拥有相应的健康体育消费群体。

二、产品结构

产品结构是体育产业内部结构中最基础、最广泛的层次。由于体育产品本身是各种经济资源的凝结形态，其结构的变化最终可以集中反映出体育产业的现时状况。从本质上来讲，体育产业的结构变动与转换是体育产品结构要素的变化，也就是体育产品的种类、规模、质量等结构变动的结果，因此体育产品结构的合理性是整个体育产业结构变化与发展趋势的出发点与重要突破口。

　　根据产品的物质形态来划分，体育产品结构包括有形结构与无形结构两种类型。其中，有形产品结构主要表现为体育产品的物化形式，如体育用品制造业、体育建筑业等提供的有形体育产品；无形产品结构主要表现为体育劳务形态，如体育竞赛表演业、体育培训业等提供的无形体育产品。

　　我国当下有形的体育产品基本上可以满足市场的需求，其中一些产品还出现了供大于求的情况。例如，我国的体育服装产品在近些年实现了很大的发展，同时还打造出李宁、安踏等名牌产品。而除这些专业运动服装生产厂家之外，很多其他的大型服装厂家也生产运动服装，这就使得我国市场上体育服装产品的产出出现了一定程度的过剩。对于无形体育产品，即体育劳务，具体也可以划分为两类：一类是参与性的体育劳务产品，另一类是观赏性的体育劳务产品。下面就对其中的无形体育产品进行具体分析。

　　无形体育产品中的参与性体育劳务产品的生产者是体育场地服务业、体育健身娱乐业、体育康复保健业等。由于国家对体育各部门的管理各有侧重，对于这些部门的投入并不多，同时也没有太多的优惠发展政策，这就造成了参与性体育劳务产品较少，没有形成大的规模。在当前发展阶段，我国参与性体育劳务产品不能够很好地满足市场的客观需求，其中以体育场地服务业最为突出。

　　众所周知，体育场地设施是体育开展的物质基础。对于体育产业来说，它直接影响着人们的体育参与以及体育消费。从近二十年我国体育场地的新建情况来看，新建的各种体育场地的总数量相对于总的人口来说还是比较少，并不能够很好地满足人们对于体育场地的需求。与此同时，这些新建的体育场地功能较为单一，很多场地都不能够适应各种新兴体育项目的开展。由此可见，我国的体育场地服务业存在着严重的供不应求的局面。而正是由于我国当前这种参与性体育产品结构的不合理，才造成了我国相当一部分的体育锻炼者不能够在正规的体育运动训练场地进行体育锻炼，他们所进行的锻炼活动大多缺乏科学性。

　　与国内的发展情况相比，国外普通民众大多可以到大众体育俱乐部进行正规的体育锻炼，这也暴露出我国具有如此大的健身市场却缺乏基本的体育消费产品。无形体育产品中的另一类是观赏性体育劳务产品，其最大的生产者是体育竞赛表演业。而这里又可以划分为两类，即国际比赛表演业与国内比赛表演业。我国的国际比赛表演业如今已经初具规模，早在二十多年前中央电视台就已经开始对意大利足球甲级联赛进行转播，发展至今已经扩大到世界五大足球联赛等国际各大体育赛事的转播，涉及领域更加广泛。与此同时，我国的各大城市陆续开始申办世界性的重大体育赛事，这不仅有助于提升赛事举办地的国际知名度，同时还有利于把它们建设成为现代化的国际性大城市，而且这些赛事同样是重要的商机，通过挖掘能够对当地有关的经济消费带来巨大的经济效益。当前国外的比赛表演业发展得非常迅速,而国内比赛表演业的发展情况则相对不容乐观。国内举行的各种体育比赛,包括篮球、排球、足球等实行俱乐部制后举办的全国联赛,但是由于各种因素的制约与不足,这些联赛往往人气不足,这使得运动员在竞赛中生产出的体育产品并没有被充分消费。由于体育劳务无法被保存,体育竞赛表演过程中没有被消费的剩余体育产品即被浪费掉,经济效益也非常低下。国际比赛表演业与国内比赛表演业所存在的巨大差异值得我国体育工作者深思。

三、就业结构

就业结构是由劳动力结构与产业结构两个方面要素相结合所组成的一个可比性要素。纵观世界各国经济发展的历史可以发现,劳动力这种资源与资本存在着很多共通之处:劳动力进入到哪个产业,哪个产业就会得到一定程度的加强,同时也得到了自身发展的条件;如果不具备充足的劳动力,那么该产业就得不到很好的发展。但是,劳动力本身又具有很强的可塑性,不仅存在着质与量的区别,同时还有结构层次方面的不同之处,同等数量不同质量的劳动力对产业所产生的影响存在很大的不同。世界不同国家体育产业发展的不同状况也表明,劳动力的流向与结构的变化对于体育产业结构的调整与变化趋势起着很大的制约作用。

体育产业的就业结构与我国劳动力结构的特点之间存在着密切的关联。总的来看,我国劳动力结构的特点表现为供给量过大,就业率高,但是经济效率相对较低,且劳动力素质不高。劳动力素质低必然会对生产效率的提高造成很大的制约,从而会对我国整个就业结构产生很大的影响。并且当前我国所实行的社会主义制度使就业人口在总的劳动供给人口中所占比例非常高,这必然会导致传统产业中劳动力相对过剩,而像体育产业这种新兴产业劳动力的供给相对不足。

随着体育产业对我国社会经济的贡献越来越大,我国从事体育产业的人员数量也在持续增加。而在发达国家,体育产业是服务业的重要组成部分,该产业能够为社会提供更多的就业机会。例如,悉尼奥运会在开幕之前就已经给当地提供了15万个就业机会,而美国体育产业早在1995年就为本国提供了230万个直接就业的机会。由此可见,体育产业对于国民经济的贡献是巨大的,体育产业的持续发展符合我国经济与社会发展的客观需求。我国体育产业的就业结构可以根据其行业结构划分为两大门类:一种门类是体育服务业人员,它包括了从事健身休闲业、体育场馆服务业等行业的人员;另一种门类是体育用品业人员,它包括体育用品制造业、体育用品销售业等行业的人员。目前,我国的体育产业还属于劳动密集型产业,特别是其中的体育用品制造业就业人数占据了相当大的比例,而随着我国体育服务业的不断发展,必然会对增加社会就业产生很好的推动作用。近些年来,我国的体育用品制造业实现了很好的发展,虽然大部分属于来料加工，但其工艺与质量水平已经有了很大程度的提升。

我国的体育产业就业结构同时也存在很大的地区性差异。当前，我国体育产业的就业结构与整个国家的就业结构是相适应的，主要集中于制造业，而不同地区的体育产业就业结构存在着很大的差距，这是由于我国体育产业地区发展不平衡的因素，各地区体育产业就业结构与该地区体育产业的行业结构相符合。

四、消费结构

在商品经济条件下，体育产业的消费结构是通过反映市场供求结构运行的价格结构表现出来的。消费结构是包含需求结构和供给结构、收入结构和价格结构的相互制约、相互联系的结构。从根本上来讲，实现体育资源的合理配置，从而实现体育产业结构的合理化，这样才能够更好地保证体育经济的持续增长。要想实现这一目标，首先应该使体育产品（有形产品与无形产品）的生产在结构方面满足社会对于体育的客观需求，从而满足整个体育消费结构的要求，如果不能够很好地结合大众的消费，那么体育生产也就失去了意义。

体育消费结构对于整个体育经济的增长和体育产业结构的成长起着最终的决定作用。体育消费结构指的是社会生产的最终结果（一般用国民收入指标）的使用构成，它是社会经济活动的基本反映。

体育消费按其存在形式可以具体划分为物质性消费与劳务消费两种形式。体育物质性消费即体育实物消费，它指的是人们在体育活动中对于体育器械、服装等方面的花费。体育劳务消费则是指人们在体育观赏、健身娱乐等方面的服务性花费。在 20 世纪 90 年代，我国的体育消费结构不够科学合理，体育实物消费与体育劳务消费比例严重不协调，体育劳务消费明显低于体育实物消费。

对于体育劳务消费，还可以从满足人们不同层次体育需求的角度进行分析。由于人们的消费行为根本上是由其消费动机推动的，而消费动机的产生主要是由于人的某种消费需要。当人们的某种个人需求得不到很好满足时，它就会驱使人们去从事满足需要的消费行为活动，相应的消费动机也就应运而生。

人们所有这些消费需要可以划分为三个层次，即生存的需要、社会性需要以及成长的需要。同样，体育劳务消费也划分为三个层次。而人们参与体育活动的不同动机同样预示着人们在体育消费中存在各自不同的需求。例如，人们会为了和朋友交流、与家人接触或者陪伴自己的子女而从事一定的体育活动，这就表明人们进行体育活动是为了满足自我的社会性需求，这同时也表明人们在体育消费中的社会性需要消费。

对体育劳务消费的再次划分，有利于反映和比较体育劳务消费水平。但需要注意的是，这种划分法排除了体育用品消费，即体育实物消费。这是因为体育实物消费很难明确它属于哪种需要。例如，体育消费者在购买体育器材时，在一开始可能是为了社会性需要，但是作为一种耐用产品，在以后的时间消费者可能用所买的体育器材进行自身的体育锻炼活动，即演变成为一种生理需要。而体育劳务消费，可以按当时人们消费的不同动机进行具体区分。因此，我们可以将体育实物消费单独作为一类。与西方发达国家的体育消费结构相比较，我国目前还存在着很大的差距，因此需要加快与国际体育消费市场的接轨。

第二节　体育产业结构的演进分析

目前，经过一段时间的发展，我国体育产业逐步走上正轨，正朝着健康的方向发展。体育产业结构与以前相比也有了一定的完善和改进，但总体而言，与发达国家相比还存在着不小的差距，显现出诸多问题。本章就重点对我国体育产业结构演进与发展中存在的问题进行深入细致的分析，力求找出原因所在，并采取具有针对性的措施促进我国体育产业结构的优化发展。

一、体育产业结构演进的组织机制

一般情况下，体育产业结构演进的机制有着自己独特的特点，主要分为两种形式，即自组织机制和他组织机制。

（一）自组织机制

在体育产业发展的过程中，体育产业结构的演进是一个循序渐进的动态过程，在生产力不断发展和各种先进技术的推动下，体育产业结构逐步由低级转向高级，内部各要素不断协调发展，进而形成一个庞大而复杂的整体。下面主要分析一下体育产业结构演进的自组织机制。

1. 前提条件：开放性

体育产业作为一个大型系统，其内部结构非常复杂，一般来说，这一内部结构主要由八类多层级组成，这几个部分相互联系、相互影响、相互制约，形成了一定的关联效应。其中任何一个部门的发展都会对其他部门产生一定的影响。体育产业内部各组成部门之间的技术经济联系是经常性的，产业结构间的关联正是在经济联系的基础上形成的，实质上各部门之间的关联就是体育产业结构的自组织。

在体育产业发展的过程中，体育生产部门将各类体育产品和服务推向市场，从而满足体育消费者的各种需求，这就是体育生产的最终目的。体育生产最终目标的实现少不了对各种生产要素的依赖，而这些生产要素都需要在市场上购买。体育产品在生产的过程中，除了注意自身因素外，还需要从外界环境中及时获取可靠的信息，从而保证体育产品生产的顺利性。在体育生产的过程中，体育生产部门还必须具备一定的物质资源与信息，这是体育产业结构实现自组织演进的重要基础。

2. 直接诱因：远离平衡态

一般来说，体育产业整个系统具有一定的不平衡性特征，体育产业内部各要素之间存在着千差万别，每个要素都有自己独特的地位与作用。除此之外，体育产业系统中的子产业发展也呈现出不平衡的特性，相对于体育用品业来说，体育产业的核心产业，如体育竞赛表演业、体育健身娱乐业等发展比较缓慢，这是正常现象。随着现代科学技术的快速发展，大量的先进生产工具应用于体育用品制造业中，新兴的体育产品大量涌现，这极大地促进了新的产业结构的形成与发展。总体来说，体育产业各要素之间的发展是非平衡性的，存在着一定的差异，这是体育产业结构发展中的必然。

3. 内在依据：非线性作用

总体而言，体育产业是一个多层级的庞大的体系，在这一体系中，体育产业内部各要素之间相互作用，相互影响，呈现出非线性发展的趋势，体育产业内部各要素间的技术联系是其存在非线性作用的内在原因。

具体来说，技术因素通过发挥以下功能来促进体育产业形成非线性作用。第一，现代科学技术的快速发展提高了社会生产力，从而促进了新的产业分工的形成。第二，现代科学技术的发展提高了劳动生产力，劳动生产力的提高在很大程度上促进了劳动力的转移，也使体育产业结构得到相应的变动与发展。第三，现代科学技术的发展能在很大程度上起到重要的刺激作用，促使人们的需求结构发生变化，在这样的形势下，体育产业结构受需求结构变化的影响，也就会发生相应的变动。第四，现代科学技术的快速发展在带给新兴产业活力的同时，也加速了原有产业的改造与发展，促进体育产业中的生产结构逐步得到优化与升级。第五，现代科学技术的快速发展能在很大程度上提高一个国家的国际竞争力，并推动国家对外贸易的发展，进而直接导致体育产业结构发生较大的变化。

在体育产业结构不断演进与发展的过程中，体育产业结构之所以能够得到快速发展，并呈现出复杂性的特点，其主要内在原因就是非线性作用，同时这也是体育产业结构自组织淡化的终极目标与动力。

4. 触发器：涨落

在一段时间里，体育产业结构能保持一定的稳定性，其内部各要素之间的关系也相对稳定。但从局部来看，体育产业内部的波动则是经常性的，不时地发生各种变化。例如，在体育产业内部各部门之间，各种产业要素不断流动，促使体育产业产值发生一定的波动。如果体育产业产销的涨落只是一种发展状态，而且不会影响体育产业结构的稳定时，这种状态就是体育产业结构演变与发展的微涨落。

需要注意的是，微涨落不会打破原先的体育产业结构。但是，有些涨落会在一定的条件下促使原有的产业结构发生一定的改变，这种改变我们称之为巨涨落。一般来说，当出现巨涨落时，之前的体育产业结构模式会发生较大的变化，新的结构也会相应出现。

通常情况下，只有当体育产业结构失去了原有的稳定性，并建立了新的结构后，才算是体育产业结构的一次演进与发展。涨落在体育产业结构演进与发展的过程中发挥着非常重要的作用。

（二）他组织机制

在体育产业发展的过程中，体育产业结构的演进与发展是一个控制的过程。在他组织角度下，国家采取必要的措施与手段对体育产业结构进行合理的调整，从而实现结构和组织的合理优化。在体育产业结构演进与发展的过程中，只有通过政府的宏观调控，才能更好地实现体育产业结构演进的他组织机制。

在政府的宏观调控下，体育产业结构不断得到演进与发展。国家政府部门通过运用各种经济手段、产业政策等来实现体育产业资源的合理配置，对体育产业结构进行必要的调整与优化，从而促进体育产业的健康发展。

总体而言，在体育产业结构演进与发展的过程中，政府的宏观调控作用主要体现在以下几个方面：第一，政府采取一定的措施和手段，制定体育产业发展的目标、重点和规模等，把握体育产业结构演进与发展的趋势，为体育产业的发展指明道路。第二，政府通过运用各种经济手段和产业政策，鼓励与保护相关体育产业的发展，有时为了保证政策的顺利实施，还采取强制措施规定体育产业的发展，这为体育产业结构的优化与升级提供了可靠的保障。第三，政府通过运用各种产业政策，在很大程度上促进了现代竞争微观基础的形成，这对体育产业市场供需关系能产生良好的协调作用，从而为体育产业结构的演进与发展奠定良好的基础。第四，政府通过自身公报功能的发挥，为体育产业的发展营造了一个健康的社会环境，从而促使体育产业结构优化升级目标得以顺利实现。

二、我国体育产业结构演进的阶段划分

体育产业结构不是一成不变的，而是处于不断变化发展中的。对体育产业结构演进阶段的研究能找出其中的客观规律，从而更好地采取针对性措施与手段促进体育产业的发展。

（一）体育产业结构演进的阶段

从长远来看，体育产业结构是不断演进与变化着的，从低级阶段向高级阶段

演进。在从低级阶段向高级阶段演进的过程中，体育产业一般都经历以下几个阶段。

1. 体育产业结构合理化阶段

体育产业结构合理化是指通过一定的结构调整，增强体育产业内部各部门的协调能力和合作能力。在体育产业发展的过程中，要想促进体育产业结构的优化发展，首先就要结合体育产业的发展实际对失衡的产业结构进行合理化调整。需要调整的方面主要包括：体育产业各部门的协调问题、体育产业的供给与需求问题、体育产业结构效应问题等。总体来说，体育产业结构是否合理主要取决于体育产业释放的整体能效是否大于各部门能效之和。如果体育产业各部门间的协作能力越好，就越能释放出强大的效能，体育产业结构也就越合理。因此，在这一阶段中，首先要做的就是消除体育产业内部结构中的各种不平衡现象，释放体育产业的效能。

2. 体育产业结构高度化阶段

体育产业结构的高度化是指国民经济发展重心由第一产业向第二、第三产业逐步演进，劳动密集型产业向资本密集型产业逐步演进，初级产品的制造向高附加值产品制造逐步演进与发展。因此，体育产业结构高度化指的就是体育产业结构的重心由劳动密集型部门向体育服务业演进。总体上而言，判断体育产业结构是否步入高度化阶段的一个重要标志就是看是否拥有与本阶段体育产业相适应的主导产业和支柱产业。

3. 体育产业结构优化阶段

可以说，体育产业结构优化是体育产业结构演进的最终方向，也是体育产业发展的较高阶段。总体而言，体育产业结构优化是体育产业高度化发展的动态过程，在这个过程中，体育产业结构逐步优化和升级，达到最佳状态。

综上所述，以上体育产业结构演进的三个阶段之间是互相影响和互相联系的。其中体育产业结构的合理化是前提；体育产业结构的高度化是必经阶段；体育产业结构的优化是最终目标。而且大量的研究与事实表明，体育产业结构的优化调整主要包括三个方面的内容：第一个方面是政府的干预。政府通过制定各种有利于体育产业结构调整的政策来干预体育产业的供给和需求结构，促进体育产业的合理化发展；第二个方面是市场的自我调节，充分发挥市场的自我调节作用，从而实现资源的优化配置；第三个方面是发挥企业的主体地位，依据当前的发展实际调整企业的行为。这三个方面密切合作，共同发挥效用，能有效地促进体育产业结构的优化升级。

随着社会经济的不断发展，体育产业结构逐渐由低级阶段向高级阶段演进。体育产业结构在演进与发展的过程中通过与环境资源的交换，产生了一系列的动态变化，整个体育产业规模不断扩大，向更高层次发展。在体育产业结构由低级向高级阶段发展的过程中，体育产业结构逐步达到合理化状态，从而发生质的飞跃，促使体育产业以较快的速度增长，这就是体育产业结构演进与发展的基本规律。在体育产业结构演进与发展的过程中，体育产业中各部门不断分化，规模不断扩大，资源配置效率不断提高，这些都是体育产业由低级阶段向高级阶段演变的重要标志。总之，体育产业结构的这种演变规律，为体育产业结构的优化升级提供了良好的路径。

（二）体育产业结构演进的趋势

1. 软化

随着现代社会的不断发展，体育产业结构也逐渐呈现出软化的趋势。在早期阶段，体育产业以提供实物产品为主，相对而言，体育服务产品所占的比例很小，产业软化率非常低。而伴随着社会经济的逐步发展，人们物质生活水平的不断提高，人们的需求层次逐步升级，体育产业开始得到快速发展。在体育产业发展的这一阶段中，体育本体产业获得了迅速的发展，并带动了体育其他相关产业的发展，如体育经纪业、体育传媒业、体育广告业、体育彩票业等。在这样的形势下，体育用品制造业的地位不断下降，体育服务业的地位不断上升，这是体育产业结构优化升级的表现之一。

2. 合理化

在体育产业发展的过程中，体育产业结构的合理化是体育产业向更高阶段发展的重要标志。在资源既定的条件下，体育产业内部各要素之间能实现资源的最优配置，产生良好的经济效益，从而获得快速的发展。总体而言，体育产业结构演进的合理化主要体现在三个方面：一是各种体育资源在部门间得到合理的配置；二是体育产业能够根据需求结构变动状态调整资源、配置；三是体育产业发展的各类体育产品的总供给与总需求实现动态平衡。

3. 高度化

体育产业结构的高度化发展也是体育产业结构演进的一个重要趋势。在现代社会背景下，现代科学技术的快速发展推动了大量高新技术产业的发展，这就成为引领体育产业结构高度化发展的重要力量。在现代社会条件下，技术密集型和知识密集型产业得到了迅速的发展，体育科技成为体育产业结构升级的核心技术，体育产业结构逐步迈向高度化发展阶段。

4. 高效化

在新的时代背景下，体育产业结构开始向着高效化的方向发展，对此体育产业结构开始做出相应的调整，体育产业的经济效益也逐步显现出来。总体上来说，体育产业结构的高效化使体育产业内部各要素之间合理利用各种资源，从而实现经济效益和社会效益的最大化，二者缺一不可。总之，体育产业结构在演进过程中所做出的合理调整，能产生较高的结构效益，从而推动体育产业的进一步发展。

5. 区域结构协调化

体育产业结构演进过程中的区域结构协调化是指地区层次的产业结构实现合理化、高效化和高度化，不同地区的体育资源有自身的特色，通过地区间的资源沟通与利用，能使体育资源得到充分的利用，从而满足体育产业结构调整与发展的要求，进而实现体育产业的科学化发展。

三、我国体育产业结构的现状及问题

当前，虽然我国的体育产业获得快速的发展，积累了一定的经验，但是总体而言在很多方面还存在着一定的缺陷，其中体育产业结构还不健全和不够完善就是一个重要的方面。

（一）我国体育产业结构的现状

1. 所有制结构

（1）我国体育产业呈现出多种所有制并存，非公有制经济占主体的格局。与我国国情相符的是，我国的体育产业建立在单一固有资本结构基础之上，公有制经济占主体地位。近些年来，随着体育全球化和经济一体化的进行，体育产业也出现了多种所有制并存的局面，国家、集体、个体企业等多种主体逐步进入体育产业领域，成为推动体育产业发展的重要力量。

（2）外商和港澳台投资比重较大。在现代社会发展的背景下，经济一体化、经济全球化的趋势逐渐加强，境外资本以及港澳台资本开始大量介入我国体育产业领域，这些企业也成为推动我国体育产业发展的重要力量。

2. 行业机构

（1）体育培训业和体育中介是当前最具发展潜力的行业。近些年来，我国体育产业的发展升上了一个新的台阶，体育产业中的各个行业都有着不错的增长速度，其中体育中介业和体育培训业的增长速度最快，成为整个体育产业中最具发展潜力的行业。

（2）体育用品业是当前发展势能最大的行业。与发达国家相比，我国的体育产业发展还处于一个低级阶段。在最初的阶段，体育产业的发展都是从体育用品业的出现开始的，目前体育用品业在我国体育产业中也占据着非常大的比重，虽然近年来我国体育服务业得到了迅速的发展，体育用品业的发展势头有所减缓，但总体而言，体育用品业仍然是我国体育产业中所占比重最大、发展势能最大的行业。

3. 组织结构

(1) 体育产业组织结构关系水平低。依据产业发展的基本规律，产业生产的规模越大，生产效率就越高，社会化的程度也越高，该产业组织的内部构成有机性就越强，组织越严密，组织之间的联系和制约就越复杂和强化。

受我国传统观念和意识的影响，我国现行的体育管理体制依然存在着官办不分、政事不分及政企不分的现象，这在一定程度上制约着我国体育产业结构的优化与升级。目前，总体来看我国体育产业各门类行业协会都是在政府体育部门的指导或授权下开展各种工作，缺乏自主权，不能根据自身的具体实际开展各种活动。在这样的形势下，虽然有一部分体育企业得到一定的发展，但是大多数企业并未得到良好的投资回报率，难以形成规模效应。总之，目前我国的体育产业组织结构关系水平还处于一个低级阶段，组织结构比较松散，严重影响着体育组织生产效率与结构效率，迫切需要进一步的改革与发展。

(2) 体育产业组织与产业外组织的结构关系。发展到现在，在发达国家，体育产业已成为其国民经济体系中的重点产业。体育产业内涵丰富，产业内部各种组织互动关系比较频繁，对各个行业的发展都能起到重要的联动作用。但就目前我国体育产业而言，我国体育产业的发展还存在着诸多问题，如发展基础不牢靠、可持续发展能力不强、欠缺有力的发展政策等，这些都需要我国政府相关部门采取必要的手段和措施加以解决，以建立和形成一个良好的发展模式。

4. 区域结构

(1) 呈现显著的东、中、西部梯度发展格局。目前，我国体育产业呈现出显著的东部、中部、西部梯度发展的格局。总体上来看，我国各区域体育产业还处于一个低级发展的阶段，区域间体育产业部门的合作还不够密切，难以产生有效的化学反应。

(2) 呈现明显的城、乡发展差序格局。目前，我国的体育产业在区域结构上呈现出明显的城、乡发展差异。城市体育市场与农村体育市场的发展差距较大，在经济落后的农村地区，体育产业尚处于萌芽阶段，规模很小，这极大地制约着我国体育产业的发展。

5. 层次结构

(1) 各层次比例严重失调。一般来说，在我国体育产业体系中，体育产业的核心层主要包括体育组织管理活动、体育场馆管理活动、体育健身休闲活动；外围层主要包括体育中介活动和其他体育活动；体育相关产业层主要包括体育用品、服装鞋帽制造与销售以及体育建筑活动。发展到现在，我国体育产业各层次虽然在量上有所增加，但质量却参差不齐，比例严重失调。

(2) 各层次之间关联性效应不明显，无法形成完整的体育产业链。目前来看，在我国整个体育产业结构体系中，体育产业核心层的后向关联最大，其发展在很大程度上决定了体育产业外围层与体育产业相关产业层的进一步发展；而体育产业外围层与体育产业相关产业层的前向关联最大，为体育产业核心层提供重要的物质基础和保障。截至目前，我国体育产业结构仍然处于一个低级发展阶段，其发展主要依赖于下游产业的体育相关产业层，体育产业的发展没有形成一个完整的产业链，各部门间的联动关系比较弱，需要今后着重发展。

6. 市场结构

在产业发展的初期，大量资本涌入其中，大多数小企业共存，形成了一定的市场结构；发展到一定阶段，进而形成中小企业为主的市场格局；而到了成熟阶段，则形成以大企业为主、中小企业并存的垄断竞争格局；再到衰退阶段，是少量大企业的寡头竞争市场结构。近些年来，我国社会经济得到了快速的发展，社会也比较稳定，得益于此，我国体育产业中的各个行业也得到了快速的发展，一些体育行业获得了比以往更加宽松的发展环境与充分的市场竞争，已经进入了行业市场结构的成熟阶段。而另外一些体育产业或行业，受自身条件的限制则没有得到迅速的发展而停滞不前，这说明我国体育产业的发展还很不均衡，体育产业结构很不完善，需要今后大力发展。

7. 产品结构

目前，与发达国家相比，我国的体育产业处于落后的局面，总体来看，我国的体育产业产品结构技术水平不高，产品附加价值不高，产品的结构效应也难以起到有效的作用。而一个良好的体育产品结构对体育产业相关行业与部门的发展起到重要的推动作用，这也正是促使体育产业能成为许多经济发达国家国民经济体系中的支柱产业的重要原因。以体育赛事产品为例，其生产技术经济联系的直接相关要素有体育场馆、运动器材、体育经纪公司、参赛运动员及现场观众等；其衍生产品主要包括赛事冠名、场地广告、赛事转播、门票等有形与无形产品，所涉及的范围非常广泛，可以说一个良好的体育产品结构能起到良好的联动作用，对体育产业的长远发展是非常有利的。

目前来看，我国体育产业的核心产业供给不足，存在着结构不合理与结构效应水平低的现象，这严重制约和影响着我国体育产业的健康发展。

（二）我国体育产业结构存在的问题

1. 我国体育外部产值对 GDP 贡献小

与国外发达国家相比，我国体育产业总产值还处于一个比较低的水平，在整个国民经济中所占比例较小，对国民经济的推动作用还很小，严重落后于发达国家。但是这也从另一个方面说明了我国体育产业有着较大的提高与发展空间，发展潜力巨大，我国体育产业相关部门应该意识到这一点，加强体育产业结构的优化升级，促进我国体育产业的大发展。

2. 体育本体产业发展相对缓慢

在整个体育产业发展的过程中，体育服务业是其核心行业，而体育用品业则是体育产业的外围行业。一般情况下，一个产业的核心行业的发展水平在很大程度上决定着其外围行业的发展水平，而目前我国体育产业核心行业的发展却严重落后于外围行业的发展，今后需要扭转这种局面。

总体而言，目前我国大部分体育产业都存在着核心行业落后的问题，虽然我国的体育服务业近几年呈逐年上升趋势，但与体育用品业等外围产业相比，其上升的幅度还较小，与发达国家相比存在着较大的差距。这种情况，一方面反映出我国成为全球性的体育用品生产加工基地，体育产业的发展处于整个产业链的下端；另一方面也反映出我国体育产业的本体发展水平还比较低，拥有巨大的发展潜力。

3. 体育用品业竞争力较弱

发展到现在，我国已经成为世界体育用品制造中心，占世界 65% 以上的体育用品生产份额。但总体来看，目前我国的体育用品业主要以来料加工和劳动密集型产品为主，大都处于产业价值链低端环节，缺乏上游研发、设计等环节，缺乏自己的著名品牌。国内大量企业盲目进入，大多数企业管理不善，欠缺技术创新和研发能力，没有形成一个良性竞争的环境，其发展受到一定的阻碍。

4. 缺乏调整体育产业结构的优惠政策

在体育产业发展的过程中，产业政策对其发展能起到重要的推动作用，这在发达国家已经被证明了。因此，我国体育相关部门也要借鉴发达国家的先进经验，制定一系列有利于体育产业发展的优惠政策以满足体育产业发展的需要。首先，政府应制定相关的税收政策，对体育产业给予一定的扶持，建立一个完整、规范、统一的税收政策激励体系，激励体育产业不断向前发展。目前来看，我国体育产业政策的缺失直接导致了产业投资结构的单一，制约了我国体育产业的进一步发展。

5. 东、西部体育产业结构发展差距大

目前，我国社会呈现出鲜明的二元结构，城乡差距、东西部差距较大，体育产业也相应地呈现出明显的二元结构。在东部，尤其是沿海地区，体育产业发展比较迅速，吸引了大量的投资，形成了一定的产业规模；而西部地区，由于经济发展落后、资源不足等原因，体育产业的发展尚未形成一定的规模。因此，如何缩小二者之间的差距就成为一个值得研究的课题。

6. 缺乏高素质的体育人才

体育产业的发展离不开人才，人才竞争是体育产业发展的重要动力。在体育

产业体系中，体育产业的发展既需要精通体育知识的专业性体育人才，又需要熟悉市场的经营管理人员。目前在我国从事体育产业的主要是两类人：一是原先就在体育系统工作的人，如体育官员、运动员、教练员等，他们具有从事体育工作的经验，但欠缺体育理论知识；第二类是商人，他们对商业有很强的嗅觉，知道体育产业前景光明，但对体育所具有的特殊性认识不清。在国内，只能且有从事体育竞技比赛训练的管理人才和体育组织的行政管理人才，而最缺乏的是体育产业的高级管理经营人才。

（三）导致我国体育产业结构现状的原因

1. 有效需求不足

有效需求是指有消费愿望，亦有实际支付能力的需求。而体育市场中的有效需求，除了要有消费愿望、实际的支付能力，还必须具有必要的技能储备以及消费空间。也就是说，一个人的体育消费只有在有钱、有闲、有愿望、有技能、有消费空间五个要素都具备的条件下，才能真正发生或者说才能持续发生；再则，即使发生也只是偶尔的尝试性消费，而不是长期的、固定的、习惯性消费。从我国居民实际情况看，同时具备五要素的人群总量并不大，体育消费的有效需求并没有出现人们所期待的快速增长态势。

2. 管理体制障碍

体育产业之所以迟迟未能得到良好发展，一个重要的原因是来自管理体制上的障碍。北京大学经济学院院长刘伟教授提出，体育要产业化在经济体制上需要两个逻辑：一个事物要产业化，而不是事业化，资源的配置应当市场化。如果要产业化、资源配置的方式市场化、行为主体就要企业化，这三个东西逻辑上是一致的。一个事物要事业化，它的配置方式就不是市场化而是行政化，要求行为单位主体不是企业化，是单位化，这三个东西是捆在一起的，产业化、市场化、企业化是一个逻辑，如果要产业化，就不可能在行政网络里。否则是长不大，再有就是出现腐败的情况。一贯的体育制度非但不能促使体育产业快速发展，而且还对体育产业产生了较大束缚，使得体育产业成为腐败滋生的"温床"。目前，体育腐败主要集中在审批、选派不透明，权力寻租空间大；弄虚作假，亵渎体育精神；赛事经营"猫腻"多，成为利益输送窗口等方面。2009 年年末，中国足球职业联赛的"假、赌、黑"不幸被言中。在长期计划经济体制下形成的体育管理体制和运行机制，错误地把体育事业看成是单纯的公益事业，只能由政府来提供和包办，排斥市场和经营，走了一条与国情国力不相接的发展道路。这样的体制和机制安排是着眼于以满足政府需求为主而不是满足大众多样化、个性化体育需求的体制。这不利于体育产业的培育和发展。

国家把体育作为福利性的社会事业来办，只能由政府来提供和包办，排斥市场和经营，导致体育产品难以进入市场，体育领域生产活动及生产要素处于垄断状态，体育市场的主体难以确定，市场处于封闭状态，因此也形成了具有"刚性"的体育结构，不能及时生产出大众所需的体育产品，造成体育产品供给与需求的矛盾。体育公共产品的供给与维护并未形成良性的互补关系，而是存在着多种形态的扭曲及错位。传统思维的作用下，基础设施行业产品通常被认为只能由政府机构来提供，在这种情况下，这些行业和部门往往就会通过"游说"而获得"行政性垄断地位"。由于过高的进入门槛，其他的民间经济力量即使有进入的能力，也不会有进入的权利，于是此类公共产品就只能长期处于供给有限、效率较低的状态。这一方面造成了政府单一的供给能力与人民群众不断增长的参与性健身需求矛盾日益突出；另一方面也制约了各类体育市场的培育和发展。政府体育主管部门的职能高度集中，办事过多，管理过少，单项运动协会、群众性体育社团的作用被淡化，社会办体育的热情受抑制。管理体制不清，经营机制不活，对体育经营单位以单一的行政型管理为主。分散经营，各自为政，追求小而全，缺乏整体观念和规模效益，市场秩序混乱。这样的体制和机制安排着眼于以满足政府需求为主而不是满足大众多样化、个性化体育需求的体制。这不利于体育产业的培育和发展，更不利于体育产业结构的优化。

3. 缺乏扶持政策

经济政策是加快经济发展的根本保证。周叔莲在《中国经济的两个根本转变》代序中指出："以结构优化为例，目前我国产业结构难以优化的根本原因仍然是体制问题，由于多数国有企业还未成为真正的市场主体，同时普遍缺乏活力，市场机制难以发挥作用，宏观调控也往往达不到预期目标，因而资源难以在产业间合理配置[①]。市场主体的经济行为需要政策规范，生产要素的配置和重组需要政策导向，经营者的投资积极性需要政策调动。宏观上缺乏明确有力的体育产业发展规划和产业政策，即使有了产业发展规划和政策，也缺乏应有的配套政策和实践手段。新中国成立以来，各个时期指导产业发展的政策仅仅停留在粗线条的口头与原则上，缺少科学的理论依据，没有完整的措施与手段，也没有具体的实施方案和定量要求，有的时期提出的原则与口号还有阶段的片面性。由于市场机制很不完善，政府在制定产业政策时主要凭人的主观决断，即使决策者完全立足于社会整体与长远利益，也仍然存在着主观与客观相脱离的可能。在这种情况下，政府的优化选择能力并不可靠，从而导致资源配置不合理和产业结构非良性化和非优化以及调整困难。

体育产业作为朝阳产业需要政策的引导、扶持发展。尤其是在体育产业还未

---

① 周叔莲. 中国经济的两个根本转变 [M]. 北京：经济管理出版社，1997.

充分形成的情况下，需要政府引导、培育。同教育、文化等产业相比，目前国家缺乏对发展作为朝阳产业本应享受优惠扶持政策的体育产业的各种优惠政策。由于缺乏宽松的经济环境和条件，产业发展初期没有扶持保护政策，启动相当困难，这一发展态势使得投资回报率不高，影响了社会资本的投入。在美、英等体育经济发达国家，政府为扶持本国体育经济的发展，都相应地在政策上做出倾斜。对体育部门举办的体育赛事、体育组织接受的捐赠和体育场馆的经营收入，不同程度地减免税收；企业出资赞助体育比赛，可以计入生产成本或做广告支出；修建体育场馆可以享受土地征用的优惠政策和低息贷款等。而我国在这方面的扶持力度还远远不够。目前，体育企业不仅没有享受优惠政策，而且部分企业实际上还承担着过重的税费。

4. 政策执行不力

各级政府指定的科学合理的体育产业结构政策没有有力执行，影响到了体育产业结构的优化。体育产业政策执行不力，导致产业政策在优化体育产业结构时效果不佳。已有的体育产业政策或因政策触及执行主体的切身利益而导致执行主体选择性、替换性执行；或因执行需要不同部门之间的协调时，体育部门无法得到其他部门的支持而导致无力执行。选择式执行是指一些地方政府、单位对上级政策指令或命令进行过滤，"断章取义，为我所用"，选择对自身有利的规定执行，形成在执行中见了"黄灯"赶快走、见了"红灯"绕道走的行为模式，导致政策无法得到贯彻落实。替换性执行是当需要执行的政策与负责执行的机关、部门存在利益冲突时，执行机关就有可能制定与上级机关公共政策表面相一致、实质相违背的执行措施，"有利的就执行，不利的就变形"，妨碍了产业政策的正确实施。

5. 政府过度干预

我国是直接从封建农耕经济改造建立起社会主义高度集中的计划经济，再转变为社会主义市场经济体制的，我国的市场机制仍存在诸多不完善。我国的体育事业在各级政府的大力支持下取得了长足的发展，随着市场经济的发展，体育市场的经营活动必然要遵循市场规律去运作。目前，政府行为在推进体育产业良性发展的同时，也带来了一些负面影响。这表现在，政府部门仍不愿意放手让社会去办一些大型赛事，而是自己出面加以经营，从而影响了社会办体育的积极性，同时又给体育执法带来了一定的困难。政府体育主管部门的职能高度集中，办事过多，管理过少，单项运动协会、群众性体育社团的作用淡化，社会办体育的热情受抑制。

6. 无形资产流失

体育无形资产是指存在于体育运动中的、具有体育特质、受特定主体控制、不具有实物形态、能持续地为所有者经营并带来经济效益的资产，其最显著特点是不具有物质形态，包括了各级各类体育竞赛表演活动的举办权和经营权、注册商标特许经营权、吉祥物、广告、明星肖像权、纪念品、赞助和捐赠、电视转播权等。这一市场在我国的开发仍处于低水平，存在大量空白地带。据统计，我国60多万个未有效开发的体育场馆尚待商家挖掘。在开发运作上，与发达国家相比存在一定的差距，经营开发渠道单一和短期行为现象严重，导致我国体育无形资产大量流失。体育无形资产的市场开发，对应的经济活动多为处于体育产业核心地位的体育赛事活动，这一资源的流失影响了体育产业服务业的市场规模。

7. 商业运作水平不高

在体育产业发展的过程中，人才是极为关键的因素。一般情况下，人力资源的数量决定着承接体育产业转移的规模，人力资源的素质决定着体育产业结构层次的高低。很长一段时间以来，受我国传统社会和经济体制的影响，我国没有重视体育经营管理人才的培养，致使缺少大量了解国际体育产业流程、开发体育商机的人才，尤其是缺乏中高级的体育经营管理人才。这对于我国体育产业的发展是非常不利的。很多运动项目管理者在管理上出现了许多漏洞，导致经营不善，固有资产流失。除此之外，受行政垄断的影响，投资者对体育产业投资的积极性不高，并且存在一定的盲目性。当某项体育运动获利较高时，众商家一哄而上，造成了重复建设、规划不合理等多种不合理现象。目前，有相当一部分的体育经营者大都是退役运动员、教练员、下岗待业人员，他们拥有丰富的体育工作经验，但欠缺对体育市场的了解，无法准确把握体育产业发展的规律，因此政府在这些方面要给予必要的指导和培训。目前来看，政府在体育领域中没有充分发挥好自己的效用，体育产业市场行为比较混乱，体育市场缺乏合理、正当的竞争。目前，职业体育经理人在我国体育企业中所占的比重还非常低，由过去的知名运动员或球队领队担任俱乐部总经理的现象还相当普遍。这些半路出家的经营管理者，比较缺乏经济、法律等方面的知识，客观上限制了体育产业的发展。而专门从事体育的经营者对体育的了解甚少，缺乏横向联系，导致我国体育产业商业化水平低，这也成为制约我国体育产业发展的瓶颈和障碍。因此，要想促进我国体育产业的发展，就必须大力提高其商业化运作水平。

8. 投融资机制不完善

在市场经济发展条件下，筹集资金已成为我国体育事业发展的重要手段。但是目前由于我国投资机制的缺乏和投资政策的错位等原因，致使我国资本市场运作水平不高，投资机制比较单一。很多投资者都面临着两个极端：投资于银行，收益太低；投资于证券，风险太高，这种状况不容乐观。因此，要想促进我国体育产业的发展就必须建立一个完善的投融资机制，确保体育产业的顺利发展。

（四）影响我国体育产业结构演进的因素分析

在体育产业结构演进的过程中，会受到多种因素的影响和限制，其中一些因素会起到决定性作用。体育产业在一个国家国民经济中所占的地位如何，体育产业的内部结构如何，直接受到多种因素的影响。因此，对影响我国体育产业结构演进的因素进行分析是非常有必要的。

1. 需求结构因素

在整个体育产业发展的过程中，需求结构是影响其产业发展的重要因素。一般来说，社会对体育用品和体育服务的需求就是体育需求，而体育产业对其他产业产出的需求并不属于体育需求的范畴。在需求结构的引导下，体育产业中的各个生产部门进行工作输出体育产品，来满足广大体育消费者的需求，这一过程使得体育产业各部门得到了合理的分布，从而逐渐形成了一个相对完善的体育产业结构。总之，在体育产业发展的过程中，体育产业生产部门的各种生产活动都会受需求结构的引导，产业结构必然会随着需求结构的变动而变动。

一般来说，人的需求主要有生存需求、享受需求和发展需求三大类。在这三大类基本需求中，生存需求是满足生理需要的需求，处于最低层次；而享受需求和发展需求则是满足人作为社会人实现自我价值的需要，是一种高层次需求。在人与社会发展的过程中，人的需求是随着时代与环境的变化而不断变化的，总是由低级向高级转变。在社会生产力比较低下的年代，生存与生活需求成为人们最重要的需求，温饱问题以及对物质消费品的低级需求成为人们的日常生活追求。而随着社会经济水平的不断提高，人们在解决了温饱问题后，对物质消费品的需求呈逐渐下降趋势，而转向对服务消费品的需求，这是社会经济发展的必然。

在现代社会背景下，体育运动能满足人们的多种需求，如健康需求、娱乐需求、休闲需求等。正是由于体育运动能顺应人们消费需求结构的改变，体育产业才得到了快速的发展，体育产业结构也因此得到了优化与升级。

2. 供给结构因素

在体育产业中，体育供给结构是指社会对体育产业需求的满足程度。一般来说，体育产业结构的转变是以供给结构为前提的，供给结构在很大程度上影响和制约着体育产业结构的发展与转变。在体育产业发展的过程中，各种自然、物质、技术等条件都在其中发挥着重要的作用，而这些资源则需要由社会所提供，在这样的形势下，体育产业的供给结构也就形成了。

（1）体育产业的发展需要物质资本积累。体育产业的发展离不开重要的物质基础，这些物质基础主要包括体育场地设施、设备等方面，而兴建体育场馆、购置体育设备等则需要大量的资本积累，只有拥有了充足的物质资本，才有能力开展兴建体育场馆的工作，才有能力购置各种体育设施设备。在社会发展的过程中，只有社会经济得到发展，人们才有充足的资金投入到休闲娱乐、体育运动之中，这样才能为体育产业的发展营造一个良好的环境。

（2）体育产业的发展需要人力资本积累。体育产业的发展除了需要充足的资本积累外，还需要必要的人力资本积累。如拥有高水平运动员的运动队，其竞技水平就越高，观赏性也越强，也就越能激发人们观看体育赛事的热情，从而为体育产业的发展奠定良好的基础。总之，竞技体育运动的发展离不开具有高素质的人力资源，要想通过体育运动来创造产业价值，就要培养出大量的高水平人力资源。

（3）体育产业的发展离不开现代科学技术。发展到现在，随着现代科学技术的快速发展，体育运动设施、体育器材等也变得越来越智能化，这对于推动体育娱乐产业的发展具有重要的作用。将现代科学技术运用于体育场馆、体育设施中，不仅能极大地提高竞技运动水平，同时还能提高体育赛事的观赏性，促进体育赛事产业的发展。由此可见，体育产业的发展离不开现代科学技术，现代科学技术为体育产业的发展提供了重要的技术保障。

3. 贸易结构因素

国际体育用品和体育服务的进出口结构就是所谓的体育贸易结构，也就是体育产业的国际贸易结构。发展到今天，随着全球经济的一体化发展，体育的发展也突破了诸多限制，打破了国与国之间的壁垒，世界各国人民可以共同交流、互通有无。在这样的背景下，世界各国之间的沟通与交流逐渐加强。国家之间的空间距离因为体育运动而日益缩短，人们足不出户就可以在家欣赏各种体育赛事，如 NBA、欧冠联赛等；一些体育用品品牌也因为体育资源的全球化而享誉世界，如耐克、阿迪达斯等。除此之外，教练员、运动员、裁判员的跨国流动也离不开体育资源的全球化影响。

体育产业结构不是一成不变的，受体育用品和体育服务不断流动的影响，体育产业的供给与需求结构也发生着不断变化。在体育产业进出口结构中，体育产业的供给结构能够从体育用品及服务的进口中体现出来，体育产业的需求结构能够通过体育用品及体育服务的出口中反映出来。因此，体育用品及体育服务的进出口结构会随着体育用品与服务的变化而发生变动，而体育产业供需结构又会随体育用品和体育服务的变动而变动，体育产业结构也因此发生变动。所以说，体育产业国际贸易的发展在很大程度上推动了体育产业的发展。

4. 社会结构因素

在社会发展的过程中，社会经济结构还会受到社会其他结构的影响。作为社会经济结构的一个重要组成部分，体育产业结构的变动同样也会受到一定程度的影响。社会结构中的人口结构、文化结构等都会对整个社会的供需结构产生重要的影响，从而影响体育产业结构的变动，下面就做具体的研究与分析。

（1）人口结构。一般来说，社会劳动力结构是以人口结构为基础而形成的，而人力资源供给结构的形成又离不开社会劳动力结构。因此说，人口结构的发展变化会对体育产业结构的变动造成非常重要的影响。除此之外，人口年龄结构、文化结构等都属于人口结构的范畴，不同年龄段、不同文化层次的人其消费需求也各有差异，所以，人口结构也会对社会需求结构造成一定的影响，进而对产业结构产生影响。在现代社会背景下，人们的体育需求不断增加，这极大地促进了体育竞赛表演业的发展；而随着全民健身运动的发展，在我国老龄化社会背景下，老年人的健身需求也日益增长，这对于体育用品业、体育健身业的发展也具有重要的推动作用。

（2）文化结构。文化结构的内涵比较丰富，主要包括民族文化特征、文化教育水平、科学发展水平等内容。大量的研究与事实表明，一个国家或地区的文化结构会对产业结构的变动产生直接或间接的影响。在体育产业发展的过程中，体育产业能为社会大众提供各种体育服务，而在现代社会背景下，由于社会文化结构不同，人们的素质水平，以及对文化的需求等都存在着较大的差异，因此人们对体育产品和体育服务也会有不同层次的需求，这就引起了体育产业结构的不断变动。

（3）阶层结构和城乡结构。在现代社会条件下，整个社会的收入分配格局都能在社会阶层结构和城乡结构中得到明显的体现，这两种结构会在一定程度上影响社会需求结构，进而影响体育产业结构。

通常情况下，经济条件较高，处于社会阶层上层的人群都比较重视体育消费，因此城市社会较高阶层成为体育消费的主要人群。如果一个国家的社会阶层结构和城乡结构发生某种程度的变化，就一定会对收入分配状况造成一定的影响，进而影响整个社会的需求结构，在此情形下，体育产业结构也会发生一定的变动。

（五）发达国家在体育产业结构演进及对我国的启示

经过长时间的发展，发达国家的体育产业结构得到了极大的优化和升级，可以说体育产业已走上了高度发展的阶段，通过对发达国家体育产业演进的研究能为我国提供一定的经验和借鉴，从而促进我国体育产业结构的进一步优化。

1. 发达国家体育产业结构演进的特点

（1）产业规模大，产值高。一般来说，发展至今天，发达国家的体育产业已进入了一个快速发展的阶段，其规模和产值都上升到了一个较高的层面。如美国的体育产业产值的增长率超过同期国内生产总值的增长率；英国政府从体育产业中得到的税收相当于其投资的 5 倍；日本的体育市场消费位居世界第二位。这充分说明发达国家体育产业的规模较大、产值较高，拥有良好的发展势头。

（2）产业结构合理，主导产业地位突出，相关产业发展迅速。发展到现在，发达国家的体育产业结构已基本走向完善，已形成了一个相对完善的结构体系，这一体系的内容既包括体育服务、劳务产品的生产和经营，也包括与体育相关的物质产品的生产和经营。其中，体育健身休闲产业和职业体育产业在整个体育产业中占主要地位，引领和促进着其他相关产业的发展。在美国，据统计，体育健身休闲产业的收入非常靠前，其他发达国家的体育健身休闲产业发展水平也处于领先地位。可以说，体育健身休闲产业是体育产业内部结构中最具发展潜力、最能体现自身价值的行业部门。在体育健身休闲产业的推动下，其他部门得到了共同而迅速的发展。

此外，发达国家的职业体育产业也发展得相当火爆。美国的 NBA、英国的足球超级联赛、日本的棒球联赛等都取得了较大的成功。

在体育产业发达国家，体育用品业的比例虽然有一定的降低，但是体育用品业仍然是一个非常重要的部门，整个体育用品消费占据了体育生产总值相当大的一个比例。据调查研究发现，体育产业发达国家，普遍都拥有自己的知名体育品牌，如美国的耐克、德国的阿迪达斯、日本的美津浓等，这些品牌都为本国带来了丰厚的利润。在经济一体化的背景下，这些品牌逐渐形成跨国公司，发展规模越来越大。

除此之外，发达国家体育产业的发展还突出体现在对其他相关体育产业的带动上。高度发达的体育产业还带动了体育传媒业、体育赞助业、体育经纪业等行业的发展，这不仅促进了整个体育产业的大发展，甚至也为国民经济的发展提供了重要的动力。

（3）政府大力扶持，法律法规健全。发达国家的体育产业也不是一时一日得到快速发展的，也是经历了一个艰苦的过程。通过对发达国家体育产业结构的研究发现，发达国家体育产业的发展都离不开政府的大力扶持。在很早以前，发达国家就意识到体育产业对本国经济和社会发展的促进作用，因此，政府普遍实施一系列优惠措施来推动和鼓励本国体育产业的发展。另外，发达国家的政府部门也制定了大量有利于本国体育产业发展的政策与法律，为体育产业的发展提供可靠的法律保障。这也是发达国家体育产业结构优化与升级的重要保证。如美国政府颁布的《反垄断法》《税法》《版权法》，日本政府颁布的《关于增进国民健康和体力的对策》《关于普及振兴体育的基本方策》等都对本国体育产业的发展起到了关键性作用。

（4）拥有完善的管理体制。发达国家的体育产业之所以能够取得成功，其中一个非常重要的原因就是他们都建立和形成了一套比较完善的管理体制和经济运行机制。依据发展模式分类，发达国家的体育产业管理体制主要分为市场主导型和政府参与型两种。其中美国和英国采用的是前一种模式，日本则采用的是后一种模式。虽然他们采用的发展模式不同，但是通过结合自己的国情和实际，设计出一套有利于自己发展的管理体制和运行机制，一样都取得了极大的成功。

2. 发达国家体育产业结构演进对我国的启示

（1）加大政府投入力度，为体育产业的发展提供必要的政策支持。在发达国家体育产业发展的过程中，一系列发展的经验表明，政府在推动体育产业发展的过程中起着极为重要的作用。目前，受各种主客观因素的影响，我国的体育产业受到不应有的限制和制约。这种发展状态对我国体育产业结构的优化和体育产业体系的形成是非常不利的。因此，我国应向体育产业发达国家吸取先进经验，并结合具体国情建立和形成一套相对完善的体育产业结构体系和政策体系，从而为我国体育产业结构的演进与发展提供一个良好的环境。

（2）加强法制化建设，建立健全体育市场管理的相关法规。发展至今，发达国家都建立了一套相对完善的体育产业法律法规体系，与之相比，中国的体育产业却欠缺法律法规的约束。这对于体育产业的健康发展是非常不利的。因此，加强体育产业的法制化建设，规范体育市场的管理与发展关系着我国体育产业能否健康发展。可以说，只有形成一个健全的体育产业法律法规体系，我国体育产业的发展才有法可依，体育产业结构才能得到优化升级，体育产业才能得到长远的发展。

（3）着力培育高素质专业人才。21世纪最宝贵的是人才，人才是一个国家各方面事业发展最为宝贵的资源，发达国家的体育产业之所以取得了高度化的发展，其中一个非常重要的因素就是他们拥有一大批高素质的体育产业专业人才。据调查研究发现，美国、英国和日本历来都非常重视体育专业人才的培养，普遍开设与体育产业密切相关的专业来传授专业课程，这为体育产业的发展培养了不同层次的从业人才。

与发达国家相比，目前中国体育产业专业人才显得非常匮乏。体育人才资源配置不合理，制约着体育产业的进一步发展，这是当前中国体育产业发展中亟待解决的问题。因此，我国应该吸取发达国家的先进经验，逐步建立和形成一套完善的人才培养模式，促进我国体育产业结构的优化升级，进而推动我国体育产业的快速发展。

总体而言，发达国家的体育产业在产业规模、结构分布、政策扶持等方面都获得了均衡的发展，其体育产业结构已经非常完善。我国的体育产业要想扭转如今这种落后的局面，就要吸收与借鉴这些发达国家的先进经验，加大体育产业投入力度，制定相关的法律法规，培养大量的体育专业人才，努力促进体育产业结构的优化升级，推动我国体育产业的快速发展。

第三节　体育产业结构的优化路径

体育产业处在不断的发展之中，要想实现体育产业经济效益的最大化，需要积极调整体育产业结构，实现体育产业结构的优化。笔者对我国体育产业结构优化的基本理论进行了探讨，分析了我国体育产业结构优化的政策环境，并在此基础上提出了相应的体育产业结构优化的策略。

一、体育产业结构优化的内涵

所谓体育产业结构优化，其主要是指，在保证资源配置最优化和实现经济效益最大化的前提下，通过对体育产业结构进行积极调配，使得各组成部分之间协调发展，满足社会发展的要求。体育产业结构包括两方面的主要内容：其一，产业结构的合理化发展；其二，产业结构的高度化发展。我国体育产业的发展起步相对较晚，体育产业发展相对较为落后，并且所有制结构不合理，区域发展也有很大的不平衡。近年来，随着奥运会的举办，人们的体育意识逐渐得到了发展，体育产业得到了极大的发展。健身娱乐业、竞赛表演业、体育彩票业、体育中介业、体育旅游业、体育媒体业、体育保险等行业都得到了一定的发展，并促进了我国体育产业的优化调整。随着人们生活水平的提高，体育热情的高涨，以及民间投资的投入，体育产业的所有制结构进一步优化调整，体育产业将得到进一步的发展。

（一）合理化

产业结构合理化思想在古典经济中就有相应的体现，其理论核心就是要调整产业之间的比例，从而促进产业的协调发展。产业结构的合理化发展就是经济增长的客观条件，如果产业结构不合理，必然会在一定程度上限制产业的整体发展。如今，社会化大生产下，产业与产业之间、产业内部各要素之间逐渐形成一种密切的联系，彼此之间会产生相互影响。资源配置结构为基础的产业结构往往在很大程度上影响着经济效益。合理的产业结构能够使得各方面的技术和资源等得到良好的组合，从而使得各个产业都能够获得一定的结构效益，避免恶性竞争和资源的浪费。如果现有的技术和资源总量是一定的，那么通过协调各部门之间关系，实现技术和资源的优化组合，使得产业结构比以前更加合理，会促进经济获得新的增长。学者们对于产业结构优化具有不同的理解，其定义也具有一定的不同。通过对我国学者的观点进行总结分析，可将其定义归纳为如下几方面。

1. 产业结构协调论

这一观点认为产业结构合理化的工作重心为产业之间结构的协调，通过产业结构的调整，实现各行业的协调发展，并满足经济社会发展的需求。

2. 产业结构功能论

这一观点以产业结构的功能强弱来对产业结构的合理化进行研究。这一观点认为，产业结构合理化是不断改善结构效益的产业结构优化过程，这一过程使得产业间形成较高的聚合质量。

3. 产业结构动态均衡论

产业结构动态均衡论认为，产业结构的合理化是一个动态的发展过程，注重产业素质与结构之间的均衡，产业结构的合理化最终促进了产业结构的动态均衡和产业素质的提高。

4. 产业资源配置论

产业资源配置论将产业结构看作一种资源的转换器，合理化是对资源的配置和利用等进行的结构优化。这一观点认为，体育产业结构的优化调整是在一定的消费和资源条件下，实现资源在产业间的合理配置和有效利用。

体育产业结构合理化是对体育产业进行调整，使其从不合理走向合理的过程。具体而言，其实在一定的经济发展战略目标的指导下，以现有的经济资源为基础，对体育产业各部门之间资源配置的优化，以及对产业部门之间发展的协调，通过这些调整，能够实现良好的经济效益。产业结构的合理化使得资源配置在部门之间形成良好的比例关系，并且随着经济的发展和需求结构的变化，其也会进行相应的调整。通过产业结构的合理化，其最终实现了需求与供给的动态平衡。具体而言，产业结构的合理化使得体育产业各部门之间的相对地位、产出能力、联系方式、产业布局等方面都实现了协调。

总而言之，体育产业结构的合理化能够使得消费需求得到满足，并且实现了需求与供给的动态平衡；同时，产业结构的合理化也实现了地区产业布局的合理化发展。

（二）高度化

产业结构的高度化是产业结构从低级向高级发展的过程，这也是产业结构发展的重要趋势。产业结构的高度化发展实质上是科学技术的发展和分工逐步细化的结果，在发展过程中，产业结构逐渐向集约化、高附加值、高技术等方面发展，实现了资源的高效利用。需要注意的是，体育产业结构的高度化是一个相对的概念。产业结构的发展是永不停息的，在不同的经济社会发展阶段，其具有相应的时代特点。例如，与发达国家相比，第三世界国家的经济发展水平相对较低，其产业结构的副主化发展可能从发达国家的角度来看，仍然是相对较低的水平。具体而言，体育产业的高度化发展具有以下几方面的内涵。

1. 产业高附加值化

所谓产业高附加值化，即为提高产品的剩余价值，通过赋予产品相应的文化、品牌和技术方面的优势，从而实现这一目标。产业高附加值化使得产业能够获得高额的利润。

2. 产业高技术化

产业的高技术化即为积极采用先进的技术，不仅是生产方面的技术，还包括管理方面的先进技术。通过这一方式能够使得体育产业的运行效率提高，从而最终提高产出能力。

3. 产业高集约化

集约化发展要求产业发展过程中，各产业部门之间由分散的小规模到合作、集中的大规模生产。通过产业高集约化，使得经济发展实现规模效益。

4. 产业高加工化

产业高加工化即为提高加工的深度，深化专业分工，由劳动密集型向资金密集型、技术密集型转变，逐步升级初级产品制造，上升为中间产品和最终产品的生产。

产业结构的高度化是一个相对的概念，但是其发展需要一定的经济社会条件，并不是在任何阶段都可以实现的。产业的高度化发展需要经济技术水平较高，基础设施相对较为完善，具有发达的原材料工业。产业结构的高度化发展是经济发展的结果，同时其反过来也促进经济的发展。通过体育产业结构的高度化发展，使得相关的资源能够得到高效利用，在节省资源的同时，实现较高的经济效益。

体育产业结构高度化发展以产业结构的合理化为重要基础，在此基础上才能够实现体育产业整体的提升。随着产业结构的合理化，经济效益不断提高，从而推动了产业结构的高度化发展。体育产业结构的优化发展，正是合理化和高度化的统一。

二、体育产业结构优化的目标与原则

（一）体育产业结构优化的目标

在 1995 年，我国制定的《体育产业发展纲要》中提出了"争取用 15 年左右时间，逐步建成适合社会主义市场经济体制、符合现代体育运动规律、门类齐全、结构合理、规范发展的体育产业体系"的体育产业发展目标。在"十一五"期间，我国积极推动体育产业体系发展，促进体育产业在拉动消费、优化产业结构以及增加就业等方面的作用，使得体育产业逐渐成为我国经济新的增长点。

2014 年，国务院颁布了《关于加快发展体育产业促进体育消费的若干意见》（以下简称《意见》），国务院确定 2025 年体育产业总规模超过 5 万亿元的发展目标，未来十年将成为体育产业发展的黄金时期。《意见》提出"到 2025 年，基本建立布局合理、功能完善、门类齐全的体育产业体系，体育产品和服务更加丰富，市场机制不断完善，消费需求愈加旺盛，对其他产业带动作用明显提升，体育产业总规模超过5万亿元"。具体来说，还提出了产业体系更加完善、产业环境明显优化、产业基础更加坚实等方面的目标。具体而言，体育产业结构的优化发展应实现如下几方面的目标。

1. 体育产业可持续发展

体育产业结构优化的重要目标之一就是促进体育产业的可持续发展，实现体育产业再生产的延续，使其在国民经济中保持合理的比例。通过体育产业结构的优化，能够使得各个部门之间保持合理的比例，从而使得体育产业整体得到良好的发展。如果不能形成产业内部的良好互动，难以实现体育产业整体的健康运行。

2. 结构合理化和高度化

我们知道，体育产业结构的优化就是要实现体育产业结构的合理化和高度化发展，这是体育产业结构优化的基本内涵。产业结构的优化发展重要目标之一就是合理调整产业内部的联系和比例，并促进其由低级向高级的发展。

3. 具备核心竞争力

体育产业结构优化发展过程中，应使得体育产业建立相应的竞争优势，积极进行战略性调整，推动其长远的发展。在体育产业结构优化调整过程中，应积极促进体育产业生产效率的提高，提升体育产品的技术含量，树立相应的品牌，在国际竞争中树立自身的优势。

4. 供需动态平衡

产业结构的优化调整的重要目标之一就是实现总需求与总供给的动态平衡。经济社会处在不断的发展之中，人们的体育需求也在不断发生变化，体育产业结构的优化就是积极进行供给的调整，不断满足人们的需求。

5. 区域协调发展

我国经济社会的发展具有一定的不平衡性，东西部发展水平具有明显的差距。体育产业结构的优化调整应注重区域协调发展，促进各地区体育产业结构的优化发展，实现经济的共同发展。在产业结构优化调整时，应积极促进地区体育资源的优化配置，实现地区体育产业的协调发展。

（二）体育产业结构优化的原则

1. 整体性

产业系统中的整体性原则，要求体现系统整体功能大于部分功能的简单相加。体育产业系统是产业内各种要素之间相互依存、相互关联、相互制约、相互影响而组成的具有特定功能的聚合体。体育产业的发展不是孤立的，重点促进关联强度大的产业的发展，可以带动相关产业的发展。体育产业结构优化的整体性原则，要求体现体育产业系统的整体功能大于部分功能的简单相加，必须有效配置各类资源，促进体育产业内部构成之间的协调发展，产生系统聚合效应。既要适应市场的需求，又要注意内部构成之间的相互衔接，密切配合，协调发展，以发挥出体育产业结构的整体协调功能。

2. 层次性

结构层级的不同，表明在整个系统中的地位、作用不同，但彼此之间又都有内在联系。体育产业结构是多种因素共同作用的结果，其形成受到诸多因素的制约。因此，在不同的发展阶段，会出现不同的层次。体育产业结构层级体系的划分，可以从不同侧面揭示体育产业结构系统特征，有助于我们更深入地了解和研究体育产业结构的现状和发展变化的趋势。在调整优化体育产业结构的过程中，不仅要把握好处于系统较高层的要素构成，更重要的是利用好较高层要素对较低层级要素组合的决定功能。

3. 动态性

体育产业结构的优化是一个动态过程。体育产业结构优化是一个相对的概念，它不是体育产业结构水平的绝对高低，而是在实现体育经济效益最优的目标下，根据某地区的地理环境、资源条件、经济发展阶段、科学技术水平、人口规模等特点，通过体育产业结构的调整，使之达到与上述条件相适应的各产业协调发展的状况。

4. 开放性

一个系统应具有开放性，这样才能够实现自身的不断发展。所谓系统的开放性特征，是指一个远离平衡状态的开放系统，在它同外界进行能量的交换过程中，会引起系统内部要素结构的变化，并导致要素间的关联关系重新组合。系统要素的这种变动静度是不对等的，某要素的变动，可以决定系统行为的某一参量变化达到一定临界值而发生突变，使整个系统就由原来的较无序状态，走向新的有序状态。这种新的有序结构一旦形成，还需要增加同外界物质和能量的交换才能维持，并逐步形成一种排除外界干扰的"抗干扰力"，从而保持一定的稳定性。

5. 效益性

市场经济的发展，对资源配置的基础性作用愈来愈明显。它不但要求资源获得最佳的配置、最优的组合利用，还要求产业结构处于最佳效益的发展状态。因而体育产业结构的调整要以资源最佳配置、最佳结构效益为原则，加强政策扶持与引导，坚持经济效益和社会效益并重。优化体育产业结构必须坚持为经济社会发展服务，向群众提供健康有益的体育服务产品，满足各类群体多元化的体育需求。

三、推动我国体育产业结构优化的政策分析

（一）《关于加快发展体育产业促进体育消费的若干意见》

在第一节中我们提到，2014 年，国务院颁布了《关于加快发展体育产业促进体育消费的若干意见》，并且提出了相应的发展目标。该文件对于我国体育产业的发展具有积极的推动作用。在主要任务方面，《意见》做出了相应的规定，其中改善产业布局和结构是其重要任务之一。具体而言，其提出了优化产业布局、改善产业结构和抓好潜力产业等方面的任务。

在优化体育产业布局方面，《意见》提出了要因地制宜地发展体育产业，促进体育产业基地的建设，建立区域协同发展的机制，促进东部、中部和西部的体育产业良性互动。壮大长三角、珠三角、京津冀等体育产业集群。西部地区在体育产业发展过程中，积极利用当地的自然资源，发展区域特色体育产业，并积极扶持少数民族体育产业的发展。

在改善产业结构方面，《意见》明确提出了"进一步优化体育服务业、体育用品业及相关产业结构，着力提升体育服务业比重"。通过推动现代体育服务业的发展，"实施体育服务业精品工程，支持各地打造一大批优秀体育俱乐部、示范场馆和品牌赛事"。同时，还要积极支持体育用品制造业的高度化发展，提高我国体育用品的科技含量。

在抓好潜力产业发展方面，《意见》提出要积极推动现有体育产业的纵向发展，还提出要积极推动冰雪运动的发展，促进冰雪运动场地的建设，形成新的体育消费热点。

（二）《全民健身计划（2016～2020 年）》

2016 年，我国颁布了《全民健身计划（2016～2020 年）》（以下简称《全民健身计划》）。提出了到 2020 年之前，我国体育建设方面的发展目标。《全民健身计划》明确提出了要推动全民健身的教育、经济和社会等方面功能的发挥，体育消费总规模在 2020 年要达到 1.5 万亿元。使得全民健身成为促进体育产业发展、扣动内需和新的经济增长点的动力源。

《全民健身计划》还提出了未来发展的主要任务，其中提出要"充分发挥全民健身对发展体育产业的推动作用，扩大与全民健身相关的体育健身休闲活动、体育竞赛表演活动、体育场馆服务、体育培训与教育、体育用品及相关产品制造和销售等体育产业规模，使健身服务业在体育产业中所占比重不断提高。"为了推动体育产业的发展，还提出了鼓励发展"健身信息聚合、智能健身硬件、健身在线培训教育等全民健身新业态"。为了推动《全民健身计划》的贯彻实施，还

提出了相应的保障措施，积极推动财政税收等方面的优惠政策的落实。

全民健身的开展和实施，能够极大地推动体育产业的发展，能够更好地满足人们的体育健身需求，对于体育产业结构的优化发展具有积极的意义。

（三）《"健康中国 2030"规划纲要》

2016 年，我国还颁布了《"健康中国 2030"规划纲要》（以下简称为《规划纲要》），积极推动人民健康水平的发展，推动体育产业的完善。《规划纲要》的第六篇中明确提出了要发展健康产业，推动休闲体育运动产业的发展。

《规划纲要》第十八章提出了要发展健康服务新业态，"规范发展母婴照料服务。培育健康文化产业和体育医疗康复产业。制定健康医疗旅游行业标准、规范，打造具有国际竞争力的健康医疗旅游目的地。大力发展中医药健康旅游。"

《规划纲要》第十九章则更进一步明确了"积极发展健身休闲运动产业"，推动体育产业多元市场主体的发展，积极变革体育体制。提出了要积极鼓励多种形式的体育健身俱乐部的发展，并丰富业余体育赛事的发展，促进各种时尚休闲体育运动的发展，"打造具有区域特色的健身休闲示范区、健身休闲产业带"。

四、促进我国体育产业结构优化的产业集群研究

（一）产业结构分布与产业集群

随着经济社会的发展，分工也越来越细致。劳动分工形成了专业化的生产部门。劳动力的分工和专业化能够促进生产效率的提高。然而，由于地区发展的不平衡性，生产要素在空间的分布具有一定的不均衡性。劳动力分工和专业化的发展所产生的效益主要取决于相应的生产区位，具有良好的生产区位，则能够在资源、生产成本、运输成本、行业互联等方面具有优势。

1. 分工、产业集群与产业结构演进

劳动力的分工和专业化在一定程度上提高了生产效率，但是分工也会增加相应的交易费用，如运输成本、信息失真风险等。企业在发展过程中，为了自身利益的发展，往往会本能地聚集在一起。随着社会分工的加深，这一分工单位逐渐向统一区位聚集，从而形成了既相互合作，又相互竞争的关系。处于其中的企业专业化生产技能利用的效率会明显高于单个企业自身完成全部生产的方式。这就使得更多的企业向这一区域聚集。随着专业化的不断发展，最终形成了相应的产业集群。

产业集群内部，各企业面临着同样的社会文化环境，从而避免了由于知识和经验等方面的不足而造成的交易费用。同时，在同一区域内，其空间相对集中，这减少了交通方面的交易费用。另外，集群内部是一种分工网络关系，有利于各方面信息的收集和传播，避免了信息不对称而产生的各项交易成本；集群内部良

好的信息沟通，还使得企业较为注重树立自身良好的信誉度，降低道德风险产生的交易费用。

总而言之，通过进行产业集群，能够使得各方面的交易费用得到一定程度的降低，具有提高交易效率的优势。因此，在产业结构发展过程中，会逐渐形成空间的聚集，最终形成产业集群。

2. 产业集聚与扩散

产业集聚是分工和专业化发展的产物，然而当发展到一定程度之后，产业集聚就会出现扩散的趋势，向其他地区进行扩散，从而在其带动下，实现地区和国家产业的成熟和发展。

产业发生扩散的原因是多方面的。当产业集群过度聚集时，很多生产要素的供给就会由于达到最大限度而出现短缺，这就导致了产业集群节约交易费用的优势逐渐消失。例如，在一些一线城市中，产业的聚集造成了田地成本、交通成本、用电成本等的上涨。

如果产业聚集超过了地区所能够承受的产业规模的最大程度，就会使得产业向着其他地区急性扩散，并且逐渐形成新的产业空间分布结构。在产业集群扩散过程中，生产理念、生产技术和生产方式等方面也会一同迁移到其他地区，从而促进新一轮分工的进行，促进这一地区的发展。总而言之，产业聚集和扩散的发展过程中，形成了一个国家和地区的产业结构。

3. 产业集群促进我国产业结构优化

我国经济发展呈现出东西部发展的不平衡性，体育产业的区域发展也呈现这一特点。东部沿海地区集聚了体育产业发展的各方面要素，如劳动力、技术、资本、消费市场等方面。在企业开展市场活动时，为了追求利润的最大化，其必然向东部沿海地区聚集。现阶段，我国体育产业表现出向着发达地区聚集的状态。现阶段，我国应积极采取有效的干预措施，加快体育产业向区域快速集聚，促进体育产业集群的形成。在体育产业集群的发展过程中，应积极进行创新，提升产业内部的交易效率，推动体育产业结构的优化升级。

（二）产业集群形成的机制

瑞典经济学家缪尔达尔提出了"回流效应"和"扩散效应"理论。所谓回流效应，是指各方面的生产要素在边际报酬差异的作用下，会从不发达地区流向发达地区，从而使得不发达地区的生产要素减少，降低该地区的发展速度。所谓扩散效应则是指，当一个地区的经济发展到一定水平时，各方面的生产要素会在一定程度上出现向不发达地区流动的现象。区位因素对于工业分布具有重要的吸引作用，在地理或是经济因素的决定下，形成了相应的企业集聚。由于企业的聚集可以节约一定的成本，从而吸引了更多企业的到来。

新世纪以来，经济社会的发展出现了深刻的变化，区位因素有了更多的内涵，其逐渐将文化因素、政府行为等方面包含进来。现代意义上的三位因素是指，某一地区相对于其他区域在某特定产业的生产经营上带来优势的因素。具有一定的区位优势，则能够降低相应产业交易费用。产业的区域聚集产生相应的集聚优势，能够产生一定的"回流效应"，从而形成一定的产业集群。

（三）我国体育产业集群的形成机制

产业集聚的初期阶段，区域因素具有导向的作用，在政府和市场等方面的推动下，产业向某个区域聚集。在产业聚集的后期，产业集聚因素的作用进一步发挥，产业聚集体作为一个整体而发挥着良好的驱动作用。

当市场环境不发生剧烈的变化时，政府、市场和产业聚集体驱动这三个方面都发挥着相应的作用，同时政府的推动作用最为显著。政府通过市场体制改革来促进市场作用的发挥，还通过相应的平台建设来增进产业聚集体内部的竞争与合作程度。

1. 产业集群的形成方式及我国体育产业集群形成方式的选择

我国体育产业集群的形成有三种方式，即为自发形成、强制培育形成以及引导培育形成。

在发展中国家，由于市场机制不健全、信息不对称等方面因素的限制，使得自发形成的产业集群相对较少。政府强制培育的产业群体对于政府管理效率和信息收集处理等方面具有较高的要求，因此纯粹由政府强制培育的产业群体也相对较少。在现实中，大多数产业群体都是由引导培育形成的。

我国地域广阔，由于地理、历史等多方面的原因，使得很多地区经济的发展具有一定的不平衡性。现阶段，中国特色社会主义市场经济已经确立，但是由于发展时间较短，市场机制有待进一步完善和发展。现阶段，我国体育资源的市场化程度相对较低，市场主体之间的信息不对称现象较为严重。市场在资源配置中往往起不到应有的作用，这就需要政府给予一定的干预，这样才能够促进经济的健康发展。

现阶段，体育产业发展过程中，政府掌握了更多的信息和资源，政府在产业集群的形成过程中发挥了重要作用。根据产业集群形成的机制，产业的集聚主要是降低了某些方面的交易费用。当市场发挥不出应有的调节作用时，政府通过适当的政策引导，通过降低水、电、用地等方面的成本，从而形成产业的聚集。我国在很长一段时间内，很多地区都在政府的组织下积极进行招商引资，通过给予相应的优惠政策，从而实现产业的聚集。

2. 政府行为因素对我国体育产业集群形成的影响

政府行为因素对于体育产业聚集具有重要的影响。调查显示，在政府行为因素中，地方发展体育产业的规划及配套支持政策对于体育用品制造业的集群具有极为重要的影响。地区的产业规划及政策规定了地区产业结构调整的大方向，具有积极的指导意义。国家层面的产业规划对各地区的作用则是相对较为平等的，通常是在具有一定的产业基础的地方批准建立相应的体育产业基地，推动体育产业集群的形成。

地方政府为了促进经济的发展，会积极进行基础配套设施的建设，并且会有相关方面的一些优惠政策，提供相应的信息平台，促进企业之间的沟通与交流。这些措施能够在一定程度上降低生产交易费用，促进产业集聚的进一步发展。

但是过于依赖政府的优惠政策扶持也会产生相应的问题，具体而言，表现在如下两方面：其一，政策上的趋同性使得经济发达地区与不发达地区出现一定的差距，不利于不发达地区的发展。例如，发达地区的政府实力较强，能够给予更多的优惠政策。这无疑阻碍了经济不发达地区企业集聚的形成。其二，很多地区的政府只注重短期的税收收益，而缺乏相应的监管措施，从而不利于产业集群的长期发展。如果监管不力，可能会造成各种资源的浪费。为了实现产业集群的健康发展，应建立和完善相应的监管措施。

（四）产业集群的影响因素

影响体育产业集群形成的因素见表4-1。需要注意的是，表中为体育产业集群形成的整体影响因素，不同的体育产业类型，其各方面影响因素的重要性会有所不同。

表4-1　影响体育产业集群形成的因素分析

一级因素	二级因素
经济发展水平	国民经济发展水平、国内体育产业的发展水平、国内体育消费需求水平 区域人均 GDP 区域人均可支配收入水平 区域周边经济状况
资源	区域内土地、劳动力成本 区域内交通与运输设施、服务质量与工作效率 区域内人口密度 区域内及周边体育专门人才充足程度 区域自然资源禀赋 区域内体育基础设施的容量与质量

区域产业链	体育消费市场本地化程度
	供应商本地化程度
	当地体育消费需求水平
政府行为	国家产业规划及其政策
	区域人才引进政策
	地方政府积极性及主导作用
	地方发展体育产业的规划及配套支持政策
	国内体育产业布局规划及其政策
	体育市场管理相关法律完善程度
技术	区域内技术创发与引进的便利性
	国内相关创新的产业化水平
	区域内的创新氛围
产业特征	区域已有的体育产业规模
	区域体育产业集中度
	区域体育产业产品差异化程度
	区域已具有该项体育产业的相对优势
	体育产业发展的进入壁垒
企业	区域内同类体育企业的数量
	区域内体育企业的经营管理能力
	体育企业员工的素质
	企业与当地政府机构的关系
	区域体育行业组织的管理能力
文化	区域内是否具有完善的信息平台
	区域体育产品生产部门之间的合作程度
	区域内行业文化
	与行业外企业间的交流合作
	区域内的体育传统
相关支撑产业	区域内商业发展程度
	区域餐饮、住宿等旅游设施水平、服务质量与工作效率
	区域内融资环境
	区域内健康医疗和安全保障服务质量与工作效率

1. 影响体育服务类产业集群形成的因素分析

服务类产品具有一定的特殊性,其生产和消费是同步进行的,生产、交换和消费具有同一性特点。体育企业提供的服务地点一般在消费地,其产业集群也在消费地形成,受到生产和消费的双重影响。因此,其对外部经济、文化环境等方面具有较强的依赖性。服务类体育产业集群的形成过程中，除了受到政府行为的影响之外，服务消费地的各方面外部因素对其具有重要的影响，其依赖于该地区的经济、文化和整体实力的增强。具体而言，影响体育服务业集群形成的重要因素见表4—2。

表4—2 影响体育服务业集群形成的重要因素

影响体育服务业集群形成的重要因素	国民经济发展水平
	国内体育消费需求水平
	区域人均可支配收入水平
	体育消费市场本地化程度
	当地体育消费需求水平
	地方政府积极性及主导作用
	地方发展体育产业的规划及配套支持政策
	体育市场管理相关法律完善程度
	区域已具有该项体育产业的相对优势
	体育产业发展的进入壁垒
	区域内是否具有完善的信息平台
	区域内商业发展程度
	区域内融资环境

完善的信息平台和完善的法律制度能够避免信息不对称和道德风险等带来的交易成本的增加。另外，区域内各生产部门之间的合作程度越高，产业集群的发展越快。因此，"区域内是否有完善的信息平台""区域体育产品生产部门之间的合作程度""体育市场管理相关法律完善程度"是其重要的影响因素。区域原有的产业基础是产业优势地区，在自发聚集的基础上给予相应的政策推进，则能够实现该地区产业集群的发展。体育服务业集群形成过程中，生产与消费同时进行，这就使得体育消费偏好对其具有重要的影响。因此，"区域内的体育传统"是其集群形成的重要影响因素。另外，我国体育服务业市场化发展程度不高，因此，进入壁垒不利于产业集群的形成。

商业发达的地区，各方面的发展较为成熟，有利于产业的集群。因此"区域内商业的发展程度"和"区域内融资环境"是其重要的影响方面。体育服务企业的内部因素，如"区域内体育企业的经营管理能力"和"体育企业员工的素质"等方面，对于企业发展具有极为重要的影响，因此其也是影响体育服务产业集群形成的重要因素。

2. 影响体育用品制造业集群形成的因素分析

体育产品制造产业一般在生产所在地进行集聚，一个大的生产企业可能会分出多个专业生产部门。随着分工的专业化发展，企业可能会根据市场的变化来选择相应的生产业经营地。影响体育用品制造业集群形成的各项因素中，生产要素、技术创新和物流业的发展等因素影响极大。

体育用品制造业集群形成过程中，很多影响因素都与体育服务业集群形成的影响因素类似。对于其相同之处，在此不再进行赘述。

随着国内体育消费水平和经济的发展，人们的体育需求不断增长，从而刺激了体育用品市场规模的不断扩大，推进了体育用品制造业集群的形成。体育产品制造业对于"区域内土地、劳动力、水电气成本"等依赖性较强，这些成本的降低，必然会吸引一些追求更多利益的企业向这一地区聚集。另外，技术因素在体育用品制造业集群形成中具有重要的影响，并且随着现代物流业的发展，劳动力、自然资源等方面的竞争优势消失，企业的集聚更加注重技术创新因素。而区域内产业集中度较高，并且有一些大型企业时，大型企业的技术创新形成一定的外部效应，吸引一些小的企业参与进来。

需要注意的是，在我国，"区域内国际知名体育用品企业设立的代工企业数量"这一因素也对体育产品制造业的集群具有重要的影响。我国现阶段的很多知名体育产品生产企业大都是从做代工开始的。很多企业在这一过程中逐渐掌握了相应的生产技术，逐渐发展壮大。代工企业较多的区域，逐渐转型成为产业集群。

五、我国体育产业结构优化的路径与策略

（一）体育产业结构优化的路径

体育产业结构的发展过程中，会出现一些问题，影响体育产业的健康发展。产业结构不合理和产业结构发展水平较低是其重要的两方面问题。因此，体育产业结构优化升级是促进体育产业健康发展的重要手段。

具体而言，体育产业结构全面优化升级路径如下：一是积极通过宣传、教育等手段来推动体育人口数量的增加，促进人们体育消费习惯的形成。二是积极进行体制改革，促进相应法律法规的完善，促进体育核心产业的发展，发挥核心产业的辐射作用。通过进行体育产业的体制改革，积极发挥市场的资源配置作用，推动体育产业供需的协调发展。还应注重体育交易产业的发展，增强体育产业之间的关联程度，提升产业之间的联系。三是促进体育产业空间布局的合理化，地方政府应发挥积极的作用，推动体育产业集群的形成。四是在体育需求和体育供给的双重作用下，扩大体育市场规模，并进一步增强交易效率，促进体育产业结构合理化和高度化，最后实现体育产业结构的全面优化升级。

根据国家统计局发布的数据，2010 年我国人均 GDP 就已接近 4000 美元，2019 年我国国内生产总值（GDP）接近 100 万亿元大关。按年平均汇率折算，人均 GDP 达 10276 美元，跨上 1 万美元台阶。当人均 GDP 超过 3000 美元的时

候，国家进入了大众消费阶段，城镇化、工业化的进程加速，而产业结构、消费类型也将发生深刻的变化。体育消费需求增加，对体育健身休闲业、体育组织管理业的消费将大幅增加。随着社会的发展，各种资源在市场的调控下更加合理的供给，供给结构日趋合理。体育科学技术发展迅速，技术创新和管理创新层出不穷。国际体育经济交往更加频繁，经济关系日趋密切。在这个时期，是发展体育产业、调整体育产业结构的最佳时机。

具体路径可参考以下几点：

1. 把体育用品相关产业作为我国体育产业的基础产业

根据产业经济学理论，产业经济的发展是从物质生产领域扩展到非物质生产领域。我国体育产业受传统计划经济等诸多要素的影响，还处于起步阶段，从这个角度来说，发展体育产业，首先要发展体育产业的物质生产，而体育产业中的物质生产主要就是体育用品业。

任何一件商品，如果没有消费市场就无法实现其价值交换。体育消费市场化是发展体育产业的必由之路，体育产品的核心是它能满足人们的某些需要。因此，体育产业的发展必须瞄准市场的需求。作为开展体育活动最基本的物质条件，体育用品在整个体育产业中有着不可轻视的地位。调查表明，全国居民用于体育用品的支出（除日常消费之外）占重要消费支出的第6位，这隐含着体育用品在我国体育产业中有着巨大的发展潜力。中国是一个体育用品生产大国，也有个快速成长的市场。目前，体育用品消费市场在大、中城市初具规模，在整个城市体育产业中占有较大比重；此外，农村这块大蛋糕也将得到逐步开发，这得益于我国前期的三农政策，农村人口的收入水平、生活水平在逐步提高，其消费观念势必发生改变，体育用品消费市场"钱"途无量。

因此，我们要做强体育用品、服装、鞋帽制造业，奠定体育产业结构的基础。第一，转换增长方式。提高劳动者素质，大力开展科技创新，开发知识产权，形成高科技含量、集约型的新增长方式。打造品牌企业，为体育用品业的发展营造良好的政策和市场环境，加强企业与国内外体育组织和体育赛事的沟通协作，参与国际竞争，提高品牌质量，打造品牌形象。

2. 把体育健身休闲业作为我国体育产业的主导产业

罗斯托认为，不论在任何时期，甚至在一个已经成熟并成长的经济中，经济发展的冲击力之所以能够保持，是由于为数不多的主要成长部门迅速扩张的结果，而且，这些部门的扩张又产生了对其他产业部门具有重要意义的作用[1]。由此可见，主导产业准确的确定对体育产业发展乃至对社会经济的发展有着广泛的

---

[1] （美）W. W. 罗斯托. 陈春良，王长刚，郑恒等译. 罗卫东，范良聪校. 经济增长理论史 从大卫·休谟至今 [M]. 杭州：浙江大学出版社，2016.

影响。

根据产业发展理论，选择主导产业的基准主要是：①市场容量基准。人民群众是体育产品的直接购买者和消费者，他们的喜爱和参与程度反映了体育市场的容量和扩张能力。体育主导产业必须是对群众有较大影响力和吸引力的行业，这样的行业才具有较大的市场容量和较强的产业扩张能力。②需求收入弹性基准。产品需求的增长率与人均国民收入增长率之比就是需求收入弹性，不同的需求收入弹性表明不同产业潜在的市场容量，只有需求收入弹性高的产业才有可能不断地扩大其在市场中的份额。③产业关联度基准。该基准强调主导行业对整个体育产业的带动作用。从理论上讲，一个产业的前后关联效应都较大时，发展该产业才能够有力地带动其他产业的发展。产业关联程度的不断提高，可以促进体育事业内结构的成长，它不仅会促进总供给的增加，还会改善供求结构。

从市场容量来说，体育健身娱乐业的消费者是广大的人民群众，无疑具有较大的市场容量和较强的产业扩张能力。从需求收入弹性来说，随着人们收入的提高，花钱买健康已司空见惯，尤其是在大、中城市，据有关调查，体育健身娱乐的消费需求增长率高于人均国民收入增长率。

因而，我们应该大力发展健身休闲业，打造体育产业结构优化的主导产业。第一，鼓励各种投资主体投资健身娱乐业，形成多元化的投资结构和经营模式，满足不同层次群众主体的需求，形成高、中、低多档次并存的健身服务体系，培育健身休闲业的品牌企业。第二，加大各种体育场地的开放力度，促进政府、学校等公益性体育场馆的适度开放，实现健身场地资源的共享，为社会提供更多、更好的健身休闲活动场地。第三，规范健身休闲业的发展。构建体育健身休闲业标准化体系，形成健身休闲业的经营和服务标准，依法加强监督管理，促进行业规范发展。第四，培育市场主体。广泛开展健身宣传，提高群众健身休闲意识，培育更多的体育人口，引导群众形成科学、文明的休闲方式，为群众健身提供更多的便利条件，促进社区、学校、体育健身休闲企业等形成合作机制，将更多的群众纳入健身休闲网络之中。

3. 全力提升体育组织管理水平、形成体育产业机构优化的支柱产业

首先，整合赛事资源。一是全力巩固男子足球超级联赛、男子篮球联赛、北京国际马拉松比赛、网球大师赛等传统赛事，培养、引入更多的体育明星，吸引企业加入赛事运作，提高赛事质量，形成国际品牌。二是继续引入一些世界品牌赛事，打造中国站的国际品牌赛事，吸引世界体育组织、运动员参加竞赛，提高赛事的国际影响力。三是开发一批群众喜爱、有中国特色的体育赛事，保护和开发传统体育项目，形成有中国特色的体育赛事系统。其次，发展赛事经济。做好体育赛事的运作，引入新机制和新模式，促进赛事与其他相关产业良性互动。最

后，形成体育组织管理业的互动机制。体育组织的管理要素纷繁复杂，包括训练、竞赛、市场开发、中介经纪等要素，提升体育组织管理业必须形成体育组织管理业的互动机制。一是推进体育组织实体化，实现政企分离，为市场竞争培育良好的环境。二是发展中介机构和经纪人制度，提高赛事运作的专业化程度。三是完善赛事主体间的互动制度，规范主体行为，促进体育赛事健康、规范、有序发展。

4. 借力新兴产业业态、充分挖掘我国体育产业的发展潜力

2010 年 3 月，国务院颁布《关于加快发展体育产业的指导意见》，成为国家层面首次出台的体育产业政策。意见强调"协调推进体育产业与相关产业互动发展，推动体育产业与文化、旅游、电子信息等相关产业的复合经营，促进体育旅游、体育出版、体育媒介、体育广告、体育会展、体育影视等相关业态的发展。"这意味着国家层面已经将体育产业与文化产业的互动发展放在重要战略地位。而今天网络时代的到来宣告网络文化产业进入快速发展期，也赋予了体育产业发展全新的生态环境。网络视频、网络出版、体育网站、网络互动社区延伸了人的肢体，与体育赛事等体育产品的结合为消费者提供了可进行在线即时交流互动的平台，人们可以欣赏到全球高水平的比赛，也增强了互动与交流，从而为体育产业提供了新的传播与体验载体。大力推动体育产业与网络文化产业的互动发展，是拓展体育产业发展空间、提升体育产业竞争力的重要手段，也是满足人民群众日益增长的体育文化娱乐需求、提升城市形象和市民文化生活质量的必然选择。

鉴于此，顺应体育产业新一轮发展大格局与网络文化产业发展趋势，研究体育产业与网络文化产业的互动发展战略，不仅符合国家战略要求、顺应国际体育产业发展趋势，而且对于壮大体育产业、繁荣体育市场、提高体育文化服务水平、充分挖掘我国体育产业的发展潜力具有重要的现实意义。

（二）推动我国体育产业结构优化的对策

1. 克服陈旧观念的路径依赖，实现非正式制度创新

非正式制度即为人们长期的社会交往中形成的，并得到社会认可的约定俗成和共同恪守的行为准则，在非正式制度中，意识形态处于核心地位。良好的经济秩序不仅依赖于完善的法律法规，还需要具有相应的非正式制度的约束作用。

在我国经济社会发展过程中，积极进行非正式制度的创新，积极转变思想观念，为体育产业结构的优化发展扫清道路。体育产业是国民经济的重要部门，发展体育产业对于国民经济具有重要的促进作用。要想实现我国体育产业结构的优化创新，首先就需要积极转变思想观念，重视体育运动在推动人们的身心健康发展方面的重要作用。同时，还应积极转变消费观念，促进体育消费的增加。

2. 对体育产业主导产业审慎选择

在经济发展过程中，市场规律和政府行为是市场调整的两个重要方面。在市

场经济体制下，市场规律的调节机制在资源配置中发挥了基础性作用。同时，市场具有盲目性，很多时候市场并不能发挥其应有的调节作用，这就需要政府行为的积极干预。在市场发挥基础性资源配置作用的基础上，积极进行政府的宏观调控，能够实现经济的健康发展。

在体育产业结构优化发展过程中，同样需要政府和市场都发挥其应有的作用。将市场机制与政府行为结合在一起，在遵循市场规律的基础上，加强对体育产业政策和措施的制定和实施，这样才能够促进我国体育产业结构的优化发展。

在体育产业发展过程中，政府应发挥其积极的引导作用，积极制定相应的政策，进行科学的规划和引导，积极进行监督，促进体育主导产业的审慎选择。一般将体育主导产业定位为健身娱乐业、竞赛表演业、体育培训业，政府要重点对这些产业的发展予以政策扶持，促进其快速发展。优化这些体育产业结构，同时使各个产业之间的发展产生密切的联系，使其互为基础、相互依托。通过发展这些主导产业，可以起到如下几方面的效果：首先，发展主导产业，能够拉动其他相关体育产业的发展，如体育用品制造业、销售业等，进而使体育主导产业的回顾效应得到充分的发挥。其次，发展主导产业，能够推动体育场馆经营、体育组织、体育传媒、体育彩票、体育中介的发展，进而促进体育主导产业前瞻效应的充分发挥。最后，发展主导产业，能够促进周边餐饮、会展、旅游、通信、房产等行业的发展，进而促进体育主导产业旁侧效应的充分发挥。

作为体育产业的主导产业，体育竞赛表演、体育健身娱乐、体育技能培训不但扩散效应较强，而且结构转换效应也较为突出，能够相互依托、相互促进。随着生活水平的提高，人们的健身意识与观念逐渐增强，对体育的需求也日益多元，并通过参与体育技能培训来对体育活动技能进行掌握，这就能够对体育健身娱乐业的发展起到一定的推动作用。人们在参与体育运动的过程中，也会关注一些自己喜欢项目的赛事，这又能够推动体育竞赛表演业的快速发展。同样的道理，人们关注自己喜欢项目的赛事后，对该项目的兴趣也更高了，而且产生了学习该项目技能的强烈要求，并通过参与技能培训来获得技能，这对体育技能培训业、体育健身娱乐业的发展同样具有积极的促进作用。

体育技能培训业、健身娱乐业、竞赛表演业作为体育产业的核心产业，能够发挥关联链式效应，对体育产业行业的整体发展产生一定的拉动效能。这些产业的发展对中间需求的扩张又会产生强有力的刺激作用，如推动大型体育赛事的举办，促进城市体育设施建设。城市基础设施建设对于城市整体功能的扩展也有积极的影响。此外，体育核心产业的发展也能够促进人们体育价值意识与观念的强化，意识与观念的发展能够有效地促进实践的发展，体育经济增长与体育产业结构的优化也有了很大的希望。

3．大力促进体育主导产业的发展

（1）增加社会先行资本和投资率。为了使体育主导产业能够充分发挥自身的扩散效应，需要大幅地进行社会先行改变，即为体育产业结构的升级积累一定的社会先行资本。要促进生产性投资率的提高，促进积累在国民收入中比例的提高，最好可以超过10%。体育主导产业之所以能够形成，其先导和基础就是投资，投资在体育产业结构优化中发挥着一定的导向功能。

发展体育产业，要依托体育公共产品和服务，因此政府要加大力度来建设体育产品与体育服务，通过对多元体育产品的提供，来促进有效供给的不断丰富，从而对有效需求进行激活，使大众消费需求得以满足。此外，还应以消费者的需求差别为依据来细分体育产品市场，并在此基础上对目标市场加以选择，进而对与体育目标顾客相适应的体育项目进行选择，对与目标顾客相适应的价格水平进行制定，以目标顾客的体育需求特征为依据来展开促销，从而优化体育产品结构。国家要对扩张性政策积极加以实行，并从总量上着手，对各类企业研发新产品进行鼓励，使其通过这一措施来促进体育需求的增加。在体育基础设施方面，政府要先进行科学论证，然后加大投资力度，同时对社会力量进行积极组织，以市场机制为依据来促进闲置场馆的运营，最大化地提高公共支出的效应，从而为推动体育产业的发展创造良好的基础条件。

（2）确保市场需求的充足性。体育主导产业的形成与发展还需要依赖充足的市场需求。所以，要从增加体育消费着手来优化体育产业结构，在发展体育经济的过程中，要将扩大体育消费作为一个重要的拉动力量。

应对体育发展战略进行大力调整，将群众体育与竞技体育的关系协调好，从政策与资金上大力扶持群众体育的发展，对健康的体育生活方式加以积极引导；促进与群众消费能力相适应的准经营性体育项目的大力发展，将公共场地和学校、企事业单位的体育设施有偿地向社会开放，对低成本的体育指导中心、健身俱乐部等进行建立。扩大市场需求具体从以下几方面着手：

第一，对各类体育市场积极开发。要以对潜在消费需要的识别为基础，重点通过培育、引导等方法来对体育健身娱乐市场进行开发。

第二，适应各类体育市场。业界内人士以消费者的需求差别为依据细分总体市场，进而对适宜的目标市场、体育项目进行选择，对价格水平进行合理制定，积极开展促销活动。

第三，转变居民消费观念。对人们的经济预期进行正确引导，促进边际消费倾向的增加，通过深化改革使未来的不确定性降低，对风险加以规避，这有利于促进即期消费的进一步扩大。体育消费不是说要投入多少资金来进行消费，关键是要对居民的体育消费观念与意识进行引导，使居民建立"花钱买健康"的思想，在此基础上对"体育，让生活更美好"这一新主题进行确立，对"健身就是素质、品位、发展机会、生活质量"等新观念进行树立。在对居民体育消费观念进行引导的过程中，要加强对居民体育消费动机的激发。通过促进最终消费需求的增长来对中间需求进行拉动，从而有力地发展体育主导产业。

4. 积极推动多方面的改革

（1）进行配套经济体制改革。有效的体育产业政策对于体育产业结构优化有着积极的作用，是体育产业结构变动的外在动因。然而中国的政策在制定上没有制度化、法律化，且重制定、轻执行的现象屡见不鲜。

要扭转现阶段中国体育产业结构失衡的问题，需要政府部门为体育产业的发展创造良好的政策环境，通过制定优惠政策来鼓励与支持体育产业健康快速地发展。产业结构升级的实现在很大程度上取决于制度基础的建立。

我国政府应从如下几方面积极开展工作：首先，要加大对体育产业的政策支持力度。政府在落实和完善体育产业发展的现有政策的基础上，根据产业的发展情况随时出台新的政策及配套措施。在条件成熟时，将促进体育产业发展纳入法制化轨道。其次，体育服务业发展落后是中国体育产业结构失衡的主要体现。因此，要把促进体育服务业发展作为发展体育产业的首要任务，从政策方面采取切实的措施加以推进。再次，加大对体育产业的资金支持力度。政府应发挥示范效应，积极调动促进体育产业发展的引导资金，运用补助、贴息、参股等方式吸引社会资金的投入。最后，加强体育产业的统计制度。具体的措施包括建立健全体育产业的统计制度和跟踪监测、预测分析制度，准确把握体育产业的发展走势，有利于发现和解决体育产业发展过程中的问题，以达到产业结构优化和升级的终极目标。

（2）管理体制改革。在我国体育产业体制改革过程中，尤为注重政府管理体制的规范，促进管办分离，形成政企分开的管理体制。长期以来，体育被认为是一种公益事业，而其产业功能长期被忽视。这就使得体育产业在发展过程中忽视了经济利益，其经济价值并没有得到应有的开发。

长期以来，我国注重竞技体育的发展，举国体制发挥了重要的作用。体育产业的管理也以政府为主体，从而形成了政企不分的状态。体育产业在发展过程中，都有政府进行管理和运营。随着经济的发展，社会力量参与体育运动的积极性被严重削弱，这一状况逐渐阻碍了体育产业的发展。

在体育产业发展过程中，要打破现有体制的束缚，进行管理体制的改革。现阶段，我国应尽快进行去行政化管理，将政府的管理上升为宏观的管理，而将企业的具体运营管理交给社会，政府切实负责其引导和监督职能。只有这样，才能够进一步发挥社会主义市场经济体制在资源配置中的作用，为体育产业结构的优化提供良好的发展环境。具体而言，首先应明确政府的职责，明确政府和企业之间的分工，划分好相应的责任和义务关系，协调好相应的利益分配，促进体育产业的市场化运营与管理。

（3）打破户籍制度，加快城市化进程。为了便于人口和社会等方面的管理，我国自新中国成立以来就实行户籍政策。而随着城市化的发展，我国户籍政策的弊端逐渐显露。因此，近年来很多学者都积极倡导进行户籍体制改革。

现阶段，我国实行城乡二元户籍制度，农业人口转变为城市人口的进程受到户籍制度的限制。城市化水平的提高能够在一定程度上促进体育产业的发展。要想实现体育产业发展，就需要积极推动城市化的进程，积极消除政策和体制方面的阻碍，推动城乡户籍的统一管理制度。

（4）制定创新策略主要从以下几方面来着手进行。

第一，要想尽快实现体育产业结构的优化，就必须对新的科技加以运用，通过自主创新能力的提高来调整产业结构。在优化体育产业结构的过程的技术保障，利用新科技，可以使产业结构性矛盾问题得到有效解决，可以促进体育产业结构的高度与合理发展。现阶段，我国在创造新科技时，需要促进投入总量的增加，对研发支出结构进行合理调整，促进科技研发资金使用率的提高。因此，我们要对扶持政策加以明确制定，大力实施品牌战略。对于大型体育企业，要鼓励其增加投入来研发新技术，从技术、产品及营销手段等方面实现全面的创新，促进我国体育用品业自主创新能力的提高。

第二，将价值链尽量拉长，开展创新性的服务，具体从产品设计、品牌销售、供应链管理、售后服务等方面着手，以促进产品附加价值的提高和盈利的增加。

第三，大力建设体育用品标准体系，积极推行体育产品质量监管和认证工作，促进我国体育产品在国际市场中竞争力的提高，对体育用品世界品牌进行全面打造。

第四，积极培养人才。我国体育产业的发展水平一定程度上取决于体育产业人力资源的数量与质量，因此，我们需要对体育产业相关人才的培养重视起来，对与我国体育产业化发展需要相适应的高水平专业人才进行科学培养。

（5）进行技术创新。创新是经济社会发展的不竭动力。尤其是科技创新，对于经济增长具有极大的贡献。一些发达国家在发展过程中，已经将高新技术逐渐融入体育产业之中。与之相比，我国仍然相对较为落后。

近年来，随着低成本竞争优势的丧失，增强自主创新能力、培养自主品牌成为体育产业的必然选择。提高企业的自主创新能力，加快技术创新体系建设，并积极吸收全球创新成果，这样才能够使得我国体育产业在激烈的国际市场竞争中取得优势。

5. 对区域产业结构进行统筹优化

（1）发挥区域间互补的整体优势和综合比较优势。我国是发展中国家，地域广袤，不同地区除了自然条件有很大的差异外，经济基础和体育发展也处于不同的水平。这就要求我们要以实际为依据，对区域体育产业结构进行合理的调整与规划，既要将不同区域的比较优势充分发挥出来，又要对各区域的竞争优势加以创造。具体从以下几方面着手：

首先，对各区域的优势资源进行充分的挖掘与利用，将地区优势资源与民族体育特点结合起来开发优势民族传统体育项目，对优先发展的产业部门进行合理选择，通过优先发展优势产业来对其他体育产业的发展产生积极的影响，对体育产业的特有品牌进行打造，促进优势互补、各具特色的区域体育经济的形成，促进各区域体育产业市场竞争实力的增强。

其次，重点在西部发展体育旅游业，充分利用体育旅游资源，推动体育旅游这一核心产业的发展，进而发挥主导产业的辐射效应。

最后，对中西部体育产业基地建设予以扶持，将中西部地区的体育资源充分利用起来，对体育产业布局进行合理规划，促进竞争合力的形成和体育产业的快速发展，使不同区域间体育产业发展水平的差异逐步缩小，实现协调发展的目标。

（2）加强对统一开放、竞争有序的区域市场体系的建立。我国城乡之间、区域之间在经济方面存在着很大的差距，对统一市场进行分割的体制障碍、对市场要素自由流动进行制约的体制障碍等是造成这些差距产生的主要原因。所以，我们要继续加大体制改革力度，对科学有效的区域发展政策进行制定，将区域间的分割状态逐步打破，将地区壁垒彻底消除，促进大市场调节机制的不断完善。在对效率最大化原则加以遵循的基础上，使各种生产要素在市场信号的指导下自由流动于不同区域，实现资源的合理配置。只有如此，各地区体育产业的发展才能趋于协调。

（3）推动产业集群化发展。产业聚集是经济发展中的一种现象，是一种市场行为。通过进行产业集群化发展，能够实现体育产业之间的合作发展，实现体育交易成本的降低，实现规模经济效应。通过相应体育产业部门的相互合作，能够获得相应的竞争优势，促进产业竞争力的提升。因此，在体育产业发展过程中，应积极利用产业的集聚机制，积极促进体育产业集群的形成和发展，这对于现阶段我国体育产业的发展具有重要的意义。具体而言，应注意以下几方面：

第一，通过解构产业链条创造竞争优势。产业形式多样，不同的产业具有不同的产业链，并且相应的产业链是相对较为完整的，这些完善的产业链构成了相应的产业市场。体育产业也具有相应的产业链，只是现阶段我国体育产业发挥水平相对较低，产业链相对不完善，有待进一步发展。在发展相应的区域优势与产业时，不必要形成完整的产业链条，可将一些优势环节作为区域体育产业的发展方向。通过优势产业的发展，能够形成良好的产业发展环境，从而最终实现体育产业的集群化发展。区域优势体育产业可以与现有其他优势行业形成空间集聚，利用产业集聚形成的行业间的高度关联性与互补性，借助相关产业的发展培育体育产业的竞争力。例如，体育用品制造业的产业竞争力不仅在于自身的发展壮大，更要利用产业集聚区相关产业带来的集聚效应。在产业布局上，促进区域优势体育产业与具有明显优势和较强优势相关产业的集聚，促使优势产业形成产业链，培育产业集群。

第二，培育核心产业形成产业集聚。要培育产业的竞争力需要一批有较强核心竞争力的体育企业，形成分工协作、共同发展的格局，带动区域优势体育产业的形成。此外，可以通过体育品牌的拓展化经营带动相关产业发展。

第三，培育体育产业基地，打造产业集群。体育产业集群化发展是体育产业提升竞争力的重要手段。通过设立相应的产业基地，积极推行相应的优惠政策和措施，能够促进企业组织的集聚和发展，形成集群式的经济体。在体育产业发展过程中，可借鉴我国晋江体育产业基地的发展经验。

第五章　体育产业组织与体育市场

第一节　产业组织理论概述

产业组织理论研究市场在不完全竞争条件下的企业行为和市场构造，是微观经济学（个体经济学）中的一个重要分支。产业组织理论的研究对象就是产业组织。产业组织理论主要是为了解决"马歇尔冲突"的难题，即产业内企业的规模经济效应与企业之间的竞争活力的冲突，其主要任务是分析同一产业内部企业之间的关系，揭示企业之间关系变化的规律及其对企业经营绩效的影响。产业组织理论体系主要由市场结构、市场行为、市场绩效三大部分按顺序构成。

一、市场结构

（一）市场结构的概念及特征

市场结构是现代产业组织理论中最基本的概念，它一般是指产业内企业间市场关系的表现形式及其特征。在现实市场中，市场主体之间的关系集中体现为市场的竞争和垄断关系。根据市场竞争和垄断的不同程度，人们一般粗略地把市场结构划分为完全竞争的市场结构、完全垄断的市场结构、垄断竞争的市场结构和寡头垄断的市场结构四种类型。其中，完全竞争和完全垄断是两种极端的市场结构，现实中的绝大多数市场是介于这二者之间的垄断竞争和寡头垄断两种类型。体育产业中绝大多数市场也属于这两种市场类型。产业组织理论研究的重点是在垄断竞争和寡头垄断市场类型条件下的市场结构、市场行为与市场绩效，及其相互关系和政府干预的政策建议。在研究过程中，完全竞争和完全垄断的市场结构、行为与绩效则往往是研究垄断竞争和寡头垄断的市场结构、行为与绩效的参照物和出发点。

（二）产品差别化

产品差别化是指企业向市场提供的产品或销售产品过程中的条件，与同产业的其他企业相比较，在产品质量、款式、性能、销售服务、信息提供及消费者偏好等方面存在着明显的差异，从而具有可区别性和不可替代性。这种可区别性和不可替代性的高低即意味着产品差别化程度的高低。在产品差别较高的市场上，企业可以扩大产品差别，巩固或扩大自己的市场占有率，提高市场集中度。企业也可能因为开发了特有技术、生产了新产品，形成新的产品差别，提高市场占有率。产品差别能够通过影响集中度、进入壁垒和非价格竞争，间接影响市场绩效。产品差别化是企业在经营上对抗竞争的一种非价格壁垒和主要手段。

二、市场行为

（一）市场行为的概念

企业的市场行为是指企业在根据市场供求条件并充分考虑与其他企业关系的基础上，为获取更大利润和更高的市场占有率所采取的战略决策行动。企业行为是市场结构和行业绩效的中间环节，一方面，企业采取的市场行为受到市场结构的影响；另一方面，市场行为又反作用于市场结构，影响市场结构的状况和特征，并直接影响市场绩效。

（二）市场行为的内容

企业的市场行为的主要内容包括以下三个方面：

（1）以控制和影响价格为基本特征的定价行为，包括阻止进入定价行为、驱逐对手定价行为、价格歧视行为等。

（2）以研究与开发、形成产品差异、促销为基本内容的非价格行为，如技术开发行为、广告宣传行为等。

（3）以产权关系和企业规模变动为基本特征的企业组织调整行为，如企业兼并行为、一体化行为、多元化行为、跨国经营行为等。

三、市场绩效

市场结构反映的是市场经济运行的基础和环境，企业行为反映的是市场经济运行的过程和方式，市场绩效反映的则是市场经济运行的结果和成就。人们关注市场结构和企业行为并不是目的，而是为了追求更好的市场绩效。所谓市场绩效，是指在一定的市场结构下，通过一定的市场行为使某一产业在价格、产量、成本、利润、产品质量、品种及其技术进步等方面达到的现实状态。它实质上反映的是市场运行的效率。产业组织理论对市场绩效研究的两个最基本的方面如下：

（1）对市场绩效进行描述和评价，主要从资源配置效率、产业的规模结构效率、技术进步等几个具体方面直接或间接地描述市场绩效的基本情况，评价市场绩效的优劣。

（2）以市场绩效与市场结构、市场行为之间的关系为主线，寻找市场绩效的因素结构，继而对影响市场绩效的原因进行解释。

四、定价理论

定价理论是产业组织理论的重要组成部分。对企业来说，收入是销售产品的数量与价格的乘积。对于不同的市场结构来说，企业采用何种定价策略不仅在表面上影响收入，而且从更深层次意义上说，任何一个企业的定价策略都将对市场上其他企业的产量和定价有一定的影响。由于产业组织理论主要讨论的是垄断竞争和寡头垄断两类市场结构，因此，定价理论的研究内容也主要集中在这两种市场上。以下介绍几种主要的定价理论。

（一）古诺模型

古诺模型是由法国经济学家奥古斯汀－古诺在 1838 年出版的《财富理论的数学原理研究》一书中首先提出来的。古诺模型对每个寡头的行为及有关条件做了假定：①两个寡头厂商生产的产品是同质的、无差别的；②每个厂商都根据对手采取的行动，并假定对手会继续这样做，来做出自己的决策；③为说明方便起见，设每个厂商的边际成本为常数；④同样为了说明方便，假设每个厂商的需求函数是线性的；⑤两个厂商都通过调整产量来实现各自利润最大化；⑥两个厂商不存在任何正式或非正式的串谋行为。由此来考虑两个寡头的产量和产品定价问题。古诺模型分析结果显示出竞争性均衡时，厂商价格最低，产量最高，利润为零；串谋均衡时，厂商价格最高，产量最低，利润最高。

（二）斯塔克尔伯格模型

斯塔克尔伯模型实际上是假定两个寡头厂商同时做出各自的产量决策。现在改变一下这一假定，假设厂商 1 先决定产量，然后厂商 2 知道厂商 1 的产量后再做出自己的产量决策。因此，在确定自己的产量时，厂商 1 必须考虑厂商 2 将如何做出反应。其他假设与古诺模型相同，这一模型称为斯塔克尔伯格模型。古诺模型和斯塔克尔伯格模型是寡头垄断市场中两个有代表性的产量竞争模型。对于一个由大致相似的厂商构成，没有哪一个寡头具有较强的经营优势或领导地位的行业，古诺模型可能更适用一些。而对于由一个在推出新产品或生产方面领头的大厂商主导的行业，斯塔克尔伯格模型要更适用一些。

（三）伯特兰德模型

古诺模型和斯塔克尔伯格模型都把厂商的产量作为竞争手段，是一种产量竞争模型，而伯特兰德模型是价格竞争模型。在这种模型中，各寡头厂商通过选择价格进行竞争，各寡头厂商生产的产品是同质的，厂商之间也没有正式或非正式的串谋行为。这一模型是由法国经济学家约瑟夫·伯特兰德于 1883 年建立的。

（四）串谋与卡特尔

寡头垄断厂商之间的串谋可能是秘密的或非正式的，也可能是公开的或正式的。当寡头垄断市场中的各厂商通过明确正式的协议来协调其各自的产量、价格等事项时，就形成了卡特尔。卡特尔是一种公开和正式的串谋行为，对于寡头们的串谋行为，早期的经济学家已经意识到了，亚当·斯密在《国民财富的性质和原因的研究》中写道："同行业的人即使是为了娱乐和消遣也很少聚在一起，但他们的对话通常不是导致对付公众的阴谋，便是抬高价格的计划。"

卡特尔曾经存在于许多行业，但由于各国反垄断法的出台，把卡特尔视为一种垄断组织而加以禁止。因此，现在的卡特尔常常是国际性的。例如，石油输出国组织是一个著名的国际性卡特尔组织，它是由中东的一些重要产油国组成的组织，利用其在世界石油市场上所占的较大份额，成功地抬高了世界石油市场的价格。但是，即使不考虑法律问题，从经济学角度看，卡特尔也具有不稳定性。

第一，卡特尔成员具有违反卡特尔协议的诱因。卡特尔的高价格通常是通过限制产量来实现的，高价格给卡特尔成员带来了好处。如果某个成员偷偷增加产量而违反协定，那么此成员的利润将会有很大增加，因此，从追求各自利润最大化出发，每个成员都可能偷偷增加产量，而指望别人遵守协议。若每个成员都这样做，而又缺乏有约束力的威胁或惩罚使卡特尔成员遵守协议时，卡特尔可能崩溃。如何使每个成员遵守卡特尔协议可能是卡特尔面临的最大难题。这个问题也常被称为卡特尔的自我实施问题。

第二，卡特尔成员的协调问题。如果所有卡特尔成员的成本曲线是相同的，那么订立在成员之间平分产量、市场和利润的卡特尔协议可能较为容易；而当卡特尔成员的生产规模、成本水平各不相同时，虽然在理论上存在使卡特尔利润最大化的产量分配方案，但是，要达成这样的卡特尔协议是十分困难的，各成员之间的激烈争吵和对协议条款的讨价还价难以避免。

第三，市场进入问题。卡特尔成员的高额利润可能会吸引外来厂商进入该市场，或者会使非卡特尔成员增加产量。当卡特尔成员成功地通过限产来提价时，如果卡特尔无法阻止外来厂商进入市场，进入者会迅速填补完全竞争产量与卡特尔产量之间的产量缺口，最终使卡特尔成员失去垄断利润并丧失市场份额。

（五）价格领导

如前所述，有些寡头之间的串谋可能不像卡特尔那样正式和公开，也没有私下协议，而仅仅是一种"默契"或一些共同遵守的"游戏规则"。价格领导是指某个市场的价格由某个厂商制定，其余厂商追随其后确定各自的价格。对于同质产品市场，价格通常是统一的；对于差别产品，价格可能是统一的，也可能具有某种差别，其中领先厂商变动价格时，其余厂商按某种规律调整。此即所谓的有意识的平行调整。价格领导通常有三种形式：晴雨表型价格领导、主导厂商价格领导和低成本厂商价格领导。

1. 晴雨表型价格领导

领先变动价格的厂商称为晴雨表型厂商。这个厂商可能不是该行业规模最大和效率最高的厂商，但可能在某些方面，特别是管理或掌握市场供求变动趋势和成本条件变动幅度方面有较好的判断力。如果某个市场的产品需求停滞，积压的存货日益增多，若晴雨表型厂商率先对市场做出反应，调整价格，其他厂商则会随之做出相应的价格调整。

2. 主导厂商价格领导

在某个市场上，一家大厂商占有总供给量的主要份额，其余均为一些规模较小的厂商，这个大厂商称为主导厂商。主导厂商价格领导模式的特点是主导厂商根据自己利润最大化条件来确定自己的价格，而其余的厂商则像完全竞争者那样，被动地接受主导厂商制定的价格，并由此价格决定它们各自的利润最大化产量。当然，主导厂商为了使其利润最大化，也必须考虑到其他厂商的产量是怎样取决于自身所制定价格的。

3. 低成本厂商价格领导

假定市场中有三个巨型寡头生产同质的产品，但生产成本各不相同，市场由三个寡头平分，每一家的需求曲线相同，如厂商 1 的成本最低，按照利润最大化条件，确定其最佳产量为 Q1，相应的价格为 P。如果厂商 2 和厂商 3 也按各自利润最大化条件确定其产量，那么厂商 2 和厂商 3 的产量应分别为 Q2 和 Q3，价格为 P2 和 P3。由于产品是同质的，如果厂商 2 和厂商 3 把价格定于 P2 和 P3 水平（高于 P1），必然会丧失市场给低成本厂商，因此，厂商 2 和厂商 3 按 P3 的价格销售产品，从而能获得 Q2 和 Q3 的销量，当然，获得的利润肯定没有厂商 1 多。

五、博弈论

（一）博弈与博弈论的基本概念

1944 年，由冯－诺依曼和摩根斯坦恩合作的《博弈论和经济行为》一书中提出了博弈论的一些概念。博弈论在经济学中被广泛应用的原因在于博弈论同经济学一样，都是强调个人理性，都是在给定的约束条件下，追求效用（收益）最大化。

根据参与人行动的先后顺序，博弈可以划分为静态博弈和动态博弈。静态博弈指参与人同时选择行动或虽非同时但后行动者并不知道先行动者采取什么样的行动；动态博弈指参与人的行动有先后顺序，且后行动者能够观察到先行动者所选择的行动。根据参与人对有关其他参与人的特征、策略空间和支付函数的知识，可以把博弈划分为完全信息博弈和不完全信息博弈。完全信息博弈指每一个参与人对所有其他参与人的特征、策略空间和支付函数有准确的知识；反之，就是不完全信息博弈。综合考虑这两个分类方法，可以得到四类博弈：完全信息静态博弈，完全信息动态博弈，不完全信息静态博弈，不完全信息动态博弈。与之相对应的四个均衡概念称为：纳什均衡，子博弈精练纳什均衡，贝叶斯纳什均衡，精练贝叶斯纳什均衡。

（二）纳什均衡

假设有两个或两个以上的参与人参与博弈，在给定其他参与人策略的条件下，每个参与人选择自己的最优策略，这种个人最优策略可能依赖于也可能不依赖于其他参与人的策略，所有参与人选择的策略一起构成一个策略组合。纳什均衡是指这样一种策略组合，这种策略组合由所有参与人的最优策略组成，即在给定别人策略的情况下，没有任何单个参与人有积极性选择其他策略，从而没有任何参与人有积极性打破这种均衡。纳什均衡可以用以下的表达来理解：我所做的，是给定你所做的我所能做得最好的；你所做的，是给定我所做的你所能做得最好的。纳什均衡还可以从这样一个角度理解：假设博弈中的所有参与人事先达成一项协议，规定出每个人的行动规则，而各参与人会自觉遵守这个协议，即这个协议可以自动实施。这个协议就相当于构成了一个纳什均衡，即给定其他参与人遵守协议的情况下，没有人有积极性偏离协议规定的自己的行为规则。下面用几个模型来解释纳什均衡。

1. 囚徒困境

囚徒困境的例子是：两个囚徒被指控是一宗罪案的同案犯。他们分别被关在不同的牢房中无法互通信息。两个囚徒都被要求坦白罪行，如果两个囚徒都坦白，各将被判入狱 5 年；如果两人都不坦白，则两个囚徒可以期望被从如果一个囚徒坦白而另一个囚徒不坦白，不坦白的囚徒将被判入狱 10 年。表 5—1 给这里每个囚徒都有两种策略：坦白或不坦白。表中的数字分别代表囚徒甲和乙的得益（注意，这里的得益是负值）。

表 5—1　囚徒困境

		囚徒乙	
		坦白	不坦白
囚徒甲	坦白	−5，−5	−1，−10
	不坦白	−10，−1	−2，−2

在囚徒困境这个模型中，纳什均衡就是双方都坦白，给定甲坦白的情况下，乙的最优策略是坦白；给定乙坦白的情况下，甲的最优策略也是坦白。而且这里双方都坦白不仅是纳什均衡，而且是一个上策均衡，即不论对方如何选择，个人的最优选择是坦白。因为如果乙不坦白，甲坦白的话就被判 1 年，不坦白的话就判 2 年，坦白比不坦白要好；如果乙坦白，甲坦白的话判 5 年，不坦白的话判 10 年，所以，坦白仍然比不坦白要好。这样，坦白就是甲的上策，当然也是乙的上

策。其结果是双方都坦白。囚徒困境反映了个人理性与集体理性的矛盾。其实，如果两个囚徒都不坦白，他们各判 2 年，比都坦白各判 5 年的情况要好，但这不符合个人理性。甚至即使这两个囚徒在被抓之前协议，被抓后拒不坦白，但是又有谁有遵守这个协议的积极性呢？

寡头垄断厂商经常发现自己处于一种囚徒的困境。当寡头厂商选择产量时，如果寡头厂商们联合起来形成卡特尔，选择垄断利润最大化产量，每个厂商都可以得到更多的利润。但卡特尔协定不是一个纳什均衡。因为给定双方遵守协议的情况下，每个厂商都想增加生产，结果是每个厂商都只得到纳什均衡产量的利润，远小于卡特尔产量下的利润。

2. 智猪博弈

智猪博弈的例子是：猪圈里有一头大猪和一头小猪，猪圈的一头有一个猪食槽，另一头安装了一个按钮控制着猪食的供应。每按一下按钮会有 10 个单位的猪食进槽，哪头猪按按钮就要付 2 个单位的成本并晚到猪食槽，实际只有 8 个单位的猪食。若大猪先到猪食槽，大猪能吃到 9 个单位，小猪能吃到 1 个单位；若小猪先到猪食槽，大猪能吃到 6 个单位，小猪能吃到 4 个单位；若同时到，大猪能吃到 7 个单位，小猪只能吃 3 个单位。对于小猪来说，如果大猪按，小猪不按更好；如果大猪不按，小猪不按也更好，所以，不论大猪按还是不按，小猪的最优策略都是不按。给定小猪不按，大猪的最优选择只能是按。所以，纳什均衡就是大猪按，小猪不按，各得 4 个单位猪食。

市场中的大企业与小企业之间的关系类似于智猪博弈。大企业进行研究与开发，为新产品做广告，而对小企业来说这些工作可能得不偿失。所以，小企业可能把精力花在模仿上，或等待大企业用广告打开市场后再出售廉价产品。

上面讨论的博弈论例子中，考虑的都是博弈参与人做出一个确定的选择或采取一种确定的行动；囚徒的坦白或不坦白，大猪和小猪的按与不按，这种策略在博弈论中称为纯策略。

但是，有时在博弈论中纯策略并不是最佳策略。例子之一是猜硬币博弈。在这个博弈中，甲、乙两人抛两枚硬币，若出现两个正面，则甲赢；若出现一正一反，则乙赢；若出现两个反面，则甲、乙都不赢。在此虽然不存在纯策略的纳什均衡，但有一个混合策略的纳什均衡。混合策略是指博弈方根据一组选定的概率，在两种或两种以上可能的行为中随机选择的策略。在硬币博弈中，甲可以随机地抛硬币，因而有 1/2 的概率为正面和 1/2 的概率为反面。当然，乙也如此。这样，就得到了一个纳什均衡，即双方都以 1/2 的概率随机地抛出正面或反面。这样甲乙双方都做了给定对方的策略时所能做得最好的。这时，双方的期望得益均为零。

3. 重复博弈

上面介绍了囚徒困境的例子，在寡头垄断市场上，厂商在产量或定价决策时常常会发现处于囚徒的困境中。但事实上，不是所有的寡头都选择低价策略，在有些情况下，寡头的公开或不公开的协调和合作能够成功，其中的一个原因是上述的囚徒困境是静态的，即囚徒的坦白或不坦白的机会是有限的，而大多数的寡头厂商的定价或产量却是不断重复的。这就意味着，寡头厂商进行的是重复博弈。在类似囚徒困境的重复博弈中，各厂商都能够研究竞争对手的行为。

在无限重复博弈中，"以牙还牙"是最好的策略。现假设这种博弈是有限次重复的。譬如说是 n 次，n 可能很大，但只要不是无穷大，是一个有限的数值就可以。如果厂商 2 是理性的，并且相信厂商 1 也是理性的，厂商 2 就可以这样推理：由于厂商 1 采用"以牙还牙"策略，它在最后一次博弈之前不能降价竞争，而应该在最后一次博弈中降价竞争，这样它就能在最后一次博弈中获得更大的利润，而且因为这是最后一次，所以厂商 1 无法在下一次博弈中报复。因而厂商 2 就考虑在最后一次博弈中降价，而在这之前一直定高价。于是，由于厂商 1 也会这样考虑，厂商 1 也拟在最后一次会降价。而厂商 2 也能估计到这一点，并知道厂商 1 最后一次降价。这样厂商 2 就打算在倒数第二次博弈中就降价。当然厂商 1 也已估计到这一点，因而厂商 1 也会准备在倒数第二次就降价。按这样的推理，双方倒数第三次，倒数第四次……就降价。最后，唯一理性的结果是双方在第 1 次博弈中就开始降价。这样，只要双方是理性的，并且博弈是有限次的，那么，似乎又一次陷入了囚徒困境中而无法摆脱。

但是，设想一下，只要厂商 2 对厂商 1 的理性有一点怀疑的话，就有可能摆脱这种困境。或许，厂商 2 会认为厂商 1 会"盲目"采用"以牙还牙"策略，只要厂商 2 定高价，厂商 1 也定高价。这时，厂商 2 保持高价直到最后一次博弈是理性的。而如果博弈的次数足够多，用期望得益来衡量合作行为也是有利可图的，在一个较长的重复博弈中，用猜测正确的概率加权当前和将来得益之和，会超过价格战时得益之和，即使对手是抢先降价的。因为一旦厂商 2 猜错了，厂商 1 定的是低价，则厂商 2 可以在下一次博弈中改变策略，其损失不过是一次博弈的利润，这相对于双方都定高价时获得的利润来说仅是一个很小的代价。

另外，虽然寡头厂商们博弈的次数或时间不会是无穷的，但可能他们并不知道会和竞争对手博弈多少次，特别是他们可能无法确切地知道"最后一次博弈"在什么时候发生，这样，我们前面从最后一次博弈中降价这一很明确的预计出发的逐步推理到第一次就降价的分析就无法进行了。在这种情况下，像无限重复博弈那样采用"以牙还牙"策略是理性的。

因此，可以得到这样的结论，在无限重复博弈中，囚徒困境中的厂商可以有合作结果。在大多数寡头垄断市场中，由于博弈次数不确定和寡头对其对手"理性"的怀疑，特别是对于那些仅有少数厂商、长期在稳定的需求和成本条件下竞争的寡头垄断市场中，即使没有任何契约安排，合作也很可能成功。在有些行业中，合作不成功的原因可能在于一方面这些行业的成本和需求的不稳定和不确定使厂商由于成本条件变化所做的降价行为可能会被其他厂商认为是抢夺市场的降价行为，并用"以牙还牙"的策略做出反应，这样，合作就不会成功。

4. 序列博弈与先动优势

在前面讨论的大多数博弈模型中，博弈各方都是同时行动的。例如，古诺模型中，两厂商同时决定产量。在序列博弈或序贯博弈中，博弈各方依次行动，例如，斯塔克尔伯格模型就是序列博弈的例子。在这个例子中，厂商1在厂商2之前做出产量决策。序列博弈通常要比博弈各方同时行动时容易分析，因为在序列博弈中，主要是通过各博弈方可能的行为和理性来做出策略选择。

5. 市场进入博弈

(1) 威胁及其可置信度。在寡头垄断市场上，厂商有时通过策略性行为来获得市场优势。所谓策略性行为，就是厂商通过影响其他厂商对自己会如何行为的预期，以促使其他厂商采用对自己有利的选择行为，是某厂商通过限制自己的行为来限制其他厂商的选择。

(2) 市场进入博弈。通常情况下，一个潜在竞争者进入市场时，不能指望原有厂商会仍保持高价来接纳它，但到最后，原有厂商也可能会退一步减少产量，并将价格提高到一个新的联合利润最大化的水平。这一点潜在进入者很清楚，这就使原有厂商认为有必要采取某些行动把它的威胁变得可信。投资于过剩的生产能力，造成非理性和好战的名声可以使潜在进入者认识到商战的可能是很高的。显然，这种"非理性的理性"行为使原有厂商在市场上获得好处。

六、政府管制

(一) 政府管制的一般理论

政府管制是在市场经济条件下，以矫正和改善市场机制内在的问题为目的，政府干预和干涉经济主体（特别是企业）活动的行为。

政府管制一般是指直接管制，它是以防止发生诸如自然垄断、信息不对称等在社会经济中不期望出现的市场结果为目的，依据政府认可和许可的法律手段直接介入经济主体决策。直接管制又分为社会性管制和经济性管制。其中，社会性管制是以保障劳动者和消费者的安全、健康、卫生以及保护环境和防止灾害为目的，对物品和劳务的质量以及随之产生的各种活动制定一定的标准，并禁止限制特定行为的管制。

　　随着我国的社会主义市场经济框架确立并逐步完善，推动社会经济发展的任务更加繁重。一方面，经济的快速发展要求建立具有经济活力和效率的市场机制；另一方面，社会的发展要求建立一个基于正义基础上的公平社会。因此，如何在效率和公平之间寻求平衡，政府管制就成为必然选择。

（二）体育市场的政府管制问题

　　我国体育产业的发展目前存在着很多不合理的因素。除了企业自身经营问题之外，政府在体育产业发展过程中的地位和作用被很多学者认为是影响体育产业，特别是体育竞赛表演产业发展的主要因素之一。

　　政府管制是必要的，但是政府管制有很多的条件限制。

　　第一，政府必须是独立的，也就是说，政府要管理市场只能充当裁判员。由于我国长期以来形成的竞技体育体制的关系，在大多数国内的体育竞赛表演市场，政府本身就是运动员。从法定的角色上看，有关行业协会是独立、非政府组织的，在一定意义上也具有经济法人的性质。但几块牌子、一套人马的现实从根本上否定了这些组织的独立性。从制度经济学的角度考虑，政府要为市场的建立付出代价，政府建立市场是公共服务的必然要求，而且，政府通过建立市场获得了收益——税收。税收收入是政府提供公共服务的成本。如果政府不独立于市场之外，而是直接参与市场竞争的话，任何企业都无法与之抗衡。政府在经营过程中的成本支出是企业支付的，因此，参与市场竞争对政府来说不存在任何经济风险（其他风险不在本章讨论范围）。政府可以通过制定各种市场规则使自身利益最大化，在一定的市场规模下，政府利益增大，其他主体的利益则相应减小。所以，政府是愿意参与市场经营的。政府参与体育产业的危害性已经在很多方面上暴露出来了。因此，建立独立于市场之外的政府是保证实现管制效率的首要因素。

　　第二，政府管制需要政府拥有丰富的市场管理经验。与体育产业发达的国家相比，我国的体育行政部门市场管理经验十分缺乏。这主要与体育行政部门的工作性质有关系。从国家体育行政部门建立之初到现在，其工作内容主要还是竞技运动、群众体育等事业性工作。体育产业的管理工作在各级体育行政部门工作内容中只是辅助性的。由此而形成的人才结构、积累的工作经验、工作的程序等从本质上说并不能承担体育市场管理的任务。而我国的其他与市场管理直接相关的政府机构对体育市场的关注程度明显不足。建立各级、各类政府在体育市场上的管理职责权限范围并非一朝之功，即使在市场经济非常发达的国家，体育市场的特殊性也容易造成管理权限的冲突。

　　第三，体育市场的政府管制还受到体育市场自身发展的限制。各类体育市场在我国的成熟度与其各自行业的特征有关。例如体育服装行业在行业中处于比较发达的地位，各类服装的标准体系比较齐全，加之本行业的政府管制比较健全，因此，相对来说政府管制比较有利。政府不仅可以解决国内的市场纠纷，而且，在WTO框架内，政府还充分发挥了作用，成为解决国际纠纷的主要力量之一。相比较而言，健身娱乐行业的市场成熟度比较欠缺，行业内部对经营标准、竞争规则的认识不够统一，这样，政府管制缺乏一个可参照的标准。

第四，政府管制需要与市场各主体之间建立相互的权利义务关系。体育市场有各种类型的交易主体，政府管制并不能只针对某一主体。一般情况下，政府管制主要是针对企业的。虽然有理论认为消费者是理性的，但是，消费者与企业相比其拥有的产品信息量是不足的，因此，政府的管制对象主要以企业为主。不过，在市场上的企业之间、企业与消费者之间的各类交易行为也存在着多种复杂关系。企业之间也存在着信息不对称、交易不公平的关系。例如，企业之间由于经济实力的关系，在争夺资源的过程中就出现了价格差异。其结果是造成企业间差距的加大，欧洲职业足球市场就是这种情况。而企业之间可以通过确定工资总额的方式解决。这种方式的结果是各企业都有得到优秀运动员的可能性，由此形成企业之间相对比较均衡的状态，如NBA就是通过这种方式来解决的。不过，通常情况下，在主体追逐各自利益最大化的情况下，主体之间往往不能达成一致意见，尤其是企业与雇员之间这种矛盾更为突出，其中又以职业体育市场为最。因此，政府管制就需要建立主体之间的权利义务关系来予以解决。如欧洲的博斯曼法案就是各方博弈的结果。

第五，体育市场的独特性决定了市场垄断在一定程度上的合理性。政府在反垄断条例中对体育产业适度放松。政府管制的主要对象是垄断市场，垄断市场通常被认为是低效率的。但是，竞技体育市场上需要垄断来支撑。因此，政府在管理竞技体育市场时会采用特例来规避反垄断条例。

第二节 体育市场的概念及分类

一、体育市场

（一）体育市场的概念

市场是进行商品交换的场所。对体育市场概念的界定有不同的看法并由此有了不同的分类。有学者对体育市场概念的论述进行分析如下。

一种是认为体育市场是指在国家法律、法规和宏观调控的指导下，具有一定交易程序、交易规则的，经营主体以体育商品、体育服务为对象的交易机制或体系。组织形式包括体育竞赛市场、体育健身娱乐市场、体育培训市场、体育用品市场、体育人才市场、体育旅游市场、体育彩票市场和相应的体育中介组织市场。鲍明晓从体育消费和当代体育产业的角度对体育市场进行了分类，将体育市场分为以下几类：健身娱乐市场、竞赛表演市场、体育中介市场、体育博彩市场、体育旅游市场、体育媒体市场、体育保险市场。

另一种将体育市场从三个角度进行了界定，一是狭义的体育市场，指的是直接买卖体育服务这种特殊消费品的场所，即体育经营场所；二是广义的体育市场，指的是全社会体育服务产品交换活动、交换关系的总和；三是当代市场学意义的体育市场，是指个人或组织体育服务产品既有购买力又有购买欲望的现实和潜在需求。认为体育市场是属于非实物形式的消费品市场的一部分，它包括体育健身娱乐市场、体育竞赛表演市场、体育培训市场。

（二）体育市场的构成

关于体育市场构成的问题，尚有一些争议。争论的焦点主要在于对体育主体和相关产业的理解上，反映在体育市场上也就是主体市场与相关市场的问题。有研究者认为与体育有关的产品都是体育产品，其买卖经营活动都属于体育市场，体育市场不但包括体育的经营，而且还包括体育服装、体育书刊和音像制品及运动保健食品饮料等的经营。也有研究者认为体育市场不仅是商品市场，也包括与体育有关的生产要素市场，如体育生产资料市场、体育金融市场、体育劳动力市场、体育技术市场、体育建筑市场等。还有研究者认为体育市场主要指体育的劳务市场或称体育的服务市场，包括体育健身娱乐市场，体育竞赛、体育表演市场，体育培训辅导市场等。有学者认为，体育市场是一个有机的整体，尤其是从市场营销学角度来考虑，无论怎么去理解划分，只要具有市场经营的成分，具有体育的内容，都有必要研究其经营过程的规律和经营策略。因此认为在把握体育市场基本属性内涵的前提下，没有必要对哪些属于体育市场，哪些不属于体育市场进行过分细分，只从市场营销学的角度来理解体育市场，研究其经营问题。基于这一点，在进行体育市场分析时仅从体育消费品市场、群众体育市场、运动训练与竞赛市场等方面加以分析。目的在于能从市场营销的角度更好地研究体育各类产品的经营问题。

二、体育市场的分类

目前，学术界对体育市场的认识还不尽一致，对体育市场的规模认识差距较大。这种差距主要来自对体育产业的认识不同。大致有以下几类：

（1）体育用品市场。体育用品市场大，消费者数量多。

（2）体育健身市场。体育健身市场也称群众体育市场、大众体育市场或全民体育市场。

（3）体育竞赛市场。体育竞赛的规模和形式不是确定的，有小规模的，有中等规模的，有大规模的。

（4）体育彩票市场。体育彩票是一种以抽签或竞猜的获奖方式进行体育筹款所发行的凭证，与其他彩票相比，它对居民具有更大的吸引力。

第三节　体育竞赛市场的定价理论

产品定价理论是产业组织理论的重要理论基础。体育商品的定价是体育产业组织理论的重要研究内容之一。体育商品的定价是一个复杂的问题，它受到行业、项目、地域等多种因素的影响。由于不同的体育商品处于不同的体育市场结构中，其定价策略存在很大差异。从目前的研究情况看，国内的体育商品定价理论的实践研究还比较缺乏。由于体育竞赛表演门票的定价将直接影响其收益，故本节重点介绍综合性运动会的门票定价内容。

一、门票定价的基本原则

制定体育竞赛门票的价格首先要考虑竞赛表演市场的供给与需求情况。根据消费者的需求情况制作需求曲线，并根据竞赛成本和预期利润、供应数量等情况制作供给曲线。组委会要在供给与需求曲线的交点处制定门票价格。

其次，制定的门票价格必须使组委会的利润最大化，也就是说，出售门票的边际成本（$MC = \triangle C / \triangle Q$，$\triangle C$ 为成本变动量，$\triangle Q$ 为数量变动量）要等于边际收益（$MR = \triangle R / Q$，$\triangle R$ 为收益的变动量）。出售门票的边际收益为 $MR = AR/Q$，该式可变化为 $MR = P + Q \triangle P / \triangle Q = P + P (Q/P) - (\triangle P / \triangle Q)$（P 为价格），又因为需求价格弹性：$Ed = (P/Q) \cdot (\triangle Q / \triangle P)$，上式变化为：$MR = P + P (1/Ed)$，令 $MR = MC$，则 $P + P (1/Ed) = MC$，$P = MC / [1 + (1/Ed)$，式中 P 与 MC 成正比，当 MC（边际成本）上升时，组委会必然会抬高门票价格，如果边际成本下降，则会降低门票价格。P 与 $1 + (1/Ed)$ 成反比，Ed 值通常为负值。也就是说，当门票价格（P）上升时，其销售量（Q）通常下降，即 $\triangle Q$ 为负值。因此，Ed 值即需求价格弹性对定价具有重要意义。需求价格弹性反映了消费市场对竞赛门票价格的敏感程度。需求弹性在不同点（不同消费者的敏感程度）的数值也有很大不同。组委会在定价时必须考虑不同消费者对竞赛门票价格的敏感程度，并以此为据调整门票价格，给不同消费者定不同的价格。

门票定价中，组委会应考虑所处的市场结构。在不同的市场结构下，组委会有不同的定价策略。可以认为综合性运动会，特别是大型综合性运动会（如奥运会）在举办时没有竞争对手，具有较强的垄断势力，处于寡头垄断或完全垄断市场结构下。这两种市场结构下组委会对门票定价有较高的自主权。

二、价格歧视

（一）一级价格歧视

向每一位消费者索要保留价格（消费者愿意为每张门票所付的最高价格）的做法被称为完全的一级价格歧视。实施一级价格歧视时，消费者正好支付他愿意支付的保留价格。每额外销售一张门票所增加的收益等于消费者付的价格。这时销售门票的总利润等于需求减去边际成本。但是在实际的门票定价中，完全一级价格歧视是不可能的，首先是成本过高，组织者要了解每一位消费者的保留价格是要支付成本的，全部了解的成本过高；其次是消费者人数太多，要全部了解消费者的保留价格在实践中是不可能的；再次是实现一级价格歧视需要给每位观众制作一张门票，没有可操作性。因此，一般的做法是采取不完全的一级价格歧视，即采用分级定价的策略，制定不同价格的门票。

（二）二级价格歧视

二级价格歧视是指对相同货物或服务的不同消费量或"区段"索取不同价格。二级价格歧视的应用与时间段和购买量有直接关系。随着消费者对同一商品消费量的增加，其支付意愿逐渐下降。厂商可以在不同时间段或对应一定的购买量来确定价格。同种体育竞赛项目具有一定的相似性，部分消费者可能要看每场比赛，但随着观看场次增加，其支付意愿是下降的。还有一些消费者只观看重要比赛。在一些不重要的比赛时，消费者人数将减少，组委会的收益将随着消费者流失而下降。因此，组委会必须考虑采用二级价格歧视政策留住消费者。通常的做法是按购票量打折扣。

（三）三级价格歧视

不同消费者的支付意愿有很大区别，其需求曲线也不同，如经济发达国家的消费者与经济落后国家的消费者之间需求曲线不尽相同。组委会针对有不同需求曲线的消费者制定不同门票价格的政策被称为三级价格歧视。这是门票定价中最重要的价格歧视政策。一般情况下，经济水平较低的消费者，其需求曲线斜率小，价格变动会引起消费量的大幅变化。而经济实力较强的消费者曲线斜率较大，价格变动并不会引起消费量的过多变化。为吸引低收入消费者门票可以大幅降价，但要控制数量。而对有经济能力的消费者则可以分级定高价。组委会对不同组别的定价要考虑其需求弹性。设组委会面对两条需求曲线的消费者，只以两种价格销售给两组消费者门票，为实现利润最大化，两组销售量的边际收益与边际成本关系为：$MR1 = MR2 = MC$。具有较低价格需求弹性的消费者被要了较高的价格，也就是说高价门票卖给了更热衷于看比赛且有经济基础的消费者。各项目的比赛要将不同区域的座位分为不同等级，各等级间的门票价格应有较明显的差异。综合性运动会，特别是国际性运动会，组委会应充分考虑各参赛国的国情，运用价格歧视政策来调节门票数量的分配。

三、高峰需求期

组委会在不同时期制定不同价格将会获得更多利益。高峰需求期的价格可以通过令各自边际成本和边际收益相等而独立决定。不过，高峰价格制定也有一定的负面作用，尤其是一些重要比赛，虽然消费者愿意提高保留价格，但是，也容易造成支付透支。当高峰期过后就会出现消费意愿下降的趋势。这在每次大型运动会后都会表现出来。例如，世界杯后足球市场的相对冷清，除了与消费者观看竞赛产生的身体疲劳、水平差异有关系之外，也与观众预支高峰价格而导致预算失衡有直接关系。

第四节　体育市场分析

当独立考察经济单位，并按功能分类，可将体育市场分为两大类：买方或卖方。买方通常是指购买体育产品的消费者，以及购买劳动力、资金和原材料用于生产体育产品的厂商、体育俱乐部；卖方包括出售体育产品的体育厂商和体育俱乐部、出卖劳动力的运动员，以及向厂商出租土地等资源的资源拥有者。显然，许多人扮演着买卖双重角色，当他们买东西的时候，就是买方；而当他们在卖东西的时候，则又成为卖方。在买方、卖方同时互动时，便形成了体育市场。体育市场是指买者和卖者相互作用并共同决定体育服务或体育用品的价格和交易数量的机制。

一、国外体育市场分析

（一）美国 NBA 市场

在篮球发展的过程中，NBA 以其完善的市场化运作、成熟的商业理念、全方位多层次的产品包装，成为许多项目市场化运作的典范。

NBA 的发展并非一帆风顺。1946 年 6 月 6 日，是职业篮球史上值得纪念的日子，沃尔特—布朗和艾尔—萨林芬成立了一个新的全国性的篮球职业联盟 BAA（Basketball Association of America，全美篮球协会），即 NBA 的前身。普多洛夫任第一任总裁。经过四个月的筹划和组建，第一场比赛在加拿大的多伦多市举行，由此，拉开了美国篮球职业化的序幕。值得一提的是，以前成立的篮球联盟和 BAA 有着明显不同，表现在以下几方面：①篮球联盟是一个全国性篮球组织；②参与篮球联盟的老板绝大多数都拥有一支职业篮球队，并经营着篮球比赛使用的比赛场地（同时作为开展各种体育比赛和举办会议的场地）。这些人成立篮球职业联盟的主要目的，一方面是觉得自己的体育馆可以被充分利用，避免资源的浪费；另一方面是意识到篮球运动的市场潜力无限。

美国于 1898 年成立了一个职业篮球组织——国家篮球协会（NBL），NBL与 BAA 两个联盟之间虽然相互竞争，但却各有所长，拥有各自不同的市场，直接冲突不大。BAA 主要开发大城市的市场；NBL 的资源主要集中在中小城市，球迷群体和收入稳定，且集中了当时大多数的高水平选手。两大联盟进行了一系列的合作活动。在 1947 年和 1948 年两年，双方在交换球员、统一服装和两个联盟的冠军进行对抗赛等问题上达成协议。1949 年 8 月 3 日，NBL 和 BAA 实现了合并，BAA 在接受了 NBL 剩下的六支球队之后，综合两个联盟的名字更名为NBA。此后的几十年，NBA 历经聚散离合、冲突与妥协、竞争与磨合，一步步地走向成熟。如今的 NBA，在球队建制、组织管理、竞赛体制、市场运营、法规保障到后备队伍的培养方面，已形成了一套完善的体系。具体有如下几个特点：

第一，拥有天才球星和出类拔萃的经营管理人才。作为 NBA 市场的主体，球星和管理人才为 NBA 的创立、生存和发展做出了突出的贡献。迈肯、张伯伦、拉塞尔、贝勒、维斯特、贾巴尔、约翰逊、伯德、乔丹、奥尼尔、姚明等诸多球星成为青少年的偶像，无数对篮球着迷的青少年使其父母也开始对篮球产生兴趣。这些青少年球迷逐渐成为消费市场的主体，成为 NBA 相对稳定的收入来源。NBA 的经营管理人才则发挥了出色的公关和管理能力，他们与球星完美组合，并借助现代传媒的传播力，将 NBA 打造成世界性体育赛事品牌。斯特恩将 NBA的大牌明星包装起来推向市场。首先，他对球星的个人形象进行严格设计，以此为基础，各种印着球星肖像的纪念品，以球星命名并作为广告代言人的运动鞋、运动服装、辅助用品、运动饮料，进一步营造了市场，同时也为球星带来了滚滚财源，开创了体育与商业有机结合的双赢局面。

第二，以市场为导向，以满足球迷消费需求为核心，以营利为目的。NBA自诞生之日起，就将篮球彻底地推向市场，实现彻底的职业化，有别于以往单纯由球员或工厂为主发起成立的职业联盟。NBA 从宏观战略计划的制订，到竞赛体制与联赛的规则修订；从球队的吸收与分布，到产品的开发，以及政策法规的制定等，一切均以市场为导向，以满足球迷消费需求为核心，以营利为最终目的。

第三，政府的支持与宏观调节。NBA 之所以能够健康迅速地成长，得益于美国政府针对美国职业体育的实际颁布和实施了一些其他行业不具备的特殊政策支持。

（二）英国足球职业联赛市场分析

1992 年，英国顶尖联赛——英超联赛的推出，极大地推动了职业足球市场发展。其独立的管理系统，自主的经营规划，以及自我激励、自我营利的制度体系，强大的推广意识和营销策略，使英超联赛在短时间内成为整体品牌。曼联、阿森纳等已经成为国际知名品牌，英超成为经营运作最为成功的联赛之一。其成功经验有以下几方面：

第一，球迷的忠诚度是英国足球发展的基础。英国球迷对其喜爱的球队的忠诚是强烈的，他们不为环境的改变和赛事市场化的操作而改变信念，沉醉在历史传统的自豪感中，充分显示出了球迷与俱乐部之间荣辱与共的关系。

第二，以经济利益为核心的运行机制。体育学者认为，职业运动队是以最大限度地营利和健康发展为目标。斯劳恩认为，英格兰足球俱乐部的目标是：吸引观众观看比赛，得到媒体的认可，吸引赞助商，取得比赛的胜利，从而获得丰厚的利润。随着社会经济环境的变化，各俱乐部在最大限度地获取利润的同时，还不断寻求适合社会经济环境变化的组织形式，走联合经营的道路。

自从 1986 年托特纳姆热刺队和 1991 年曼联股票上市以来，开始了知名足球俱乐部从简单的货币市场转向资本市场的旅程。迄今为止，英超俱乐部全部实现上市融资。曼联的股票上市后，在球队的光辉战绩支持下，俱乐部的经营也十分成功。曼联足球俱乐部的目标就是在其他两家子公司的财政援助下，把曼联队建设成为世界顶级强队。

（三）F1 赛车市场分析

F1 是 FORMULA ONE 的缩写，中文曾译作"一级方程式赛车"，实际 F1 表示赛车的动力等级。F1 赛车是其中动力等级最高的一种。经过多年的商业化运作，F1 赛车已不仅仅是一项单纯的体育运动了，已被公认为世界三大体育赛事之一，同时也被认为是国际体坛三大印钞机之一。目前，F1 赛车最多只接受 12 支车队参加，一个车队 2 部车，共计 24 部赛车角逐，每年规划有 16～17 站的比赛，通常在 3 月开始 10 月结束赛事，每站通过电视转播或其他新闻媒体观赏这项世界顶级赛事的观众超过 10 亿人次。在 F1 的商业链上，伯尼·埃克莱斯顿（F1 总裁）、赛车场经营者、车队老板、车手、赞助商各个不同的环节都在使自己的利益最大化。

伯尼·埃克莱斯顿确立了与车场业主之间进行谈判的方式，向车场业主保证每次比赛必须到场，而各个车队必须参加整个赛季各站比赛的承诺，从而保证了赞助商和电视台的利益。伯尼·埃克莱斯顿拥有与 FIA（国际汽车联合会）谈判出售 F1 全球电视转播权的许可证；F1 赛车参赛队伍依照排位赛成绩、分站比赛成绩及整季成绩的优劣来决定和分配电视转播权利。

F1 赛车运动的投入是其他体育运动项目所无法比拟的。在 F1 有一条公认的定律：每试车 1km 的花费为 1000 美元左右。有资料显示，F1 赛车中大车队每年要投入 3 亿多美元，较小的车队每年也要投入 1 亿美元。其中 75% 的收入来自赞助商，电视转播权和参赛分红占 20%，剩下部分的收入则来自有关纪念品的销售。早在 1968 年，掌握 F1 赛车运动的主管机构就对商业赞助进行了一系列的改革，允许在赛车上做除了汽车产品之外的一般性产品的广告。F1 大奖赛每年的赛程长达 8 个月，平均每两周要进行一站的比赛；除此之外，车手更换广告，以及新款赛车的推出仪式，使 F1 大奖赛成了有效的促销工具，可以使赞助商制订和规划一套较长时间的营销方案，极大地吸引了更多赞助商的关注。正如 F1 赛车赞助经纪人爱德华兹指出的："正是 F1 赛车为赞助商提供了获取巨额投资回报的机会，这种回报是其他体育项目所无法比拟的。"在所有的赞助商中，由于轮胎是 F1 赛车运动的要素之一，轮胎制造商的赞助就成为主体。之后众多其他行业纷纷成为主要的赞助商。F1 赛车运动的商业赞助商、技术赞助商和主要赞助商遍布各行各业，各行业的公司把 F1 赛车当成了一个巨大的广告牌，F1 赛车所做的广告由航空公司、银行业、房地产到体育用品、音响设备、健身器械、啤酒等。

F1 赛车之所以能够取得这样大的成功，与电视媒体密不可分。电视转播起到了积极的宣传作用，使 F1 赛车发生了本质的变化。如满足车迷的好奇心，增加赛车进入维修站加油和更换轮胎的镜头；为了降低赛车转弯时的速度，赛道弯道处的转弯角度已经被重新设计，有些人认为这样做的目的在于提高赛车的安全系数，但不可否认的是，赞助商的利益也得到了保证。

二、国内体育市场分析

（一）国内健身休闲市场

我国体育健身娱乐行业从 20 世纪 90 年代中期以来上升势头明显。目前，健身娱乐市场已经成为体育的核心市场，已初步形成以高、中、低多层次，以健身、娱乐、休闲为主题，外资、内资、合资多元化的健身娱乐网络体系。一些特色俱乐部脱颖而出，引领着市场消费。

但我国健身娱乐市场有着如下的缺点：

第一，市场发育滞后，市场竞争无序。健身休闲业在我国刚刚起步，在市场中表现出的一方面是经营者缺少对健身休闲市场的深度认知，盲目投资；另一方面便是市场发育滞后，尽管城市居民的收入、学识、健身意识都已形成，但受消费者闲暇时间、消费习惯、文化传承等诸多因素的影响，俱乐部会员数量不容乐观。对于新兴的健身行业，缺少的则是完善的规则和对规则的默契。对商业体育俱乐部的评定标准、资质认定刚刚开始实行，目前也只有国家质量监督检验检疫总局发布的非强制性《体育场所等级的划分第 2 部分：健身房星级的划分及评定》（GB/T 18266．2—2002），只在安全、卫生、防火、器材标准等方面有一些非硬性规定，没有一个专门的行业协会和强制性的规章制度。规则性的东西少，行业保护就少，尤其是一些低档俱乐部，为吸引更多的消费者，随意降价，形成无序竞争。

第二，经营缺少创新，缺少特色。商业体育俱乐部在不同的经营理念指导下的经营效果是不同的。面对消费市场，俱乐部的经营应该目标明确、有针对性。如果市场定位不明确，广告宣传没有针对性，市场策略前后不连续，就难以形成固定的消费群体。价格是影响消费者是否到俱乐部消费的一个关键因素，价格的变动影响着消费者的数量。

第三，盲目扩张规模。很多俱乐部只注重外部的扩张速度，抢占销售网点，在旧店未上轨道前便大力开拓新分店，结果使原本就已紧张的资金更加捉襟见肘，资不抵债，产生雪崩效应。另外，在业务扩张过程中，很多俱乐部缺乏与银行的紧密合作，造成公司出现资金困难时，没有银行做后盾支持，最后在资金无法周转的情况下，迫使其不得不宣布清盘。大多数俱乐部的硬件设施堪称完善，从俱乐部的选址到器材的匹配，可谓面面俱到，但即便如此，仍难免倒闭关门。究其缘由，忽视市场需求是根本原因。从俱乐部的选址角度来看，尽管将俱乐部开在繁华的商业地带能够积攒人气，但繁华地带昂贵的租金往往成为健身俱乐部倒闭的根源。从投资角度来看，体育健身市场的投资回报率较低、周期性长。

（二）国内职业足球市场

我国足球在体制改革、机制转换、制度建设等方面取得了重大突破，基本实现了向专业管理、法制管理方向转变，从专业体制向职业俱乐部体制方向转变，从主要依靠国家拨款向主要依靠自我发展的方向转变，为自身的生存与发展打下了扎实基础。但同时也出现了较多问题，具体问题如下：

第一，俱乐部经营管理效率低。从国内足球职业俱乐部发展状况看，现有的足球俱乐部在无形资产的运作上大多停留在球队冠名、主场经营权等经营开发项目上。我国职业足球俱乐部的投资者和经营者，大多看不到职业体育投资的风险。

第二，市场化程度较低。足球职业化之前，我国的足球资源由国家全权掌控，运动队及其场地、人员、设施等一切财产的所有权均属于国家所有，各级体委是国家的代理人，对运动队及其财产拥有占用、处置、使用和收益等诸项权利。在足球实行职业化以后，由中国足球协会负责足球的职业化发展。

第三，产权不清导致利益冲突。随着改革的深入，我国职业足球俱乐部正在由赞助型向联办型、由非实体型向实体型转变。在这个发展过程中，俱乐部产权关系模糊所引发的问题也日益显现，各层次的矛盾日益激化，各利益群体间的矛盾与冲突引起了国内职业足球体育组织的震荡。不同的利益主体，由于利益落点存在不同，难免会造成矛盾。

第五节　体育市场结构

结构是指构成某系统的要素及其关系和组织。体育市场结构是指体育类企业与市场的关系和特征。体育市场结构是反映体育市场竞争和垄断关系的一种结构。现代体育市场竞争结构，是指体育市场竞争的程度，即体育参与者和体育生产经营者的数量多少、体育产品之间的差异程度、体育市场进出的难易程度等。竞争是体育市场存在的条件，不同的竞争程度决定了不同的体育市场结构。市场结构是不同市场势力相互作用的结果，反映了市场中不同企业之间的竞争关系、资源占有关系和交易关系等。

一、体育市场结构的类型

一般可将现代体育市场竞争结构分为四种类型，即完全竞争的体育市场、完全垄断竞争的体育市场、寡头垄断的体育市场和完全垄断的体育市场。

（一）完全竞争的体育市场

1. 完全竞争的体育市场结构的特点

完全竞争也称为纯粹竞争，也就是说市场上不存在任何垄断因素。这种市场结构的特点如下：

（1）市场拥有众多的买家和卖家，每个卖家提供的产品数量与每个买家购进的产品数量在市场总量中所占的比例很小，没有一个买家或卖家对市场价格有显著的影响力，价格是由市场总供给和总需求决定的。对于每个买家或卖家而言，他只能是价格的接受者，而不是影响者。

（2）市场内每个企业生产的产品几乎是同质的无差异产品，产品之间具有完全的可替代性。因此，如果其中一个企业提高产品价格（无论幅度多大），所有的消费者都会转而购买其他企业的产品，用微观经济学的术语描述就是：该产品的需求价格弹性趋于无穷大。

（3）市场中的新企业进入该市场或原有的企业退出这个市场是完全自由的。换句话说，在该产业的预期利润率很高的情况下，有许多企业试图进入，而如果产业的利润率下降到低于正常水平时，企业也会不断退出。

（4）所有的买家和卖家都掌握与交易有关的一切信息。完备信息使交易双方能够充分比较，择优汰劣，促进竞争。同时，完备信息还使买卖双方都能做出最优的决策。

2. 完全竞争的体育市场实例

在完全竞争的市场条件下，企业面对着巨大的竞争压力。如果一个体育企业由于某种原因，如技术改进使商品质量提高、成本降低，获得了一定的超额利润，就会吸引其他企业进入这一行业，从而使市场供给增加，价格随之下降，超额利润消失。在完全竞争的市场中，市场价格等于均衡价格，商品供给量等于均衡产量（与社会需求量一致），资源配置是最有效率的。对全社会而言，社会的供给与需求相等，人力、物力等资源都能够得到合理配置和有效利用；对生产者来说，商品以最低平均成本生产，生产效率最高；对消费者来说，商品以实际上可以达到的最低价格出售，获得的社会福利最大。不过，完全竞争的市场只是一种理论的抽象，在现实中并不存在，在体育产业中也不存在。

（二）完全垄断的体育市场

1. 完全垄断的体育市场结构的特点

与完全竞争市场结构相对的另一个极端的市场结构是完全垄断，完全垄断的市场结构的特点如下：

（1）市场上只有一个生产和提供商品的企业。

（2）完全垄断企业出售的商品没有直接替代商品，所以它的商品需求交叉弹性为零。

（3）其他企业无法进入市场与垄断企业竞争。如果某个行业市场的进入壁垒高不可越，它就成了垄断市场。

2. 完全垄断的体育市场实例

完全垄断和完全竞争一样，是一种罕见的市场结构，在市场经济中尤其如此，在体育商品的生产和市场交换中，存在着具有完全垄断性的市场结构，在这样的市场结构中，只有一个组织支配着体育商品的生产和销售。从国际上看，一些国际体育组织，如国际奥林匹克运动委员会、国际足球联合会、国际田径联合会等，是垄断着某一单项体育赛事的典型的完全垄断组织。

（三）寡头垄断的体育市场结构

1. 寡头垄断的体育市场结构的特点

寡头垄断市场是指少数大企业控制着产业市场大部分产品的供给，这些大企业拥有较高的市场份额。这是一种介于完全竞争和完全垄断之间，以垄断因素为主同时又具有竞争因素的市场结构。它的主要特点如下：

（1）由于产业市场被少数大企业所控制，它们生产和销售的商品在产业总生产量和总销量中占据了很高的比例。

（2）商品基本同质或差别较大。存在两种情况：一种是几个大企业提供的商品基本同质没有大的差别，相互之间依存度很高；另一种是商品有较大差别，彼此相关度较低。

（3）进出市场困难。产业内的少数大企业在资金、技术、生产和销售规模、产品知名度和美誉度、销售渠道等方面占有绝对优势，因此新企业很难进入这个行业市场与之抗衡。同时，由于垄断企业的生产规模大、投入资本量也很大，所以企业退出市场很难。

2. 寡头垄断的体育市场实例

在体育产业中，从单个项目的体育组织对体育赛事市场的控制情况来看，是完全垄断的市场结构；但从某区域的体育赛事来说，却存在着寡头垄断的情形。其特点如下：

（1）在某个区域中存在少数同类体育项目的赛事组织者，这些组织者分别拥有一定的市场份额，彼此间既相互竞争，又相互依赖。例如美国的 NBA 与 NCAA，欧洲的西班牙甲级联赛、德国甲级联赛、荷兰甲级联赛、意大利甲级联赛、英格兰超级联赛等；另外还有相同时间举行的不同项目的体育赛事的竞争，如美国的橄榄球职业赛事和网球公开赛、亚洲篮球赛及中国足球协会超级联赛等。

（2）这些体育组织对市场的价格和赛事规模具有支配作用。

（3）尽管这种市场结构没有像完全垄断市场结构那样对市场进入给予限制的高壁垒，但其他任何单位或个人想进入赛事市场是相当困难的。

另外，体育产业中高档体育用品市场也是寡头垄断市场结构，整个市场被几家大的跨国公司所控制。

二、体育市场结构的决定因素

（一）市场集中度

1. 市场集中度的含义

市场集中度是指特定产业的生产经营集中的程度，通常用该产业中几个最大的、主要的企业所拥有的生产要素或其产销量占整个产业的比重来表示，以反映市场垄断程度或竞争程度的高低。如果说某一产业的集中度高，就表明该产业中几个最大的企业拥有较大的经济支配力，或者说该产业具备了一定程度的垄断能力。在体育产业中，生产向少数企业集中的现象屡见不鲜。

2. 影响市场集中度的因素

（1）企业的规模。在产业市场容量既定的情况下，少数大企业的规模越大，市场集中度就越高。在企业利润最大化动机和技术进步的推动下，企业的规模有扩大的趋势，从而使得市场集中度呈现升高的趋势。

（2）市场容量。一般来说，市场容量与市场集中度呈负相关关系，市场容量扩大，市场集中度就会降低；反之，市场集中度就会提高。而导致市场容量变化的因素有经济发展水平、居民收入水平和消费结构、国家的财政货币政策和产业政策。综合看来，体育产业市场容量有不断扩大的趋势。

（二）进入壁垒

竞争，就会遇到一些障碍。例如，在位企业往往生产达到了相当规模，存在规模经济优势，而新企业的生产刚起步，规模有限，成本较高，处于竞争劣势；在位企业在技术开发、原料占有、销售渠道控制、顾客忠诚度等方面都处于优势地位，新企业处于不利地位；新企业进入某些产业往往要经过复杂的审批程序，政府对在位企业在税收、融资和生产许可制度等方面可能采取庇护性政策，也构成了新企业的进入障碍。

第六节　体育市场的需求与供给

一、体育市场需求

在体育市场中，一种体育商品的需求是指消费者在一定时期内，在各种可能价格水平下愿意而且能够购买的该商品的数量。要准确理解体育市场需求的含义，必须注意以下两点：

（1）体育市场需求的前提是消费者对体育商品的购买欲望。需求总是以购买欲望为前提的。体育市场需求首先表现为消费者对体育商品的购买欲望，没有购买欲望，就不可能存在体育市场需求。购买欲望是激发消费者购买体育商品满足自身需要的内在动因。而这种购买欲望能否实现，则取决于消费者的支付能力及体育生产者提供的体育商品数量。

（2）体育市场需求是一个流量概念。需求是指某一时期内消费者愿意并能够购买的商品数量，它只能以某一特定时期，如每月、每季或每年计量，是一种流量。例如某消费者每月用于健身的费用为 50 元，每月购买体育用品的费用为 80 元，每月观看体育比赛的费用为 100 元等，强调的是在一个月的时间内。

（一）体育市场需求规律

一种体育商品的需求量与该商品的价格存在一种变动关系，在不考虑其他因素的情况下，当体育商品的价格升高时，愿意而且能够购买该商品的数量就会减少，即需求量会下降，因为会有一部分人由于价格升高而不具备购买能力。反之，当体育商品的价格下降时，愿意而且能够购买该商品的数量就会增加，即需求量会升高，因为价格下降会有更多的人具备购买能力。例如一场球赛的门票由 50 元降为 30 元时，会有更多的人想去购买门票。当这场球赛的门票由 50 元升为 70 元时，那么想购买门票的人数会下降。经济学家把这种现象称为需求规律，即一种商品需求量随价格上升而减少，随价格下降而增加，需求量与价格呈反方向变动关系。需求规律是建立在常识和经济理论的基础之上的，并经过了大量经验材料的检验和证明，对经济活动中的大部分商品而言都是正确的，对于体育商品亦不例外。

（二）体育商品需求函数与需求曲线

1. 需求函数

体育商品的需求量与价格之间的负相关关系，用函数形式来表示，就是体育商品的需求函数，需求量是价格的函数：

$$Q_d = f(P)$$

式中，P 表示体育商品的价格；Q_d 表示体育商品的需求量；f 表示函数关系。

体育商品的需求函数是指在一定时期内，在其他条件不变的前提下，一种体育商品的需求量与该商品价格之间的关系。

2. 需求曲线

需求函数表示一种体育商品的需求量与商品价格之间存在着一一对应的关系。如果把某种体育商品的各种价格水平与相对应的该商品的需求量用数字排列出来，就可以得到这种体育商品的需求表。表 5－2 是某场体育比赛门票需求。

表 5－2　某场体育比赛门票需求

价格－需求量组合	A	B	C	D	E	F	G
价格/元	10	20	30	40	50	60	70
需求量/张	700	600	500	400	300	200	100

从表 5－2 可以清楚地看出商品价格与需求量之间的函数关系：当门票价格为 10 元时，门票的需求量是 700 张；当门票的价格上升为 20 元时，需求量下降为 600 张；当门票的价格为 30 元时，需求量下降为 500 张……如果把表 5－2 中每一个商品价格－需求量组合作为点的坐标，在直角坐标系中描绘相应的各点，然后把这些点用平滑的曲线连接起来，便得到了需求曲线，需求曲线为一条向右下方倾斜的曲线。需求曲线是以几何图形来表示商品的价格与需求量之间的函数关系的。

（三）体育市场的需求要素

体育市场需求是指消费者在一定时期内在各种可能的价格下人们愿意而且能够购买体育产品的数量，是既有购买欲望又有购买能力的有效需求。在理解这一概念时，必须注意几点：第一，体育市场需求总是以人们的购买欲望为前提的，没有购买欲望，即使具备较高的支付能力，也无法形成体育市场需求。我国城市居民的生活水平已经达到较高的水平，但体育市场的需求仍不容乐观。第二，体育市场需求总是有支付能力的需求，没有支付能力的体育市场需求只能是需要或欲望。第三，体育市场需求是个流量的概念，它是指某一时期内消费者愿意并能够购买的体育产品的数量。

实际上，体育市场需求所蕴含的是体育产品的价格与消费者愿意而且能够购买的体育产品数量之间的关系。基于此，可以回答由"当足球联赛某队的套票卖得便宜时，你愿意购买多少"所引出的一连串的问题。这种恒常的负相关关系：产品的需求量随着产品价格的上升而减少，随着产品价格的下降而上升。这条向右下方倾斜、斜率为负值的体育需求曲线属于某一特定的时期，其形状和位置取决于各种影响要素的制约，主要有体育产品的价格、消费者的收入水平等。

1. 体育产品价格

一般来说，一种体育产品的价格越高，该产品的市场需求量就会越小；相反，价格越低，需求量就会越大。一般而言，消费者在购买消费品时会遵循"最大实际效用"原则，也就是说，消费者会根据所获得的市场信息，用自己有限的收入去购买对自己最有价值的物品。由于可支配收入有限，消费者在选择体育产品时对产品价格尤为敏感。"我国东部地区城市居民体育服务价格水平的调查研究"显示，价格对体育市场需求的影响非常显著。从调查结果看（表5-3至表5-6），有45.6%的消费者认为本地的健身娱乐场所消费水平偏高，50.9%的消费者认为本地的体育赛事门票价格偏高。

表5-3　本地健身娱乐场所的消费价格水平调查结果

	很高	高	一般	低	很低
人数/人	755	2861	3823	335	145
百分比/%	9.5	36.1	48.3	4.2	1.8

表5-4　本地体育赛事的门票价格水平的调查结果

	很高	高	一般	低	很低
人数/人	864	3170	3593	212	80
百分比/%	10.9	40.0	45.4	2.7	1.0

表5-5　消费者能够承受的体育健身娱乐场所消费价位

	20元以下	20~100元	101—200元	201~400元	401元以上
人数/人	3022	3392	1087	328	90
百分比/%	38.2	48.2	13.7	4.1	1.1

表5-6　消费者能够承受的现场观看体育赛事消费价位

	5元以下	6~20元	21~50元	51~100元	100元以上
人数/人	1232	2497	2540	1286	364
百分比/%	15.6	31.5	32.1	16.2	4.6

研究还就我国东部地区城市居民对体育服务价格的心理认可情况进行调查，结果显示：消费者所能认可的价格水平与目前体育服务的定价之间确实存在较大的分歧。

美国的相关研究表明，健身俱乐部的年卡合理价格为城市人均收入的4%~8%。而我国目前的俱乐部价格基本定位是高档的俱乐部年卡在5000元以上，中档俱乐部的年卡在2000元以上，低档俱乐部的年卡在1000元左右。

2. 消费者的收入水平

一般而言，当消费者的收入水平提高时，会增加对体育产品的需求量。而人们的需求又具有明显的层次性，从马斯洛的需求层次论角度看，体育产品可以满足各需求层次中的任何一个层次，即消费者的生理需求、安全需求、社交需求、尊重需求和自我实现需求都可能实现。对大多数的体育产品消费者而言，体育产品是为了保持和提高他们的健康水平，可以满足他们对身体的安全和保持健康的安全需求；可以促使他们与其他人互动并且成为群体中的一员，满足他们社交方面的需求；富有挑战的体育运动可以满足个体自尊方面的需求，戴尔曾说："人们不太满意他们过去因做过的事情而被划分的类别，他们想改变他们的自我形象，一个快速的定位就是让自己变成一个极端的、冒险的人物，去参加 20 层高的桥上蹦极跳，那么，所有认识他的人都会以崭新的眼光去看他。"[①]随着体育运动的生活化、社会化，体育运动的休闲娱乐价值日益得以重视，作为一种新的健康生活方式，它在满足个体实现自我发展的需求方面发挥着越来越重要的作用。

二、体育市场供给

（一）体育市场供给的含义

一种体育商品的供给是指生产者在一定时期内，在各种可能的价格水平下愿意而且能够提供出售的该种体育商品的数量。供给和需求是相互对应的一组概念，要准确理解体育市场供给的含义必须要注意以下几点：

1. 体育市场供给的目的是满足体育需求

体育市场供给的前提条件是体育市场需求，即生产者必须以满足消费者的需求为经营目标，通过建立一套适应体育市场需求的体育市场供给体系，保证提供满足消费者需求的、高质量的体育商品。

2. 体育市场供给表现为生产者愿意提供的体育商品

体育市场需求是体育市场供给的前提条件，而真正决定体育市场供给的关键在于生产者是否愿意提供相应的体育商品。即在一定的价格条件下，生产者愿意提供一定数量的体育商品，该数量随着商品价格的变动而相应变动。

3. 体育市场供给是生产者能够提供的体育商品

体育市场供给必须是一种有效供给，生产者只有愿意而没有供给能力不能称为有效供给。所以，决定体育市场供给的客观条件是生产者生产和提供体育商品的能力。

4. 体育市场供给是一个流量概念

供给是指某一时期内生产者愿意并能够提供的商品数量，它只能以某一特定时期，如每月、每季或每年计量，和需求一样，供给也是一种流量。

（二）体育市场供给规律

一种体育商品的供给量与该商品的价格也存在一种变动关系。在不考虑其他

---

① 杨东，编译. 戴尔·卡耐基成功之道［M］. 长春：吉林大学出版社，2009.

因素的情况下，当体育商品的价格升高时，生产者就会增加生产该商品的数量，即供给量增大，从而获得更多利润。反之，当体育商品的价格下降时，生产者就会减少生产该商品的数量，即供给量会降低，因为价格下降意味着利润下降。经济学家把这种现象称为供给规律，即一种商品供给量随价格上升而增加，随价格下降而减少，供给量与价格呈正方向变动关系。

（三）体育市场供给函数与供给曲线

1. 供给函数

体育商品的供给量与价格之间的正相关关系，用函数形式来表示，就是体育商品的供给函数，供给量是价格的函数：

$$Q_s = f(P)$$

式中，P 表示体育商品的价格；Q_s 表示体育商品的供给量；f 表示函数关系。

体育商品的供给函数是指在一定时期内，在其他条件不变的前提下，一种体育商品的供给量与该商品价格之间的关系。

2. 供给曲线

供给函数表示一种体育商品的供给量与商品价格之间存在着一一对应的关系。如果把某种体育商品的各种价格与各种价格相对应的该商品的供给量用数字排列出来，就可以得到这种体育商品的供给表。表 5-7 是某体育商品的供给表。

表 5-7 某体育商品的供给表

价格－供给量组合	A	B	C	D	E
价格/元	2	3	4	5	6
需求量（单位数）	0	200	400	600	800

从表 5-7 可以看出商品价格与需求量之间的函数关系：当价格为 6 元时，商品供给量是 800 单位；当价格下降为 4 元时，商品供给量减少为 400 单位；当价格进一步下降为 2 元时，商品供给量降为 0。如果把表 5-7 中每一个商品价格－供给量组合作为点的坐标，在直角坐标系中描绘相应的各点，然后把这些点用平滑的曲线连接起来便得到了供给曲线 S，供给曲线 S 为一条向右上方倾斜的曲线。供给曲线是以几何图形来表示商品的价格与供给量之间的函数关系的。

（四）影响体育市场供给的要素

体育产品的供给揭示了价格与厂商愿意并能够提供出的产品数量之间的关系。当产品价格上升时，体育产品生产厂商则具有生产更多该类体育产品的动力，同时，其他厂商也会形成将资源重新配置而转向该类产品生产的动力。20世纪 90 年代初，我国健身器材的迅猛发展就是一个很好的例子。在健身器材行业发展初期，由于其技术含量较低、企业进出壁垒容易，许多生产其他产品的企业都转产健身器材。同时，健身器材的价格定位也很高，一台简单的跑步机定价在几千甚至上万元，远远高于生产成本，促使越来越多的企业转产健身器材。

边际收益递减规律表明：当其他的投入不变时，随着某一投入量的增加，生产者获得的产出增量越来越少，换句话说，其他的投入不变时，随着某一投入量的增加，每一单位该种投入的边际产量会下降。边际递减规律表明了一个很基本的关系，当更多的投入（如劳动）被追加于规定数量的土地、机械和其他投入要素上时，单位劳动所能作用的要素越来越少，土地越来越拥挤，机械被过度使用，劳动的边际产量下降。

三、体育市场的供求均衡

（一）体育商品均衡价格的形成

通过对体育商品需求与体育商品供给的分析，我们知道体育商品的供给和需求都是价格的函数，需求曲线和供给曲线分别建立了价格与需求、供给数量之间的函数关系。但仅仅看需求，我们根本无法知道消费者需要购买的数量或消费者愿意支付的价格；同样，仅仅看供给，也无法了解厂商出售的商品数量或他们生产的数量。要了解市场情况以及消费者所能承受的数量和价格，需要引入均衡的概念。

市场均衡代表了所有不同的买家和卖家之间的一种平衡。一种商品市场的均衡出现在该商品的市场需求曲线和市场供给曲线相交的交点上，该交点被经济学家称为均衡点。在该点上，消费者与生产者的行为都处于均衡状态，商品供应量与需求量恰好相等。消费者能够以均衡价格购买他愿意并能够购买的所有体育商品。同样，生产者也能够以合理价格提供他愿意并能够出售的所有体育商品。于是，消费者与生产者都没有任何改变自己行为的欲望。体育商品的均衡价格和均衡供求量，是由体育市场中供给规律与需求规律的自发作用形成的。

（二）体育商品均衡价格的变化

均衡价格是在假定影响需求和供给的因素保持不变的前提下形成的价格，或者说它是在一定的市场条件下形成的价格。当市场条件发生变化时，需求和供给将发生变化，商品的均衡价格也将发生变化。为了分析方便，借助于需求曲线和供给曲线的变动来研究均衡状态的变化，即均衡价格的变化。需求和供给的变化即为需求和供给曲线的移动，这种变化可以分为三种情况：需求的变动、供给的变动和需求与供给同时变动。

1. 体育商品需求的变动引起的均衡价格的变化

由于经济的发展、社会的进步，人们的消费水平不断提高，闲暇时间不断增加，引起了体育商品需求的增加，即需求曲线向右移动。在体育商品供给水平保持不变的情况下，供求均衡点的上移，带动供给量的增加，均衡价格也上升，供求均衡量增加。

2. 体育商品供给的变动引起的均衡价格的变化

假定体育商品需求不变，供给增加时，供给曲线向右下移动，供求均衡点随之移动，并带动需求量的增加，均衡价格下降，供求均衡量增加。

3. 体育商品需求与供给同时变动引起的均衡价格的变化

体育商品的供给与需求同时变动的情况比较复杂，有四种情况：需求和供给同时增加、需求和供给同时减少、需求增加供给减少和需求减少供给增加，而且变化比例的不同也会影响均衡价格的变化。这里我们只讨论需求和供给同时增加的情况，即需求曲线和供给曲线同时向右移动。

第六章 体育产业多元化发展的战略选择

体育产业是名副其实的朝阳产业，在第三产业中占据重要地位。但是，我国体育产业起步较晚，缺乏市场核心竞争力，缺乏大力的政策扶持，缺乏科学合理的管理及社会体制方面的制约，使我国体育产业发展面临各种困境，体育产业难以跟上体育事业发展的步伐。通过主体多元化、管理体制多元化、发展模式多元化等途径，可以实现体育产业和体育事业的协调发展，从而构建现代体育产业体系。

第一节 体育产业发展主体多元化

随着市场经济的发展，改革的进一步深入，人民生活水平的提高，体育作为一种生活方式的观念已经被人们所接受，体育运动成为一种时尚。产业是指为社会提供体育产品的同一类经济活动的集合以及同类经济部门的综合，这里的经济部门则包括各类体育企业和各类从事经营性活动的其他机构，如事业单位、社会团体、家庭或个人。

体育企业作为体育市场的主体之一，是体育产品的生产者和供给者，与体育消费者直接接触与联系，体育消费量的大小和体育消费的倾向与趋势直接关系着体育企业的命运。体育企业的经营者总是通过各种营销方法和手段来吸引消费者扩大体育消费市场，从而成为体育消费市场的开拓者。同时，作为国民经济的主体之一，体育企业的经营运行状况是体育市场健康发展与繁荣的保证，是体育产业发挥其产业功能的保证。总之，体育企业是体育市场、体育消费和体育产业功能关注的焦点。

政府作为体育市场的主体之一，是由政府在体育产业发展中的作用所体现的。首先，体育产业是一种"无烟工业"，消耗能源少，不会造成环境污染，对其进行扶持可产生良性循环。其次，体育产业关联面极广，可以促进很多其他产业的发展，对经济活动产生一定乘数效应，如果加以宏观政策上的引导，能够形成一个产业群。再者，体育产业是一种劳动密集型行业，可以提供较多的就业机会，在就业形势严峻的背景下，大力发展体育产业能有效地缓解这种压力。最后，体育产业在国民体质的增强方面起着十分重要的作用。因此，当地政府要恰当地对体育产业发展进行引导，充分发挥地区已经具备的优势，为发挥主观能动性创造条件，弥补不足之处，共同促进地区体育产业的发展。各级政府机构也应该通过指导、规划、协调、服务、监督等方式，对体育产业管理的课题施加一系列的影响，及时纠正体育产业运行过程中发生的偏差，使体育产业运行符合国家经济发展战略和目标的动态过程。

中介机构是体育产业的第三个主体。根据体育事业的发展规律和特点以及体育市场运作中急需解决的问题，可以将体育中介机构分成两类：第一类为以体育本体的规则为主要运作依据的中介服务机构，主要包括国家体育总局管辖的各项目管理中心、各级自律性的体育协会、运动员代理、体育赛事代理机构等。第二类为以市场中介机构的运作为主要运作依据，服务于体育系统及相关行业，并在比较成熟后向全社会开放的中介机构。主要包括体育会计师事务机构、体育审计事务机构、体育律师事务机构、体育资产评估机构、体育资信评估机构、体育信息咨询机构、体育仲裁机构和体育人才交流机构等。在体育中介机构发展多元化的今天，按照市场经济规律办事，买方与卖方相互尊重、互惠互利，充分利用中介机构的纽带作用，开拓我国体育市场是切实可行的。

体育产业作为国民经济的一个部门，具有与其他产业相同的共性，既注重市场效益、讲求经济效益，同时又具有不同于其他产业部门的特性。其产品的重要功能还在于提高居民身体素质、发展社会生产、振奋民族精神、实现个人的全面发展和社会文明进步。目前，随着国内体育企业越来越重视对产业发展的研究，一大批国内优秀的体育品牌迅速崛起，逐渐成为体育行业的翘楚，我国也成了运动鞋、运动服装、运动器材全球最重要的生产基地。然而，行业竞争的加剧也使我们认识到，要大力发展体育产业，必须体育企业、政府以及中介机构携手共进，各主体最大限度地发挥其职能，继续推进对体育产业改革和产业运行的合作。

第二节　体育产业发展模式多元化

一、从政府参与型向市场主导型过渡，最终形成市场主导型模式

美国是当今世界体育产业经营水平最高的国家，日本与中国是体育产业市场化后起的国家，发展相对较慢；日本虽然起步较晚，但是在某具体产业上经营现状仅次于美国。通过研究美国和日本体育产业的发展模式对我国体育产业的发展有指导性的作用。美国体育产业的主要发展模式是市场主导型。政府对体育产业

中的各类市场主体实行放任政策，它们经营什么及如何经营不加干涉，只是通过立法和执法，对其组建、运作的一般规定做出法律规定。日本的体育产业的发展模式主要是政府参与型。政府参与型是与市场主导型相对而言的，是由政府在产业发展过程中所起的作用来区分体育产业的模式。日本的贸易部对本国体育产业发展设定目标，并且利用多种手段引导、调控和规范体育市场主体的组建和运作。而我国体育产业是在国有体育事业的基础上起步的，体育产业化初始阶段的物质投入和人力资源都是国家投资兴建和培养的，因此政府在发展体育产业的过程中起主导作用，我国包括上海都是政府主导型的体育产业模式。这种模式既有利又有弊。

政府主导模式的优势包括：一方面，在体育产业化开始的初期，体育产业发展所需要的市场条件和环境没有完全形成，如果仅依靠市场的力量，体育产业会因其生存环境的不完善而发展缓慢，如果政府要把体育产业定位为一个新的经济增长点，就应该大力扶持体育产业的发展，履行保护幼稚产业的职能，以免弱小的体育产业在剧烈的市场竞争中夭折。另一方面，即使在市场化改革不断推进的今天，企业虽是主体，但企业生产和经营的目的是追求利润最大化，而不会去承担那些耗资大、风险高、见效慢的重大科技问题研究。目前中国体育企业的现状是整体实力不足，企业拿出钱来攻关科技不现实，只能由政府出资发展高科技。

政府主导模式的弊端包括：首先，在计划经济体制下，政府对体育实行高度集中的管理体制和主要依靠行政手段的经营模式，体育完全作为一种社会公共产品存在，体育事业的观念根深蒂固。但这种产业模式也容易造成政府与体育市场主体之间政企不分、权责不明。其次，当体育产业规模逐渐扩大，一个相对成熟的市场形成时，体育产业对政府的依赖程度减弱，原有的政府主导产业市场的模式已逐渐阻碍了体育产业市场的发展，此时政府应该清晰地认识市场发展的趋势。因此，市场主体也需要进一步展现出自身的优势，加速政府退出和市场主体进入的过程。

在现阶段，政府的体育主管部门要转变职能，调整管理方式，将过去计划经济体制下的大包大揽、直接的行政控制型管理转变为市场经济体制下的服务型管理。通过制定政策法规进行宏观调控，监督政策法规的执行，建立并完善适应市场经济及产业国际化发展的新型管理体制。真正让企业自主经营，让市场配置资源，让体育产业自由发展。当然，政府从微观层次上退出体育产业市场并不意味着政府完全放弃对体育产业的监管。政府必须在尊重体育产业市场的主体地位的前提下，加强宏观层次的管理。政府更多的是以市场监督者、法律制定者以及服务者的角色出现。这样，体育产业才会得到一个健全完善的市场环境，实现其推动整个国民经济发展的作用。

二、以消费者需求为中心，积极引导消费者在体育方面的消费

体育消费指与体育活动有直接或间接联系的个人、家庭及单位的消费行为。根据体育消费的外在形式，一般可将其分为：①实物型体育消费；②参与型体育消费；③观赏型体育消费；④精神产品形式的体育消费。国家统计局测算数据表明，2010 年和 2020 年，中国人口总量分别达到 13.7 亿和 14.6 亿；人口总量高峰将出现在 2033 年前后，达 15 亿左右。这样的发展趋势对于我国体育消费市场是一个机遇。我国人民在解决了温饱问题后，会逐渐把重心转移到提高生活质量和自身综合素质等方面。

由于我国经济尚欠发达，地域经济发展不平衡，我国居民可支配收入比较低，体育消费额也较低。体育用品行业作为体育产业中比重最大、开放度与竞争度最高的领域，近年来保持了快速发展。2006～2011 年，我国体育用品行业（运动服、运动鞋、运动器材及相关体育产品的制造和销售）增加值逐年扩大，年均复合增长率为 17.63%，累计至 2011 年达到 1760 亿元，占体育产业比重80% 以上。中国也成了继美国之后世界第二大体育用品消费市场。目前我国体育产业中，体育用品的销售势头良好，竞技体育向俱乐部方向发展，体育彩票也开始起步，体育事业的无形资产也得到认识和发展，以体育代表团的名义的标志特许使用权和广告赞助额逐年增加。近年来，随着周末、长假休闲体育的发展，体育与旅游的关系更为紧密，体育旅游休闲产业将进入高速发展阶段。因此，我国体育产业发展应该以消费者需求为中心，积极引导消费者在体育方面的消费，推动体育产业的发展。体育产业的发展应考虑到消费者的经济状况及消费地域的影响，建立地域性特色的以消费者为中心的体育产业。

要进一步完善我国体育市场，需要从以下几个方面入手：①引导消费观念，扩大体育消费群体。政府有关部门要承担起宣传鼓励组织全民健身运动的有效开展，通过教育广告等方式，加大舆论宣传，增强大众体育消费的意识。②加大体育产业的开发力度，促进体育消费增长。体育产业必须围绕体育消费需求，依据我国体育发展的实际情况，在研究完善体育结构的基础上，积极开发体育产品，促进体育产品商品化，提高体育产品质量，增加有效的供给，扩大体育消费，推动体育产业的建立和完善，从而达到促进体育消费增长的目的。③加快体育设施建设，满足体育消费需求。

通过使政府主导的体育产业不断向市场主导的体育产业转化，围绕着消费者的消费需求不断扩大我国的体育消费市场，可以使得我国体育产业发展模式更加多样化，促进体育产业体系的完善。

第三节 体育产业投融资体系多元化

当前，我国体育产业发展存在的突出问题是资金短缺，经费不足已越来越影响到体育产业本身的生存和发展，多方位拓宽资金筹集的融资渠道必然摆到了我们的面前。因此，加快我国体育产业多元化投融资体制的发展成为亟待解决的问题。

目前，我国体育产业资金来源主要有三个方面：国家、地方政府和国企，渠道比较单一，绝大多数体育产业投资来自政府部门，这是我国体育发展的历史遗留问题。传统意义上的体育产业实际上是一个垄断产业，国家及政府机构之所以为其拨款，是因为受政府垄断经营，缺少合理的竞争机制。例如足球产业，虽然相对其他体育产业社会关注度高，有较大的市场，再加上世界杯效应，曾经是发展得较好的体育产业之一。但足球产业发展需要大量的资金，光靠政府拨款远远不够，产业本身没有自己的融资渠道，没有稳定的投资保障，于是只能依靠企业赞助。但是国企和上市公司会从自己的效益出发来决定对足球产业的投入，随时有可能因为市场环境恶化或效益不好退出足球产业市场，于是就发生了延边足球队没有赞助商、辽宁和深圳等足球队球员拿不到工资等现象。

我国体育产业发展所需要的资金除了争取中央政府投入外，还有很大缺口需要我国各地区自己解决。因此，在积极探索建立社会主义市场经济体制下体育产业投融资活动新体系的同时，必须拓展和创新投融资思路，特别是对于我国西部一些发展相对滞后的省份来说，更要大胆地冲破传统观念，建立一种新的体育产业投融资理念，在使传统融资途径继续发挥其作用的同时，要超常规地大胆设想和尝试新的融资方式，实现筹融资活动的跳跃式发展。主要的投融资方式有以下六种：

一、体育产业股权融资

在国外，证券市场股权融资是体育产业融资的重要方式。在证券市场上，体育产业的企业可以通过发行体育股票的方式筹集资金。目前在深沪两市众多上市公司中，只有中体产业一家体育公司。虽然由于上市资格的限制，主板股票市场能否成为中国体育产业起飞的发动机现在还不容乐观，但是有一点是可以明确的，即上市以后，通过市场的监督机制，企业行为得以规范，现代企业运营制度得以确立，从而达到使体育产业真正产业化的目的。

二、体育产业债券融资

企业债券，也称公司债券，是企业依照法定程序发行、约定，在一定期限内还本付息的有价证券。企业发行债券融资有利于提高企业在社会上的知名度，加强社会对企业的监督，促进企业改善经营管理模式；体育债券筹资成本较低，资金使用期限较长，资金来源更加稳定。在其他国家体育产业的发展中，利用体育债券融资是常见的一种融资方式，例如，国际足联曾公开发行债券，所筹集资金用于确保每届世界杯赛的前期开销；美国发行体育债券为 NBA 球队筹集体育场馆的修建资金。目前我国的企业债券发行规模很小，只有诸如铁路、电力、三峡等 AAA 级的企业才有资格发行，体育产业通过发行债券融资将是中国体育产业市场化融资的必然选择。

三、体育产业基金融资

有别于财政、银行、股市的融资手段，体育基金是伴随体育产业发展起来的带有行业色彩的准金融机构。通过向社会公众和企业事业单位发行基金受益凭证，募集资金。开放性基金的受益凭证不能上市，也无须上市，所以它不仅不会加剧股市资金供给不足的压力，而且可以避免投资基金的受益凭证在二级市场上被投机炒作，充分发挥其为体育产业融资、促进体育存量资产盘活和广泛开展资本营运的应有功能。

四、商业银行贷款融资

国际商业银行贷款的提供方式有两种：一种是小额贷款，由一家商业银行独自贷款；另一种是金额较大由几家甚至几十家商业银行组成银团贷款，又称"辛迪加贷款"。为了分散贷款风险，数额较大的贷款，大多采用后一种做法。自 20 世纪 60 年代开始直到 80 年代初，这种贷款曾发展成为国际上中、长期贷款融资的主要形式。

五、体育赞助融资

体育赞助是一种新兴的经济行为，其遵循市场经济的一般规律，以优化资源配置为目标，把企业和体育组织者或参与者连接起来，使两者的现有资源进行进一步的优化和重新配置以达到双赢之目的。体育赞助自从出现以来不断被各类企业加以利用并完善，发展至今，体育赞助在体育市场上占据了相当重要的位置，使日趋壮大的体育事业加快了规范化和市场化的步伐。

六、体育彩票融资

体育彩票作为一种高效率的融资手段已经为目前全国上下的"体彩热"所证明。西方人把体育彩票看成是"无痛税收""微笑纳税"。同样，我国的体育彩票也是潜力巨大。实践表明，发行体育专项彩票开展博彩活动，既有利于增加体育消费，也有利于增加投资，吸引社会游资，支持体育发展。如足球彩票，除了融资以外，还有利于刺激体育消费，培育体育市场。同时，把发行专项彩票制度化，通过法律保障体系的建设来规范体育彩票的经营，使得体彩在中国体育产业发展的洪流中茁壮成长。

为了加大投融资支持力度，拓宽体育产业发展资金来源的渠道，政府可以通过安排补助资金等方式促进体育产业发展。支持有条件的体育企业进入资本市场融资，通过发行债券、股票，以及项目融资、资产重组、股权置换等方式筹措发展资金。积极鼓励民间和境外资本投资体育产业，兴建体育设施。鼓励金融机构适应体育产业发展需要，开发新产品，开拓新业务。鼓励社会力量捐资设立体育类基金会，鼓励境内外组织与个人向基金会提供捐赠和资助。通过借鉴国外发达国家体育产业多元化投融资体制及其法规和政策理论与实践研究成功的经验，对于进一步推动中国体育产业多元化投融资的快速发展具有重要的现实意义。

第四节　体育产业管理体制多元化

管理体制是指管理系统的组成结构和组成方式，即采用怎样的组织形式以及如何将这些组织形式结合成为一个有机整体，并以怎样的手段、方法来实现管理的目的。体育管理体制是体育管理的机构设置、权限划分、运行机制和制度的总称，是实现体育总目标的组织保证。我国体育产业管理体制在体育产业发展中扮演了重要的角色，体制自身的变化发展在一定程度上促进了体育产业的发展。

一、我国现行体育管理体制存在的问题

但是，随着体育产业的不断进步，体育产业管理体制本身也暴露出了滞后于国民经济体制改革的问题。机构设置是管理体制的核心，没有合理的机构设置也难以实现体育产业管理的目标。目前我国管理机构存在以下问题：

（一）管理机构设置不足

政府管理系统方面，虽然国家体育总局设置了体育产业处，但是很多的省、市、自治区尚未设立专门管理体育产业的部门机构，使得当地体育产业处于边缘化状态，管理就更无从谈起。

（二）管理机构划分不明确

最为明显的表现就是项目管理中心与项目协会之间的划分不明确。一方面，当运动项目出现问题的时候，就以"非营利性的社团组织"为挡箭牌，逃避行政问责制；另一方面，对其会员又动辄以体育法授权的管理部门自居，积极行使管

理职能，消极回避服务职能。

（三）体育产业包罗万象，涉及部门广泛

无论是中央和地方之间，还是地方与地方之间；无论是体育系统之间，还是各种体育社团之间，体育产业的各个利益主体之间都有着千丝万缕的联系，追求的目标各异，价值取向不同，并且缺乏良好的协调机制，最终造成了权限划分不清、利益纠葛不断的问题。

（四）"举国体制"沿用至今

我国体育管理的"举国体制"沿用至今并没有根本的调整，基本上还是由政府垄断体育事业，体育产业在整个管理中也难免受制于体育大环境，在体育系统内部培植资源，这严重抑制了社会办体育的积极性。造成的后果是社会投资办体育的积极性不高，大多数体育产品仍无法由市场通过竞争供给，体育产业在国家垄断之下处于高投入、低效率的状态。体育运行成本的急剧上升和国家对体育的投入增长相对缓慢的矛盾，使"举国体制"的效益和效益边际效应递减。这些问题极大地阻碍了我国体育产业的均衡发展。

二、完善我国体育管理体制的多元化思路

完善体育产业管理机构设置要基于"战略决定结构"和"框架结构与职能相适应"的原则，对体育产业管理系统的相关机构进行合理配置。

首先，管理机构的权限划分要按照现代组织设计的要求做到：符合战略目标、能够促进分工协作、责权对等、信息畅通、经济高效、逐步发展，解决体育产业管理政府部门存在的缺位和越位问题，促进政企分开，提升社会中介组织在管理中的地位与作用。

其次，政府主管体育产业的部门要行使好以下职责：制定体育产业发展的宏观规划，体育产业法规与相关政策的完善，调整体育产业结构，趋向优化，监管和扶持市场的运行，弥补市场不足，构建体育产业发展的服务平台。同时，划分好中央和地方的管理权限，中央做好宏观管理和对地方的业务指导，地方配合中央工作，做好地方体育产业的管理和指导。

再者，政府体育机构要清晰划分运动项目管理中心和运动项目协会的权限，分别行使各自职能，做到政事分开，互不干扰。对于社会管理机构，赋予社会中介组织更多的权利和责任，尤其是政府和企业都做不好的事情要交给社会中介组织来完成。促使体育产业的社会管理机构在体育产业管理中发挥联系政企、行业自律、执行标准、提高质量的作用。

最后，体育产业管理体制机构设置应该适应社会主义市场经济的要求，做好一般管理部门和专门管理部门的协调，发挥好政府管理部门和社会管理部门的互

补作用，形成完善的现代体育产业管理机构设置。现代体育产业管理机构，其中政府、体育行业协会以及社会各行业相互配合的多元化管理机制将促进体育产业的良好发展。

科学的体育产业管理体制要求机构明确、权责清晰、机制健全、运转流畅，这就需要在管理机构、权责划分、运行机制和制度设计等方面系统设计，形成符合社会主义市场经济要求、满足体育强国发展战略目标的体育产业管理体制系统。该系统应该包括体育产业管理的运行基础系统、调控系统和保障系统。

体育多元化发展必须依靠体育企业、政府部门和中介机构这三方的携手共进，各主体最大限度地发挥其职能，推进对体育产业改革和产业运行的合作。将体育产业的发展模式从政府参与型向市场主导型过渡，以消费者需求为中心，积极引导消费者在体育方面的消费。形成多层次、多渠道的投融资体系，包括体育产业股权融资、体育产业债券融资、体育产业基金融资、商业银行贷款融资、体育赞助融资和体育彩票融资等方面。完善体育产业的管理体制，要基于"战略决定结构"和"框架结构与职能相适应"的原则，对体育产业管理系统的相关机构进行合理配置。

第七章 我国体育产业发展的服务体系研究

第一节 体育产业发展动力与法制建设研究

一、体育产业发展的动力研究

近年来，我国体育产业发展迅速，其发展具有很强的动力支撑，主要包括外在动力和内生动力。

（一）外在动力

1. 体育产业的相关国家政策

2014 年 10 月 20 日，国务院发布了《国务院关于加快发展体育产业促进体育消费的若干意见》（国发〔2014〕46 号）文件，对于体育产业的发展来说，这一文件的出台是历史性的文件，对我国体育产业的发展起到了非常大的推动作用。

这几年里，国家又相继出台了《国务院办公厅关于加快发展健身休闲产业的指导意见》（国办发〔2016〕77 号）文件；《国务院办公厅关于进一步扩大旅游文化体育健康养老教育培训等领域消费的意见》（国办发〔2016〕85 号）文件；《国家旅游局国家体育总局关于大力发展体育旅游的指导意见》（旅发〔2016〕172 号）文件；《国务院办公厅关于印发中国足球改革发展总体方案的通知》（国办发〔2015〕11 号）文件，这些文件的出台为体育产业的发展提供了强大的政策支持，提供了强大的外部动力，在我国政府发挥强大作用的社会中，这些政策的出台是体育产业发展的强心剂，为体育产业的发展提供了良好的政策支撑。

2. 国家发展战略的需求

目前，我国正处于全面建成小康社会、全面深化改革、全面推进依法治国、全面从严治党的历史发展阶段，国家层面的这些部署一定会影响我国体育产业的发展。从这两年国家体育总局不断开展的改革就能看出体育产业的发展也受到了相应的发展影响，从国家层面到体育总局层面出台了很多关于中国足球改革的发展方案，为进一步发展中国足球提供了相应的发展思路，而足球产业是体育产业的重要组成部分。

目前，我国正处于经济增速放缓的新常态时期，体育产业作为一项新兴朝阳产业，可以成为拉动经济的新增长点，为我国经济的发展做出相应的贡献。近年来，我国的马拉松等体育健身活动发展迅速，体育消费热情高涨，促进体育产业发展的同时，也促进了地方经济的增长。此外，我国的竞赛表演业发展迅速，以中超、中网、上海网球大师赛为代表的体育赛事，吸引了很多人的关注，越来越多的人选择到现场观看比赛，或者通过电视、新媒体等媒介观看比赛，拉动了我国体育消费，从而促进了我国体育产业的发展，同时促进了经济增长。

此外，我国已经制定了"健康中国 2030"规划纲要，体育健身作为促进人们身体健康的重要手段，迎来了历史性发展机遇。体育产业中的健身休闲产业，可以得到很好的发展，人们通过参加日常健身运动、户外运动、冰雪运动、特色运动等，促进自身健康发展的同时，带动我国体育健身休闲产业的发展，从而促进我国体育产业的发展。

（二）内生动力

1. 推进体育改革，激发市场活力

我国体育在发展的过程中，长期处于"强政府，弱社会"的管理体制，政府掌握了大部分的体育资源，并没有充分发挥市场的作用，在社会主义市场经济已经确立的今天，应该逐渐发挥市场的决定性作用。这两年来，国家体育总局出台了很多的行政审批改革，包括赛事审批改革、体育协会实体化改革等，如中国足协的脱钩改革，这些改革激发了市场的活力，吸引了更多的社会资本进入到体育产业，为体育产业的发展提供了很好的助力。

2. 改变体育意识，促进体育消费

随着人们生活水平的提高，大家都越来越注重自己的身体健康，但是由于长期以来人们的体育意识不够，选择体育健身人群不够。应该积极通过一些手段和方法，努力改变人们的体育意识，宣传体育的价值和功能，引导更多的人参与到体育运动中来。

当人们意识到体育的价值和作用之后，就会积极参加体育运动，同时进行体育消费活动，如购买运动服和运动装备、花钱预定体育场馆、参加体育健身活动。此外，一些体育迷还会到现场观看体育比赛，购买所支持球队的球衣和球队产品，在新媒体日渐发达的今天，越来越多的球迷也开始选择通过付费观看体育比赛，这些都促进了我国体育消费的增长，从而将会促进我国体育产业的发展。

3. 盘活现有体育场地资源，兴建体育设施

体育产业的发展离不开体育场地设施，这是因为人们参与体育运动必须要在一定的场所中进行，如足球场、篮球场、网球场、健身步道、自行车道等。我国现有的体育场地资源严重不足，而且大部分都集中在学校和一些国有单位当中，由于安全等原因，这些场所又经常不对外开放，导致人们运动健身的地方严重不

足，影响了人们参与体育运动的热情。

为了吸引更多的人参与运动，促进体育产业的发展，政府应该出台相关政策，积极盘活现有的体育场地资源，让更多的人能够进入到现有的体育场地中去参加体育健身运动。此外，政府和社会资本可以投资兴建体育设施，从而提供更多的体育场地资源，为人们参加体育运动提供必需的场所，从而激发人们参与体育运动的热情，促进体育产业的发展。

4. 培养高质量体育人才，为体育产业发展打好基础

任何一个行业的发展都离不开人才，在体育产业不断发展的今天，更需要综合素质强的体育产业人才。由于长期以来，受体育管理体制和我国体育产业发展的影响，既懂经营又懂管理的体育产业人才非常少，特别是一些实操性的体育产业人才更是紧缺，这些对于体育产业的发展都是非常不利的。体育产业人才，需要掌握的知识和能力较多，既要懂得相应的经济、管理和法律知识，又要懂得运动项目的发展规律，既要懂得商务开发，又要学会赛事运营，对赛事的组织、承办、赞助等流程也要掌握，这些都需要一定的综合能力。因此，应该积极培养体育产业人才，通过高校和企业合作的方式进行联合培养，不断提高体育产业人才的综合素质和能力。只有这样，才能不断打好体育产业发展的基础，促进体育产业的良性运行和发展。

二、体育产业发展的法制建设研究

体育产业是我国体育事业发展到一定阶段出现的产物，也是我国市场经济不断发展和完善的结果，市场经济是法治经济，体育产业的发展必须纳入到法制轨道上来，才能良性地运行和发展。

（一）体育产业法治建设的必要性

体育产业在 2014 年已经上升为国家战略，有希望成为新的经济增长点，而2014 年的十八届四中全会也提出了依法治国的国家战略，我国已经开启了依法治国的新时代，我国的社会主义市场经济是法治经济，任何市场的发展都离不开法治的保障，体育产业的发展也是如此。纵观国外发达国家的体育产业运行规律，无不是建立在一套完整的法治框架下进行的，例如在美国职业篮球联盟中，联盟总裁和球队管理人员都有相应的法律背景。我国的体育产业刚刚起步，不管是职业体育还是大众赛事，都应该在法治轨道中进行。

这几年来，我国体育产业领域也出现了相应的法律案件，主要集中在体育赛事转播权、运动伤害纠纷案，如近年来出现的体奥动力起诉各大平台盗播中超和国家队比赛的案件，马拉松替跑猝死案件等，极大地影响了体育产业从业者和投资者的积极性，对体育产业的健康发展造成了非常大的伤害。因此，必须加大对

体育产业相关的法制建设力度。

（二）我国体育产业法治建设的现状

虽然体育产业在 20 世纪 90 年代就已经在我国出现，但是由于发展阶段的原因，直到近些年来，体育产业才真正得到社会的广泛关注，体育产业的发展在我国属于积极探索的阶段，而我国的体育法治建设也一直处于缓慢发展的阶段，因此，体育产业的法治建设处于刚刚起步的阶段。

目前，我国体育产业中的法律问题，主要包括以下几个方面：①职业联赛的产权制度不明晰。②体育赛事转播权归属不明。③体育知识产权制度缺乏。④体育产业法律理论研究不足。

现阶段，随着国家对体育产业的重视以及依法治国的不断推进，体育改革也在如火如荼地进行当中，体育产业的法治建设正在走向不断完善的快车道，特别是近年来，我国《体育法》的学者们正在努力呼吁修改《体育法》，希望在《体育法》修改的过程中，能够对体育产业的发展做出相应的法律规定，这也得到了很多学者的认可，在未来体育产业发展的过程中，将会更加重视体育产业的法治建设工作。

（三）体育产业法制建设的具体内容

1. 修改《体育法》，增加体育产业的章节

目前我国体育改革正在稳步推进，修改《体育法》的任务也已经提上日程，为了进一步促进和发展我国的体育产业，应该在法律层面对体育产业做出相应的规定，在修改《体育法》时，增设体育产业的章节，这是体育产业走上法治发展道路的重要保障，也是体育产业良性发展的必要要求。

2. 明晰体育产权制度，促进体育产业顺畅发展

长期以来，我国职业联赛的产权制度不明晰，损害了投资人的利益，没有形成符合市场经济规律的产权制度体系，在体育产业不断发展的今天，应该不断明晰体育产业主体的法律地位，明确其承担的权利和义务，提高体育产业从业者的积极性，促进体育产业快速顺畅地发展。

3. 对体育赛事转播权做出相应的法律规定

体育赛事转播权是体育产业中的重要一环，是体育产业中最重要的收入来源，而在我国，体育赛事转播权还没有得到明确的法律规定和保护，因此，应该出台相应的法律对专门的体育赛事转播权进行规定，以保护我国体育赛事转播权从业者的利益，使我国体育产业的重要组成部分得到很好的发展，从而促进体育产业的不断发展。

4. 建立符合中国国情的体育仲裁制度

目前，我国的体育产业从业主体在遭遇到侵权纠纷时，往往不能够得到很好

的法律保护，这在一定程度上会挫伤从业者的积极性，影响体育产业的发展秩序，制约体育产业的向前发展。因此，有必要建立符合中国体育产业发展实际情况的体育仲裁制度，从而保障体育产业从业者的各项权利，激发更多的人参与到体育产业中来，从而促进我国体育产业的快速发展。

第二节　我国体育产业发展的制度研究与创新

制度对于产业的发展起着非常重要的作用，制度的变革在一定程度上可以为产业铺平发展的道路，降低技术变革的费用，加速产业的快速发展。我国体育产业的发展，也受到相应制度的影响和制约，只有对我国体育产业发展的制度进行不断创新，才能促进其结构的不断优化，从而促进产业的快速发展。

一、制度对我国体育产业发展的影响

（一）制度对体育产业发展的积极作用

首先，制度对我国体育产业初期的发展起到了非常重要的作用，由于我国体育事业在初期是计划经济的一部分，根本谈不上产业，人们对体育的认识也只是停留在事业的范畴，直到国家通过相关的制度安排，特别是《关于体育体制改革的决定（草案）》的出台，才使人们意识到体育产业的形态。同时，在相关制度的安排下，我国出台了体育经营的各种形式，使得体育与经济初步结合起来，原来的体育事业单位可以变成相应的体育市场主体进行市场经营，从而获取相应的经营利益，这些都得益于相应制度的作用和安排，为打破计划经济的限制提供了非常有益的帮助。

在体育产业随后的发展时期，特别是 1992 年的吹响中国足球改革的红山口会议之后，体育产业进入到发展的快车道，1995 年出台了《（1995—2010 年体育产业发展纲要》对体育产业的发展目标、类别和属性做出了相应的规定，进一步为体育产业的发展提供了制度上的安排，极大地促进了体育产业的发展。

在之后的发展过程中，我国相继出台了《关于加快发展体育产业的指导意见》《关于加快发展体育产业促进体育消费的若干意见》，将体育产业发展提高到了国家制度层面的高度，在一定程度上促进了我国体育产业的发展。

（二）制度对体育产业发展的消极作用

1. 体育行政部门会影响体育市场主体的行为

在制度经济学中，制度的核心功能是促进市场主体在经济活动中更好地发挥作用，但是在体育产业的发展过程中，体育行政部门的一些规定和安排，可能会影响体育企业的决策和行为，如现阶段，我国大力发展足球，针对足球改革出台了很多的制度安排，这些都在一定程度上影响了一些体育企业和体育产业市场主体的决策和行为，从而可能影响体育市场的完善运行。

2. 缺乏一定的激励动力

体育产业在发展的过程中，如果缺乏一定的激励制度，可能会影响体育产业的发展，如缺乏对体育产业的财政支持，没有税收优惠，将会影响投资者的热情和信心。从制度经济学角度考虑，激励制度可以降低交易的不确定性，从而降低交易的费用，给参与主体一定的激励，如果激励制度缺失，则会对体育产业的发展形成约束。

二、体育产业发展的制度体系构建

（一）主体制度

1. 体育产权制度

体育产权主要是指一切体育财产和体育财产资源相关的权利，主要包括体育赛事商业推广权、体育赛事转播权、体育冠名权、体育标志权、体育特许商品经营权、运动参加商业活动的权利等。目前，我国的体育产权制度改革正努力使体育资源可以得到很好的配置和利用，因此，在安排新的体育产权制度体系时，应该做好以下几个方面的工作：

（1）明确各个体育资源产权的所有者。界定体育产权的所有者，主要是为了促进体育资源的有效利用，明确体育产权的具体归属，找到其所有的主体。一些物化的体育产权容易确定下来，如体育健身俱乐部、体育用品企业、体育培训和咨询公司的经营过程等，这些都可以通过企业的所有制形式进行确定。但是一些体育组织的冠名权、体育赛事的举办权等无形资产的产权并不容易确定，这是因为一些体育财产资源早期为国家所有，在参与市场经营后，如何转化，以及是否改变所有权主体并不十分清晰；另外，由于体育产权界定中关系到利益主体的利益再分配，所以可能会形成一定障碍，但是从体育产权本身应该承担的功能来看，体育资源所有权的确立是最基本的前提。

（2）明确保护体育产权的具体规定。体育资源的所有权一旦清晰后，对其产权所有者的权利保护就是体育产权制度的另一关键性内容。体育产权制度是划分、确定、界定、保护和行使产权的一系列规则，所以对于产权主体权利的保护必须要明确。主要应确定体育产权在什么范围内行使，体育产权主体具有哪些应有的权利，以及当权利被侵占时应采用什么方式保障权利所有者的自身利益。在我国，目前有关体育产权的相关制度性规定并不完善，除了在物权法中有对应的法律规定通用外，其他与体育产权直接相关的制度性规定几乎空白。由此可见，对于体育产权没有制度性的保护就失去了产权界定的意义。因此，重新定位体育产权制度，从制度角度给予体育产权主体法律性保护是新产权制度建立的本质。

（3）拓宽体育产权的现实组成与实践应用。从产权组成角度，产权是包括了各种各样的或大或小的权利，但从最根本的关系上归档和分类，它包括狭义的所有权、占有权、支配权、使用权，即人们通称的"四权"。可见，从权利组成角度，体育产权同样应该是一组权利束，因此对于新的体育产权制度需要在所有权明确的基础上开拓其现实组成，通过体育资源使用权、经营权及处置权的合法转让实现体育产权制度的完善。这里还需要指出，体育产权的多元组成是体育资源有效配置的前提，即在体育产权制度明晰的前提下，体育资源的配置制度才能够建立，体育资源的最优化利用才能得以实现。

2. 体育资源配置的相关制度

体育资源是指一个社会用于体育活动，以扩大参与体育活动的人口和提高竞技运动水平在物资、资本、人力、时间和信息等方面的投入。但在体育产业的实践发展过程中，体育资源应如何选择配置方式、配置效率如何检验等问题还并不是很清晰，即对体育资源配置制度应如何服务于体育产业发展还没有形成一定的共识。但不可否认体育产业发展对体育资源配置制度会在以下几方面形成相应需求。

（1）明确体育资源的配置方式。在我国体育产业发展过程中，资源配置方式是配置制度的重要组成，从资源配置的理论角度，资源配置方式往往由政府、市场及二者混合配置组成。对于体育资源配置方式的判断可以得出：我国的体育资源配置方式经历了完全政府计划配置、政府配置为主与市场调节为辅、向市场化方向发展的混合型配置三个阶段，在体育产业发展中我国应采用政府和市场相结合的体育配置机制。可见，对于体育产业发展的资源配置方式实际已经比较明确，但体育资源配置方式与具体体育资源的结合还不清晰。换言之，针对不同体育资源如何选择合适的配置方式有一定难度。但从规范性角度，新的体育资源配置制度中必须明确相应的体育资源配置方式。

具体而言，在选择体育资源配置方式时，由于体育产业中体育资源与市场有密切的关系，如何选择市场配置的方式尤为关键。例如，当前竞技体育资源随着赛事的发展，其投入日益高涨，如果仅仅依靠国家及各级政府的投入，其资源的利用很难达到优化，应通过体育资源配置制度明确市场配置的方式是竞技体育资源的有效配置方式组成，从而减轻政府的非效率性参与。相应地，在体育产业发展中涉及部分高校体育资源、群众体育资源、农村体育资源等，也可以选择由市场配置。但这并不意味着体育产业发展中就不需要政府配置体育资源，只是新制度体系中的体育资源配置制度一定要侧重于根据不同体育资源选择合适的资源配置方式。

（2）采取一定手段检验体育资源的配置效率。任何一个项目的产业化发展都注重高效率的发挥，体育产业也是如此。体育资源配置制度除了对体育资源配置方式的规定外，还应明确如何采取一定手段去检验体育资源配置的效率，这对推动体育产业发展将起到非常重要的保障作用。体育资源在具体配置时，无论其配置方式如何选择，配置主体起到何种作用，所关注的最终结果都离不开效率，这也是评价体育资源配置方式是否合理的有效依据。事实上，体育资源的稀缺性和浪费现象反映出我国体育资源总体配置的低效率和不公平，而处理效率和公平问题是优化体育资源配置的关键。在现实体育产业发展中检验体育资源配置效率，应侧重于体育产业中不同主体的不同需求，即从公平视角检验效率；另外，对体育资源配置制度的区域性执行及相应监督部门的设置也是检验体育资源配置效率的有效途径。概括而言，体育资源配置制度需要履行制度的相应作用，为体育资源配置提供规范化的指导与监督。

3. 体育技术的相关制度

技术本身是指在劳动生产方面的经验、知识和技巧，也泛指其他操作方面的技巧。从新制度经济学视角，制度是技术进步的关键因素。技术制度是机会条件、专有条件和积累条件的总和（有时还包括知识特征），这三个要素构成了技术制度理论的基本框架，并决定了每一种技术发展的轨迹，即技术轨道。其中，机会条件是指潜在的创新者进行创新的容易程度；专有条件是创新者保护自己的创新不被模仿，从而使自己从创新中获利的能力；积累条件是新技术建立在已有技术上的程度。对于体育产业发展，技术制度除了影响物质性体育产品的生产，如体育用品业、体育场馆业等相关产业以外，对体育产业中的本体产业发展，如体育健身娱乐业、体育培训业等也形成了重要的作用。事实上，一国制度安排的改善将提高非物化型技术溢出水平，这对体育产业发展至关重要。具体发展过程中，体育技术制度将决定体育产业本身发展的技术轨迹，影响体育产品的创新与产出。因此，体育产业发展的技术制度应首要明确两个方面。

（1）体育技术进步及创新的标准与奖励。目前，我国体育技术创新水平整体不高，总体上呈"东高西低"的空间格局，全国大多数省市的体育专利还属于实用新型和外观设计类，表明我国体育技术创新结构尚不完善，创新发展十分紧迫。实际上，技术的发展是为了实现技术进步及技术创新，在体育产业发展中无论是"动作技术战术"还是"体育用品的工业技术"都在不断追求进步与创新。但创新与发展的过程中应该首先明确最低的技术标准，并对相应标准进行推广与完善。当然由于体育技术不同于一般性工业技术，技术标准的设定存在难度，但是灵活性"技术标准"的制定是技术进步的前提，是体育产业发展的基础。试想，当体育技术的基本标准尚不明确时，何以谈及对其进行更新与进步。在此基础上还应明确对体育技术进步进行奖励，即对创新性参与体育市场竞争的"动作服务类技术"和"物质产品类技术"主体给予制度性的鼓励和激励，以真正从制度上保障体育产业发展的技术动力。

（2）体育技术的引进规制与保护。体育产业发展中技术的表现较为隐蔽，且很难做出技术变化后的相应产出衡量，但对于新进技术的引进则应同其他产业一样，形成一定的规制，即规范体育产业中体育技术的引进，合理评价新技术的使用效果。换言之，应转变单纯性技术引进的依赖，同其他产业发展一样鼓励创新性体育技术发展。对于体育产业发展过程中的技术保护，从某种程度上更侧重于隐蔽性，相应地除了通过专利进行体育技术保护外，往往缺少其他的制度保护性措施，特别是针对"体育专有技术"的保护。即使一些体育技术所有者拥有保护体育技术的主观能动性，但从制度层面仍需对体育技术进行保护规定，这也是通过制度保障体育技术所有者相应利益获得的重要前提。

4. 体育投资制度

资本是产业发展的最基本要素之一，投资就是相应资产的投入。当前我国处于经济转型期，转轨经济的资本和投资行为一方面表现为投资主体的多元化，投资目标的多元化；另一方面表现为对低效率存量资本的调整。对于体育产业发展的投资制度，不但需要对投资主体进行定位，还需要兼顾投资效率，真正做到从资金上引导与扶持体育产业发展。概括而言，体育投资制度是体育产业发展的重要引导制度，是从资本上对其进行引导的直接途径，在体育投资制度创新中，引导的作用需要贯穿始终。需要注意以下两个方面：

（1）明确该项目的投资主体。在投资制度中，投资主体的确定是核心，对于体育产业这个特殊的第三产业，其投资主体必然是多元化组成。其中，公共投资（政府投资）必不可少，而非公有制主体的投资同样至关重要。当前体育公共投资的主要形式有建设体育场馆、培育或引进体育赛事、扶持体育用品产业发展和直接注资职业体育俱乐部等。针对体育公共投资，需要先行明确其投资的主要形式，再进行具体投资，以达到有效利用投资直接引导相关体育产业发展。此外，当政府对体育产业进行投资时，还需根据投资所在区域特点、体育产业市场需求情况、投资的效应和相应风险评估等因素综合进行。换言之，体育产业发展中需要公共投资时，此种投资的进行必须具有引导性，即体育公共投资除了要解决相应的资本需求以外，还要起到自身需要承担的作用，这在投资制度中应通过投资主体被明确。

对于非公有制体育投资，投资制度应鼓励投资主体多元化，投资方式及投资目标符合市场经济发展的客观需求。例如，体育风险投资是以追求最大利润或资本最大增值为目的，而体育产业要实现资源优化配置和低成本高效益扩张，实施风险投资是最佳手段。但在体育风险投资中，投资主体往往为非公有制主体，因为这种体育产业风险投资是一种集金融、创新、科技管理与体育市场于一体的资金运作模式，所以从运作角度更适合多元的非公有制主体进行。可见，在体育产业发展的投资制度中，投资主体明确的最终目的是寻找合适的投资者引导体育产业发展，即通过制度引导体育投资主体，从而不断推动体育产业发展。

（2）保证投资的效率。投资是一种典型的经济行为，在投资的背后对应着产出，即投资必然对其收益进行衡量。事实上，制度是保证高效率投资的关键，因此体育产业发展中投资制度必定涉及投资效率的保证。这种保证是体育投资中对制度的一种期望，是一种从制度层面对体育投资收益进行保护的集中体现。但是，如何在制度中明确对体育投资效益的保证是较困难的，具体可以从体育投资主体利益的保障、投资环境的完善、投资方式的引导及投资结构的优化角度进行。例如，在体育产业发展的投资制度中可以明确体育投资主体的根本利益，以法律法规形式进行保障；而体育投资环境完善则要从体育产业发展角度和其他投资环境角度融合改善；对于投资方式可以多元化，不拘于政府规定，顺应市场需求；投资结构则要积极保障非公有制经济成分的自由进入，消除体育投资壁垒，真正做到对体育投资主体的吸引。

5. 体育融资制度

近些年来，我国体育产业发展迅速，体育产业领域内的融资越来越多，但是仍然存在"融资难"的问题，主要表现为体育产业的融资渠道单一，民间资本缺位，政府对体育产业融资的立法滞后，融资结构不合理，相关专业知识缺乏，影响体育产业重组、股权置换和项目融资等。结合体育产业发展本身的特征，其融资通常应着重关注融资渠道与融资优惠两个方面。因为，融资渠道是融入资金的前提，融资渠道的寡与多决定了体育资金能否顺利获得。另外，从发达国家融资经验可以得出，融资的政策性支持是融资顺利进行的直接动力，所以为配合融资的顺利进行，体育融资制度也必不可少，特别是对于我国体育产业的加速发展尤为关键。可以从以下两个方面进行融资制度的建设：

（1）多元化融资。在我国体育产业发展中，青岛双星、北方五环、巴士股份、西藏圣地、中体产业、奥园集团、李宁等企业集团，已经根据各自的优势适时进入体育产业资本市场，融资后大力开发体育品牌产业，获得了巨大的经济效益和社会效益。但从目前我国体育产业发展的整体融资情况看，融资渠道的应用还不能满足体育产业发展的现实需求，还需要结合其不同组成领域的发展特征，选择恰当的融资渠道创新性融资。例如，近几年在体育产业融资中除了所熟悉的股票融资和债券融资外，目前世界各国的体育主管部门已经改革了本国的体育产业投融资机制，在实践中先后出现了体育基金融资、商业银行贷款融资、体育赞助融资、体育彩票融资等多元化市场融资渠道。因此，对于体育产业发展的融资制度，首先需要拓宽融资渠道，并且不能仅依靠政府拉动，还需顺应体育资本市场的发展，进行多元化选择和应用。

（2）适当地给予体育产业投融资"优惠"条件。融资制度有时需要给予一定的"优惠"条件，这些优惠条件既包括优惠融资政策的倾斜、区域融资环境的配合，还包括相关法律的完善以及对新融资渠道的支持等。特别是在我国体育产业发展的关键时期，通过优惠条件刺激体育产业融资，增强体育产业的融资能力是值得关注的。因为"优惠"本身是利益的一种提前支付，通过可预见性的"产出"刺激"投入"是融资双方顺利达成合作的最有效方式。事实上，体育产业在世界经济发展中的作用已经证明其本身进行融资的可行性，但即使是在体育产业发展趋势存在明显优势的前提下，对我国体育产业融资的促成也存在一定困难，因此为降低体育产业融资的难度，扫清融资障碍，以"优惠"条件作为吸引，是体育产业发展所需融资制度的另一关键性组成。

6. 体育税收制度

完善的税收制度是提升国家现代治理能力的一个重要部分，是党的十八届三中全会决定的重要内容。从政府宏观调控的视角，税收制度对任何一个产业发展的影响都不能忽略。对于体育产业发展，税收制度是政府对其扶持性的突出体现，这是因为：一方面，税收制度反映了体育产业在现实发展中的地位；另一方面，税收制度又从成本上影响着微观体育企业的现实发展。概括而言，税收制度对体育产业发展应起到关键性的扶持作用，并且这种扶持能够潜移默化地对体育产业发展形成一定的引导。因此，在创新体育产业发展的税收制度时，需要从实践角度聚焦于税收制度的扶持与引导，可以从以下两个方面进行引导：

第一，降低体育产业发展的赋税金额，给予体育产业发展一定的税收优惠，从税收上体现政府对体育产业发展的扶持力度。事实上，国民经济发展中我国体育产业发展的确需要一定的赋税优惠，特别是在各项制度创新的过程中，完善的赋税优惠可以引导资本流向体育产业发展，可以减轻体育企业实际负担的经营成本，以形成体育产业发展的最基本动力。

第二，优化体育产业的具体赋税结构，从税收种类上激励微观体育企业经营者的经营积极性。合理确定体育产业的赋税结构是增强体育企业经营积极性的基础，只有赋税组成公平合理，才能在既增加国家公共财政收入的同时又合理引导体育产业发展。

7. 体育产业发展的相关监督制度

体育产业发展中涉及的具体监督制度范围较广，一切与体育产业发展有关的监督内容都应包括其中，但政府监管制度是政府宏观调控体育产业发展的主要途径之一。政府对体育产业发展的作用恰是监管制度行使的核心。例如，对于体育产业发展政府应加强其专业管理人才的培养力度，合理定位职能，实行宏观调控，从而实现政府与市场在对体育产业管理中的优势互补，最终实现体育产业与经济社会的协调发展。创新体育产业发展的监督制度，就是创新这一制度层面中的每一组成。体育产业发展所需的监督制度主要集中在体育竞赛、体育市场、体育投融资、体育彩票、体育商品质量、公共体育场馆运营等方面。具体而言，在政府监督制度组成中，应着重突出对体育消费者权益的保护、对体育企业经营自主权的维护、对体育市场良性运行的监督以及对体育产业发展所需法规的制定。此外，监督制度的组成不是固定不变的，需要根据体育产业的现实发展情况适时调整。但无论监督制度如何组成，监督的目的必须明确，即政府行使监督职能是为体育产业发展所"服务"。因此，"服务"是体育产业政府监督制度的主要目的，通过一定的监督制度，促进体育产业有序向前发展。

8. 体育产业发展的规划管理制度

体育产业作为第三产业，与市场联系紧密，属于发展初期的"年轻化"，格外需要政府的规划管理。事实上，没有规划的体育产业发展就是盲从而缺乏可持续性的产业发展。现有发展背景下，体育产业迫切需要制定促进其发展的政策规划，以培育完善的市场体系。在该项规划管理制度中，政府应主要关注对体育产业发展方向的判断和引导，对发展计划的制订和调整，对规划执行的布置与检查等。具体规划制度的设计上需要考虑体育产业的实际情况与阶段性发展目标，从国家、社会及当前消费需求的不同角度制定发展规划。此外，体育产业发展的规划制度还需理顺规划与监督的现实关系、深化规划的作用及现实操作途径。概括而言，体育产业发展的规划管理制度突出于对体育产业发展的方向规划，是在体育产业发展的切实需求上进行的规划性管理。

（二）辅助制度

体育产业的辅助制度主要包括体育价值信念、体育伦理规范、体育风俗习惯、体育意识形态等。作为正式制度不可分割的部分，辅助制度具有自发性、非强制性、广泛性和持续性的特点。在体育产业发展的新制度体系中，辅助制度的组成是不能忽视的，因为辅助制度在以它特有的方式潜移默化地影响着体育产业发展。例如，体育价值观念和体育意识形态对体育产业发展的影响最突出，体育思想不仅使人们对体育产业形成了特定的价值判断，甚至还对正式制度形成了一定的思想基础，这也是正式制度发展甚至是开始变迁的一个原因。而体育伦理规范、体育风俗习惯则更多地影响着体育产业发展中的消费者。以体育彩票业为例，我国体育彩票业的发展相对国外发展而言较晚，作为博彩家庭中的一分子，人们从道德观念和风俗习惯上对体育彩票的出现并不能完全接受，但当人们明确其对体育发展及社会发展的积极作用后，体育彩票在我国的发行和出售才逐渐步入正轨。而在中国"饮食文化"和"健身文化"的博弈中，传统习惯的影响同样对体育健身业的发展产生重要的制约，虽然"请人吃饭，不如请人流汗"的提法早已出现，但在现实的体育健身娱乐业发展中，大部分闲暇时间和资金被"请客吃饭"所占用。因此，辅助制度是体育产业发展的重要制度组成，对其进行明确与创新同样是体育产业发展的有效制度支撑。

辅助制度是体育产业发展新制度体系的重要补充，也是体育产业发展的重要动源力，需要引起相应的重视。

三、体育产业发展制度创新的策略

（一）整合体育产业供给制度

现阶段，我国体育产业发展的供给主体不太明确，产业主体缺乏职能的有效性和积极性，因此，应该整合体育产业发展的供给制度，使各个职能部门可以有效配合。其具体原因主要包括以下两个方面：

1. 体育产业发展的必然要求

体育产业是一项综合性很强的产业，具有很强的"跨界性"，因此，其对制度的需求也不再简单，而要求也越来越复杂和多样化。因此，必须对体育产业发展的供给制度进行整合，满足体育产业发展的客观需求。

2. 有效解决原有制度中的限制

在我国体育产业发展的过程中，受到了制度供给的限制，"条块"分割较为严重，且相互之间缺乏有效的统筹和沟通机制，体育部门与其他相关部门之间的沟通不是非常顺畅，导致合作效率的低下，无法满足体育产业发展的制度性需求。

通过整合新制度供给，可以有效提高我国体育产业发展的质量，使得各个部门可以发挥"合力"，促进体育产业的有效发展。

（二）构建协同联动的供给机制

体育产业的协同联动机制，主要是由国务院领导组成相应的体育产业发展制度领导机构，由国家体育总局、发改委、财政部、税务总局等其他部委组成相应的执行部门，共同协同制定符合体育产业发展的制度体系。这既是迈向体育强国的必然选择，同样也是体育产业发展的必由之路。

（三）提高体育产业的观念认同

由于体育产业在我国的发展时间不是很长，还没有得到大多数人的认同，在我国产业中的地位并不高，与发达国家相比，还存在非常大的差距。因此，首先应该提高人们对体育产业发展上的认同，可以通过提高人们的体育文化认识和消费意识来推动人们对体育产业的认同。当人们的体育产业认同提高以后，就会进一步推动体育产业制度创新的发展。

（四）建立现代体育企业制度

促进体育产业发展制度的创新，不仅需要外部制度的存在，更需要建立相应的体育企业制度。这是因为现代化体育企业的发展离不开相应的外部制度保障，而现代企业制度是内部性的制度，对外部性制度的变迁和创新具有一定的内源性推动作用。现代体育企业制度的建立有助于体育产业发展的制度创新，两者可以形成联动，从而形成最佳的制度创新结果。

第三节　我国体育产业信息网站运营模式研究

当今时代是信息化的时代，任何一个行业的发展都离不开信息化，体育产业信息是体育产业发展的重要保障，通过建立一定的体育产业信息网站，可以为体育产业从业者和研究者提供相应的参考信息和依据，从而保障体育产业的科学有效发展。本节将重点对我国体育产业信息网站的运营模式进行研究，提出相应的建议和对策。

一、我国体育产业信息网站的现状

（一）网站分类

我国体育产业信息网站的种类繁多，可以将其分为不同的种类，具体分类如下：

1. 综合性网站

这类网站主要指的是那些包含体育产业信息的综合性网站，这类网站主要包括中国产业经济信息网和中国经济信息网，这两个网站主要是提供中国的经济信息和行业信息，其内容广泛，涵盖了国民经济各部门和各层面，是描述和研究中国经济的权威网站。在这些网站上，也会出现相应的体育产业信息，供人们参考。

2. 体育行政部门官方网站

国家体育总局是我国最高的体育行政部门，在其官方网站上建立有相应的体育产业专栏，主要包括产业信息、产业理论、产业统计、场馆运营和健身场馆等内容。

在一些地方省市的体育局官方网站上，也设立有相应的体育产业专栏，如北京市体育局在"体育业务"栏目专门发布体育产业的相关信息，主要包括体育产业政策、体育产业发展引导资金、体育市场监督等内容。山西省体育局的官方网站上，也设有专门的体育产业栏目，上面的信息一般由体育产业管理中心进行更新。

体育行政部门官方网站上的体育产业信息主要是反映我国体育产业发展的现时情况，特别是地方体育局网站上，主要反映的是该地区体育产业领域所发生的事，包括所取得的发展和进步等，其信息往往具有权威性。

3. 体育协会官方网站

一般而言，体育协会的官方网站主要是发布新闻资讯、协会公告等，随着这几年体育产业的快速发展，一些行业协会也开始在自己的官方网站上设立相应的产业专栏。

中华全国体育总会，负责全国的各个单项体育协会，在中华全国体育总会的官方网站上，除了发布相应的协会公告、政策法规以外，也专门开设了"体育产业"栏目，及时发布国内的体育产业信息，具有一定的指导意义。

在中国田径协会的官方网站上，也专门设有"田径产业"的栏目。近年来，我国马拉松和跑步产业发展迅速，为田径事业的发展打下了坚实的基础，协会设立专门的体育产业栏目，可以更好地发布田径产业的相关信息。

4. 体育赛事官方网站

随着体育产业在我国的快速发展，越来越多的高水平赛事在我国举办，如北京国际马拉松、中国网球公开赛、上海网球大师赛等赛事，在这些赛事的官方网站上，除了赛事的相关介绍以外，还会有相应的赞助商、合作伙伴展示，这是体育产业的重要一环，在一定程度上展示着体育产业信息。

5. 门户网站的体育频道

现阶段，我国的门户网站发展迅速，占据了互联网的半壁江山，我国目前主要有新浪、网易、搜狐、腾讯四大门户网站，这些门户网站都开设了相应的体育频道，各具特色，都分别积累了相应的体育用户，这些网站主要提供相应的体育新闻和体育赛事直播服务，是我国体育产业信息服务的重要平台。其中，腾讯体育近年来更是投身于体育产业中，2015年花费5亿美元购买了NBA的版权，吸引了更多的篮球球迷关注其网站，为体育产业发展做出了一定的贡献。

6. 体育产业信息垂直网站

随着体育产业在我国的快速发展，市场上已经出现了越来越多的体育产业信息垂直网站，主要包括以下几个：

（1）体育产业资源交易平台。这个网站是由华奥星空和北京产权交易所主办的，主要发布一些体育产业的招商和融资信息，为体育项目和体育赛事招商、体育企业股权交易、体育企业融资等提供一站式的产业服务，该网站是一个专门的体育产业信息交易网站，在一定程度上解决了我国体育产业招商和融资的问题。

（2）中国体育产业信息网。这个网站是由宏育（北京）科技发展有限公司建设和运营的，是一个体育产业资源的交互平台，提供最新的体育产业信息，为体育企业提供相应的展示和服务，包括赛事服务、远程培训、人才交流和体育科研等，是我国第一个以体育产业信息直接命名的网站。

（3）体育大生意。随着体育产业在我国的迅猛发展，市场上出现了一些体育产业信息的创业性网站，体育大生意就是其中的一种，这个网站囊括了体育产业报道、体育产业营销、体育产业研究、体育企业评选、体育资本对接等栏目，每个栏目都有相应的产业资讯和报道，近几年来发展非常迅速。

（4）懒熊体育。跟体育大生意一样，懒熊体育也是新创业的体育产业信息服务综合商，懒熊的口号为：在这里读懂体育产业。懒熊体育的官网上也主要包括了产业资讯、体育产业创业课程、体育产业投融资等，也是这几年来发展非常迅速的体育产业信息新媒体。

（5）新华网体育频道。随着国家对体育产业发展的重视，同样也引起了国家主流媒体对体育产业的关注和投入，新华网作为中国最具影响力的新闻媒体，对体育产业的关注度不断加大，这对于促进体育产业的发展起到了非常重要的作用。

体育产业信息垂直网站这几年来在我国发展迅速，已经逐渐成为我国体育产业信息服务的主要平台，对我国体育产业的发展起到了非常重要的作用。

（二）网站的特征

近年来，我国体育产业信息网站发展迅速，虽然取得了一些成绩，但其发展仍处于初级阶段，表现出了一定的特征。

1. 处于初级发展阶段

目前，我国的体育产业信息网站虽然已经初具规模，但是其在网站定位、网站内容、网站管理等方面存在着一些问题，缺乏核心竞争力。主要提供的是信息搜索和文档下载技术，其所提供的服务需要进一步升级和完善。

2. 体育产业信息垂直网站发展迅速

随着体育产业市场在我国的不断升温，市场上出现了几家体育产业信息服务的网站，这些网站有专职人员在负责运营，并且主要是为了盈利，因此发展迅速，已经成为我国体育产业信息网站的重要主体部分。

3. 网站以多向互动为主要发展方向

目前，我国体育产业信息网站主要是通过信息资源共享和整合来实现网站运营者和体育资源获取者的双向互动为主要的发展方向。未来的发展应该实现体育资源拥有者和一项合作企业、网站运营者和公众的多向交流，从而提供一站式网上信息服务并提供个性化的定制服务。

（三）网站的功能

1. 形象展示功能

形象展示是网站的第一功能，也是我国体育产业信息网站最基本的功能。当前处于"眼球经济"时代，形象优美的体育产业信息网站有助于吸引更多的关注者，带来更多的流量，从而网站运营者有更多的机会与关注者进行沟通，及时了解这些潜在客户的需求，为售卖服务产生收益奠定基础。形象展示功能是体育产业信息网站受众最早期的体验，只有满足这类体验后，网站运营者才能进一步提供给网站受众更深一层的、附带增值服务的体验。同时，内容翔实、设计精美、运行良好的体育产业信息网站可以展示网站运营者的综合实力，树立网站运营者的良好形象。从这个功能角度来看，现阶段，我国体育产业信息网站的形象展示功能并没有体现得非常好，应该在这方面做出更多的努力。

2. 产业信息发布功能

产业信息发布功能是体育产业信息网站的重要目标功能之一，网站运营者向社会发布体育产业信息，分享体育产业资源，让公众知晓、参与和监督。同时，所发布的体育产业信息不能够是转载其他网站的内容，还要注重原创性，可以从体育产业事件评论、体育产业政策解析、体育产业数据分析等客观、专业且能够吸引关注的内容；另外要注重网站关注者的言论在体育产业信息网站上的体现，这样既有利于体育产业信息网站运营者了解网站关注者深层次的需求，也有利于培养体育产业信息网站关注者的主人翁意识。体育产业信息网站发布的信息应该包括：网站运营者相关信息、体育产业政策法规、体育产业相关重大项目及实施情况、体育产业相关新闻、体育赛事或活动信息等。

3. 商务合作功能

商务合作功能是平台型体育产业信息网站必须要具备的功能，即体育产业信息网站应当充当中介角色，解决体育产业相关信息各方不对称的问题，为体育产业信息附加商业价值创造效益，如体育产业资源交易平台、懒熊体育、体育大生意等。体育产业信息网站要成为体育相关组织和企业嫁接合作的桥梁。例如，体育赛事主办方可以通过其官方网站展示赛事的相关信息，向潜在赞助商传递合作信息；体育产业信息垂直网站发布体育相关赛事或活动招商信息，有意向进行体育营销的企业可以选择适合本企业的体育赛事或活动进行合作。

4. 资源整合功能

有效地进行资源整合，也是体育产业信息网站的重要功能之一，体育产业信息网站通过系统整合，实现体育信息资源的充分共享，优化体育信息资源配置，发挥体育产业信息资源的最大效应。这种整合不仅是提供链接或导航，更重要的是为体育产业信息获取者提供全面、快捷的信息服务。体育产业不断发展，大量体育产业相关信息以无序的状态出现在大众面前，体育产业信息网站应将这些体育产业信息资源进行整理、加工等深层处理，便于体育产业信息获取者做出更为明智的决策，为体育产业从业者提供更加准确的决策依据，从而科学地促进体育产业的发展。

（四）网站的盈利模式

1．广告推广业务

广告推广业务往往是在网站流量达到一定量级后所采用的盈利模式，是网站重要的盈利模式，目前也是我国大部分体育产业信息网站主要的盈利模式，广告的模式主要包括点击广告、弹窗广告、销售分成广告、定期广告等。

2．搭建体育企业和项目的投融资平台

我国大部分体育产业信息网站通过搭建与体育产业相关的投融资平台，从而提供各类融资服务，赚取总集资额一定比例的佣金，如体育场馆建设、体育赛事举办融资等；投融资对接，对接资本和项目赚取代理佣金，如有融资需求的企业、创业者等和投资机构的资源对接等；企业、创业者融资担保，赚取担保金一定比例的佣金；投资机构投资方向指导，赚取咨询费用等。

3．发布体育产业相关数据

通过建立体育产业信息数据库是我国体育产业信息网站正在探索的盈利模式，通过对行业信息数据的收集、整理、再加工，挖掘信息和数据的商业价值，形成行业信息数据库，发布行业信息数据报告等，主要面向企业级客户，赚取访问行业信息数据库的授权费用和行业数据报告的使用费用等。

4．提供商务合作交易

随着体育产业信息网站越发清晰的商务属性，体育产业信息网站开始逐渐搭建起相应的资源交易平台，将商务合作交易作为一个重要的盈利模式，用来赚取相关的交易服务费，如体育产业资源交易凭条为体育企业、体育赛事、体育产业基地搭建起来的招商和投融资平台，可以为体育企业提供相应的股权交易、融资等一站式服务。

二、我国体育产业信息网站运营模式中的问题

由于我国体育产业信息网站处于刚刚起步的阶段，其在发展中必然存在着一

定的问题，主要表现在以下几个方面：

（一）价值增值不明显

体育产业信息网站的主要目标是提高以信息为呈现形式的各类资源在整个体育产业中的投入回报程度，实现体育产业信息网站总体价值增值的最大化，以满足各利益相关者的期望。价值增值涉及无形资产、社会效益、经济效益等多个维度，价值链增值活动包括基本增值活动和辅助性增值活动。当前，我国体育产业信息网站在形式上大体具备此两类情况，但实际效用不大，各类资源价值增值不太显著，未能将体育产业信息有效转化为经济效益，且不能较为明显地提高体育产业信息网站运营者的管理水平和深层次地满足体育产业信息获取者的需求。我国大部分体育产业信息网站只是将信息传播出去，而未对信息进行增值处理，尤其行业信息大数据缺乏，欠缺商务属性。同时，我国体育产业信息网站目前还存在融资和合作困难的问题，难以实现价值增值。

（二）盈利模式不清晰

现阶段，我国体育产业信息网站的盈利模式不是很清晰。盈利模式是体育产业信息网站创造价值的方法和方式，要着重考虑产品和服务设计、客户定位、实施策略、利润屏障等因素，合理有效的盈利模式是体育产业信息网站运营模式的重要组成部分，更是取得竞争优势的关键。我国四大门户网站体育频道依据门户网站原有的受众基础拥有较为清晰的盈利模式，如新浪体育频道主要收入有平台空间租金、注册会员费、网络广告等。而其他体育产业信息网站还没有形成清晰的盈利模式。

清晰的盈利模式应该在体育产业信息网站建设之前就确定，即使在一定阶段盈利较小，但是对于未来的盈利空间一定要有效设立，并做出合理预测。

（三）不能提供优质的体育产业内容

由于体育产业在我国刚刚兴起，体育产业人才比较缺乏，体育产业信息网站的运营也处于起步和探索阶段，网站过于简单，对于信息的处理较为低级，简单传播信息，而不对信息做出分析和整理，所以未能将信息有效转化为体育产业信息网站的优质内容。如对于大部分体育赛事，官方网站只是对得分等数据简单描述，却未形成有效的数据报告和数据库；体育产业信息网站的内容中体育产业相关分析报告的数量和质量均难以满足体育产业从业者与关注者的需求。我国体育产业信息网站内容的质量不高具体体现为以下几个方面：

（1）页面魅力不足。

（2）网站主题不鲜明，网站开放度较低，信息实用性较低。

（3）互动性不够，不能很好地交流信息。

（4）专业性不强，缺乏操作性。

如果体育产业信息网站不能提供优质的内容，就难以吸引大的关注量，也就难以产生更大的收益。因此，体育产业信息网站首先需要做的就是在内容方面下功夫，吸引更多的体育产业从业者来关注，提高网站的影响力。

三、我国体育产业信息网站运营模式的优化

（一）运营模式优化的原则

1．有清晰的定位

我国体育产业信息网站的定位主要是对网站运营模式做出具体定位，从而达到网站运营者的商业目标。网站运营者要以我国体育市场为基础，清晰定位网站发展目标、客户群体及用户需求等。定位不清晰的体育产业信息网站就像一篇没有主题的文章，会让网站受众不知网站运营者"所云"，更会降低体育产业信息网站的点击率，失去实用价值。有了清晰的定位之后，会吸引同类的体育产业从业者关注该类网站，从而不断增加粉丝群体，不断提高网站的知名度，促进网站的不断发展。

2．分阶段优化

一般网站发展将经历技术导向、内容导向和服务导向三个阶段，我国体育产业信息网站整体上处于技术导向和内容导向之间，处于初级发展阶段。因此，我国体育产业信息网站运营的优化不是一次性的，需要在其不同发展阶段采取不同方法和渠道，从本质上促进网站运营的合理化。同时，要根据市场环境和客户需求的变化，不断对我国体育产业信息网站的运营模式进行优化，保证体育产业信息网站与客户的有效连接。

3．进行资源的有效整合

我国体育产业信息网站的优化一定要着重整合相关资源，体育产业是一项综合性很强的产业，需要各方面的资源，包括政府资源、社会资源等，体育产业信息网站应该着力进行资源方面的整合，为体育企业和相关从业者提供可靠的数据报告等服务，这是体育产业信息网站优化的重要原则。

（二）运营模式优化的策略

1．对网站进行合理的定位

现阶段，我国体育产业信息网站的功能主要为形象展示、信息发布、商务合作、资源整合。由于运营模式的需要，体育产业信息网站可以根据自身的能力和

企业运营需求，对网站进行重点定位，如重点关注体育产业投融资版块，重点关注体育企业创业等，这些都将会提升网站的专业性，从而提高网站的流量，提高网站的知名度。

2. 不断改善网站的内容

我国体育产业信息网站内容主要包括各级文字界面、行业数据库、相关链接等，栏目设置可以从体育管理活动，体育竞赛表演活动，体育健身休闲活动，体育场馆服务，体育中介服务，体育培训与教育，体育传媒与信息服务，其他与体育相关的服务，体育用品及相关产品制造，体育用品及相关产品销售、贸易代理与出租，体育场地设施建设等十一类体育产业构建。可以从以下几个方面着手改善：

（1）我国体育产业信息网站要具备页面魅力，页面设置要精美、简洁。

（2）我国体育产业信息网站核心竞争力为其提供体育行业数据库和行业数据报告。

（3）我国体育产业信息网站要是以整合资源为核心的主题分明、结构合理、内容清晰，并能够提供给体育产业信息获取者产品或服务的综合性网站。

（4）删除体育产业信息网站内的无效内容，及时清理缓存等，以提高网站运行速度。

3. 探索多元化的网站推广方法

现阶段，适用我国体育产业信息网站的线上推广方法包括：搜索引擎推广方法、电子邮件推广方法、资源合作推广方法、信息发布推广方法、病毒性营销方法、快捷网址推广方法、网络广告推广方法、综合网站推广方法、网站评比推广方法等。同时，我国体育产业信息网站运营者还要注重线下推广，可以从两个方面进行：

（1）可以与国内重大体育赛事或活动进行资源置换合作，网站以赛事或活动的合作伙伴的形式呈现，赛事或活动借助网站传播相关消息，互利共赢。

（2）可以组织一些解决体育产业中存在问题的案例，及体育行业内传统媒体合作联合主办案例专版。

4. 组建优秀的网站运营团队

网站运营需要强大的人力资源支撑，因此，组建优秀的运营团队是我国体育产业信息网站优化的重要组成部分。体育产业信息网站运营的重点在于如何完善网站核心服务功能，发挥网站形象展示、信息传播、商务合作及资源整合的功能，从而不断延伸体育产业信息网站运营者的服务范围，这些工作的实现都要依靠高效的运营团队。同时，要对运营团队进行有效管理，发扬团队精神，严格执行关于网站管理人员的相关规定，形成一致的目标观念，更有效率地完成体育产业信息网站的运营工作。

5. 积极探索网站的盈利模式

现阶段，我国体育产业处于起步阶段，体育产业信息网站还没有形成清晰的盈利模式，各个体育产业信息网站应该根据自己的业务和侧重点，积极探索符合自身发展的盈利模式，从而不断提高体育产业信息网站的运营能力，最终建立符合自己的运营模式。

第八章　体育俱乐部的发展与经营管理

第一节　体育竞赛俱乐部的发展与经营管理

一、职业体育俱乐部的管理体系

（一）各级管理者职责

职业体育俱乐部的一般经营管理模式可分为三级经营管理体制，如图 8－1 所示。最上层是全国性质的项目协会，中层是本项目职业体育俱乐部联盟，最基层是各地方职业体育俱乐部。其具体职责分别如下：

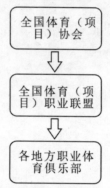

图 8－1　职业体育俱乐部一般经营管理模式

1. 全国体育（项目）协会的职责。

全国体育（项目）协会的职责是提出各种政策、法规。

2. 全国体育（项目）职业联盟的职责。

一个理想的职业运动协会除了确定职业队的数量和合理分布及合理分配新队员外，还必须善于利用本身的地位优势和有利条件努力创收，协助所属各职业俱乐部解决部分经费问题。各职业运动协会手中最大的优势，就是它所垄断的职业队的各类比赛。围绕着这些比赛而产生的电视转播权、冠名权、场地广告权和专利权是各职业联盟经费的来源。

3. 各地方职业体育俱乐部的职责。

各地方职业体育俱乐部负责具体的有关职业运动队的建设和管理。职业运动员和职业教练员是职业运动队的基础和核心。其水平与质量直接影响着职业运动队以及职业体育俱乐部的命运，因此职业运动员和教练员的管理对职业运动队来讲具有重要意义。

（二）职业运动员的管理

职业运动员是职业运动队的基础和灵魂，其水平与质量直接影响着职业运动队以及职业体育俱乐部的命运。因此，各个职业体育俱乐部和运动队都注重运动员的管理，使之发挥最大效益。国外对职业运动员的管理一般遵循下列几个原则：

1. 进行法制管理

法制管理是指严格按照法律、规章、制度和合同来进行管理，这些法律、规章、制度和合同起到引导、规范和保障作用。

2. 按照价格法则激励运动员奋发图强，努力拼搏

职业运动员的工资和奖金是其运动水平和业绩的标志。水平越高，业绩越好，所获得的报酬就越多。价格法则已被职业体育俱乐部普遍采用，并取得了明显的激励作用。

二、我国职业体育俱乐部的经营管理模式

我国职业体育俱乐部的经营管理模式如图 8-2 所示。

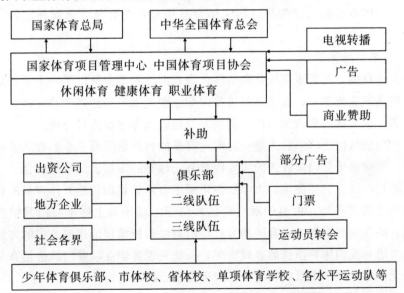

图 8-2　我国职业体育俱乐部经营管理模式

目前各职业体育俱乐部多数实行总教练、总经理负责制度。具体的分工明细是总教练承担日常训练和训练相关管理的工作，总经理负责资金来源。

我国的职业体育俱乐部，与经济发达国家的职业体育俱乐部相比，在名称或

者经济形式上没有太大的差别，大多数是以"合资、独资、股份制"的经济形式来申报建立的。然而由于当前我国正处于较为独特的社会经济发展环境当中，大概有 50％以上的职业体育俱乐部，实际上是政府与企业（国有企业）、事业与企业（国有企业）、政府与事业等形式联合创办的具有我国特色的特殊的职业体育俱乐部。因此，我国职业体育俱乐部内部的经营管理还没有将职业体育俱乐部发展作为人类共有的一种文化，引入到社区活动、地方或者企业的整体中去发展。

三、职业体育俱乐部赛事

职业体育经过多年的发展，构成我国职业体育竞赛业主体格局的足球、篮球、乒乓球等职业联赛已形成较为完善和成熟的运作模式，同时也通过不断加强自身建设来推动各个联赛的职业化发展。

（一）我国职业体育俱乐部赛事运作模式

1. 赛事管理体制

目前，我国职业赛事及其相关产业的市场整体框架已经基本成形，包括不断成熟的各级职业联赛、市场化运作的职业俱乐部、流动的教练员和运动员人才市场、相对稳定的门票收入与赞助群体、稳步发展的电视转播权市场等。职业赛事的管理体制也正在不断完善。我国职业联赛是由各个项目的协会负责组织与管理，由国家体育总局直接领导，国家体育总局和各协会负责全面开发各项赛事运动。

2. 赛事市场运营

职业体育俱乐部赛事市场化和国际化为我国体育事业提供了一个更好的发展空间和更高的交流平台，也必将促进我国职业联赛水平不断提升和赛事市场运营更加完善。以下从门票营销、广告赞助、其他收入等方面进行分析。

（1）门票营销。门票收入是参与职业赛事的各俱乐部最基本的收入来源。一般来说，影响俱乐部门票收入的主要因素有：球赛的质量、门票的价格、当地人的体育消费习惯等。在我国，大多数俱乐部主要依靠租用各地方体育局的体育场馆作为自己的主赛场，由俱乐部负责销售门票。基于对上座率与门票销售的考虑，也有些俱乐部采取签订合同的方式将门票经营权承包给代理公司的方式进行销售。考虑到我国体育消费的客观情况，一般来说各职业联赛门票价格在几十元至百余元不等，处于中低收入水平人群可接受范围之内。

回顾职业联赛的发展，各赛季职业体育俱乐部赛事冷热不均，导致门票收入差异较大。

（2）广告赞助。作为职业联赛收益的另一主要来源——广告赞助，也是我们重点关注的方面。目前，利用体育赛事开展广告宣传的企业越来越多，而且广告的范围和投入也越来越大。广告赞助既可以促进体育运动水平的提高，又可以扩大企业的社会影响，提高企业产品的知名度，达到广告宣传的目的，实现体育赛事组织机构与企业的双赢。

职业体育俱乐部赛事广告赞助名目繁多，主要包括冠名赞助、场地广告、门票及其他印刷品广告、服装广告、媒体广告等，对于职业联赛赞助力度和广告宣传作用最为有力的便是冠名赞助。

（3）其他收入。从俱乐部的角度出发，我国参与职业体育赛事的体育俱乐部主要收入来源为门票、广告赞助（包括冠名）、奖金分成、电视转播权收益、俱乐部特许经营等。其中，门票收入、广告赞助、电视转播权收益、俱乐部特许经营可以由俱乐部自己独立经营。我国职业俱乐部对职业联赛的开发能力较小。职业联赛作为体育产业的主体之一，它的外延功能很强。职业联赛可以带动很多相关产业的发展，如服装、餐饮、通信、传媒、零售、博彩等产业。我国已经发行了足球彩票，而篮球、乒乓球、排球等还没有发行彩票。此外，以现场观众为中心的小型赛事、活动、策划等还较少。随着我国经济水平的提高、人们生活观念的转变、消费者消费方式的改变，我国职业俱乐部的其他收入将会越来越多。

（二）对我国职业体育俱乐部赛事的建议

在国际化、全球化的背景下，我国的职业俱乐部应通过不断加强自身建设来推动职业联赛的更快发展，应从以下几方面着手：

1. 树立服务意识，进一步开发职业联赛市场

俱乐部的建立就是要把职业赛事全面推向市场，引入商业运作机制，吸引越来越多的国内外企业进入我国体育竞赛市场。在这一过程中，必须要树立市场意识，特别是要树立服务意识，以认真服务于球迷、服务于赞助企业作为俱乐部的基本责任，以优质的服务求得生存和发展，只有如此，才能搞活我国体育竞赛业市场。

2. 促进俱乐部改革，完善市场化运作

现阶段我国职业俱乐部的优化配置模式应是逐步建立与完善股份有限公司制的组织体系，通过商业化运作，向市场要效益。股份制可以集中有效的资源来促进俱乐部的发展。实行股份制也将为我国职业联赛打开新的投融资渠道。股份制俱乐部能够实现所有权和经营权的分离，改善俱乐部的经营模式，提高俱乐部的经济效益。俱乐部应充分利用股份制建制的优势进一步完善我国职业赛事的市场化运作。股份有限公司制职业俱乐部的优越性在于：第一，有利于明晰产权，协调体育行政管理部门、俱乐部和企业之间的关系。第二，有利于筹集资金并确保俱乐部发展的稳定性，有利于俱乐部资产的完整性和稳定性。公司股份的转让有严格的限制，可防止因企业经营状况不佳而影响俱乐部的正常经营和俱乐部因投

资企业抽走资金而面临解体的危险。第三，俱乐部实行股份制，股东对企业亏损承担有限责任，这种竞争产生的压力有助于提高投资者和经营者的责任心，可有效增强俱乐部自身发展动力。

3. 实施联赛品牌战略

我国职业赛事的开发要紧紧围绕职业联赛这一核心产品展开，以创建我国职业联赛品牌和世界一流的职业赛事经营为目标，不断提高我国职业联赛的知名度、美誉度和品牌忠诚度，使职业联赛成为我国体育赛事的一面旗帜。

4. 加强国际交流，大胆尝试"走出去"

当前，全球化、国际化影响着各行各业。我国的职业俱乐部也应加强与其他国家的交流，我国的俱乐部应该走出中国，走向世界。虽然一些赛事的职业化改革已经取得了较大成效，但在许多方面与国外相比还存在较大差距，如经营管理理念落后、机构设置简陋、营销策略和营销手段缺乏创新、法制和法规不健全等。这些问题严重影响了我国体育竞赛业市场的发展。因此，我国的职业俱乐部应该积极地加强国际化交流来完善和提高自己。

5. 完善法律法规，鼓励与扶持体育竞赛业

我国的体育竞赛业才刚刚起步，俱乐部在赛事运作过程中遇到了很多障碍。我国的体育竞赛业拥有巨大的市场潜力，如何引导和鼓励我国体育竞赛业的发展，显得尤为重要。应该积极地健全我国的法律法规，完善相关的制度，重点保护和扶持我国体育竞赛业。

四、非职业俱乐部赛事

非职业俱乐部赛事是指参赛运动员以俱乐部名义参加的非职业性赛事，赛事的职业化水平不高或没有职业化。主要包括两个类别：职业俱乐部开展的各类青少年赛事和业余俱乐部开展的业余赛事。青少年阶段（尤其是中小学阶段）开展的非职业俱乐部比赛多数由俱乐部、体育行政机构和学校共同组织运作，参赛运动员也多为在校学生，他们花费较多的时间进行训练和比赛，为我国职业运动和俱乐部培养后备人才。不过，他们的主业还是学习，参加赛事不是他们唯一的出路，而以比赛作为主要谋生手段的学生也非常少；业余体育俱乐部赛事是职业化程度最低的非职业俱乐部赛事，参赛运动员从属某个或多个项目俱乐部（相比职业俱乐部，其规模较小、组织较松散），参赛运动员一般都有较为稳定的职业，他们利用闲暇时间进行训练和比赛，参加比赛的目的不是谋生而是比赛本身所带来的乐趣。

（一）我国非职业俱乐部赛事发展和现状

1. 非职业俱乐部赛事特征

（1）非职业性。非职业俱乐部赛事的非职业性是其与生俱来的特征，非职业

运动员不像职业运动员那样以所参加的比赛作为唯一或主要的谋生手段，他们不会把全部的时间都拿去训练和比赛，也不会把收入都寄托在比赛的奖金和与之相关的收入上。

（2）竞技水平不高。既然称之为非职业，自然其竞技水平是无法与职业赛事相比的，但职业俱乐部开展的青少年体育赛事比业余体育赛事的竞技水平要高一些，因为这种青少年赛事还兼具职业人才的培养和选拔的功能。业余体育赛事的重点不是竞技水平的比拼，而是所有参与人的参与与融合，促进人的全面发展。

（3）参与人数众多。有非常多的赛事都是非职业俱乐部赛事，而且国内有很多项目根本就没有职业赛事，也谈不上职业运动员。此外，由于业余赛事对经济条件、竞技水平没有过高的要求，其参与规模与职业的相比要大很多。

（4）项目多样化。项目多样化的特点与目前我国体育发展现状和竞技水平有关。当前我国的职业化体育赛事和项目比较有限，很多项目部分职业化或没有职业化，缺乏职业化的管理模式和职业运动员，所以这类赛事的开展多倾向于半职业和业余的性质，已经职业化的赛事和项目并不影响该赛事和项目非职业化赛事的举办，加上对竞技水平不做过高要求，非职业俱乐部赛事的开展要更为广泛。

2. 非职业俱乐部赛事发展中的主要问题

由于发展历史短，人们普遍对于非职业俱乐部赛事的关注程度不如职业赛事。从国家体育战略布局的角度来看，我国仍然沿用举国体制，重点照顾传统和国家重点的赛事和项目，而其中又特别照顾那些易获得竞赛成绩的高水平职业赛事。对于职业水平较低，甚至是谈不上职业的业余赛事则少有关注。由于关注度和参与性的不足，非职业俱乐部赛事的发展受到一定程度的限制，问题主要表现在以下几方面：

（1）经费严重不足。由于国家不重视、政策不倾斜、群众不关心、市场不关注，造成了经费的不足。通常某项赛事的开展不是靠政府的拨款就是靠自我的市场开发（国内体育赛事多数时候是两者的结合），而当两方面都遇到困难的时候，赛事的举办就成了问题。国内非职业俱乐部赛事，政府照顾不过来，市场开发的力度又非常有限，赛事影响不够大，这样赞助商就可能削减经费甚至是退出赞助，电视、门票及相关产品的开发也会受到影响。

（2）与职业赛事脱节。非职业赛事除了满足人们日益增长的精神和文化需要，促进人的全面发展之外，还有另一个重要的目的就是与职业赛事接轨，为职业赛事培养后备人才（特别是各类青少年赛事和半职业赛事）。国外很多运动员都是由半职业赛事，甚至是从业余水平发展而来的，而国内的情况则有所不同，非职业赛事与职业赛事脱节比较严重，只有很少一部分人通过非职业的比赛成为职业运动员，多数的职业运动员从一开始就已经职业化了。

（3）各项目普及程度不同。非职业俱乐部赛事的涵盖面非常广，由于文化民族差异、国家体育战略布局等因素的影响，国内各类非职业俱乐部赛事和项目的开展非常不均。足球、篮球这种传统而又很受关注的项目，与它们相关的青少年赛事、半职业赛事和业余赛事非常多，而关于各类极限运动等新兴时尚项目的赛事却比较少，多数停留在业余赛事阶段（相对职业赛事而言），而且此类赛事往往有着固定的参与和关注人群（如青少年）。

（4）制度建设滞后。我国的体育体制是以举国体制为主导，国家的体育战略重点关注那些能取得较好竞赛成绩和普遍受欢迎的赛事和项目。在这种战略下，非职业的青少年赛事、半职业赛事和业余赛事就很容易被忽略，相应的制度建设就会被放缓，只有这些赛事和项目发展成社会焦点时，相应的制度问题才可能被重视。

（二）我国非职业俱乐部赛事运作模式

非职业俱乐部赛事由赛事组织者发起，运作组织者以体育行政机构、行业协会、俱乐部、公司企业等为单位，通过设定积分制度、奖金等形式吸引俱乐部参加赛事，俱乐部根据赛事的类别指派相应的运动员参加赛事。赛事组织者经过与俱乐部的沟通协调，达成参赛意向，确定参赛人员，然后在商定的时间和地点举办赛事，满足观众对于该项赛事或项目观赏和娱乐的需求。

非职业俱乐部赛事的组织运作大致可以分为两个阶段：首先，是赛事组织者在对项目、赛事现状的研究基础上，可以是赛事组织者自己，也可以是赛事组织者与相应俱乐部共同协商、研究赛事的具体举办计划；其次，经历赛事筹办阶段之后，进入赛事的实施阶段，这一阶段主要是俱乐部指派运动员参加赛事，观众通过观赏赛事与运动员发生直接的利益往来。此外，在赛事举办的同时，赛事组织者、俱乐部、运动员、赞助商、媒体以及其他赛事的利益相关者也进行着各种利益互换，以期获得彼此对赛事期望的价值。

非职业俱乐部赛事依据俱乐部的职业化水平不同，其运作模式也存在较大差异。对于业余俱乐部（爱好者俱乐部）来说，通常都是由企业、行业协会等共同主办。

（三）我国非职业俱乐部赛事社会与经济效益

1. 社会效益

（1）后备人才培养与选拔。职业俱乐部青少年赛事的举办重点关注的就是后备人才的培养与选拔，职业俱乐部通过此类赛事检验俱乐部的培养效果，挑选合适的运动员加入职业赛事，为俱乐部和我国体育事业输送体育人才，促进我国体育事业的发展。

（2）推广项目普及。职业体育俱乐部青少年赛事除了培养体育人才，在青少年中推广该项体育活动也是其重要的使命之一；业余体育俱乐部赛事多集中在新兴项目上，通过举办此类赛事让观众了解项目，产生兴趣，使新兴体育项目能够顺利在大众中开展。

2. 经济效益

职业体育俱乐部的青少年赛事因为兼具人才培养的特殊性，其重点关注的是赛事开展的社会效益；经济效益方面做得较好的非职业俱乐部赛事是爱好者俱乐部参与的新兴赛事，如全国街舞电视大赛。其经济效益具体体现在两方面：

（1）奖金设置。商业运作的赛事往往以奖金、荣誉、保证等形式吸引运动员参加比赛。以全国街舞电视大赛为例，2006 年全国街舞电视大赛共设 5 个奖项，奖金总额为 12.5 万元；2007 年全国街舞电视大赛与中国移动通信集团合作，奖项增加为 8 项，奖金总额增加为 20.4 万元；2008 年全国街舞电视大赛继续保持与中国移动的良好合作关系，奖项增加到 11 项，奖金总额增加到 27.3 万元。

（2）电视收视率。2007 年的"以舞会友，动感地带全国街舞电视挑战赛"历时近三个月，最终 254 位选手晋级到北京全国总决赛，中央电视台体育频道除了对 6 个分赛区的决赛进行录播之外，还对 2008 年春节期间举行的总决赛进行连续 4 天的现场直播。

（四）我国非职业俱乐部赛事发展趋势

1. 职业化倾向

非职业俱乐部赛事向职业体育赛事转变是国内外非职业俱乐部赛事发展的大趋势，当某项非职业俱乐部赛事受到高度关注、竞技水平突飞猛进、组织运作大获成功时，该项赛事变为职业赛事的可能性将变大，特别是随着此类赛事职业化运动员的增多或与职业化赛事关系变得密切，非职业俱乐部赛事的职业化或半职业化的倾向便成为发展的必然。在职业化转型过程中，掌握好转型的时机和力度是转型成功的关键，需要经过不断调研和尝试，确认是否应该转型、如何转型，以及转型后如何管理运作等。

2. 经营管理模式市场化倾向

除了街舞和极限运动等较少的项目采用市场化运作模式之外，大多非职业的体育赛事都是由各级政府、各级体育管理部门、学校等行政或类行政机构来主办。随着体育产业的发展，体育产业市场化运作的呼声越来越高，在这种趋势下，非职业俱乐部赛事的运作也应该加入更多的市场元素。和职业赛事市场化运作一样，非职业赛事的市场运作同样需要衡量好行政与市场的关系。

3. 管理的制度化倾向

项目众多、涵盖人群最广的非职业俱乐部赛事会随着国内经济的发展和民众观念意识的转变而逐渐受到关注。随着赛事竞技水平的提高、参赛运动员的增加、赛事影响力的扩大，保障赛事顺利举办的各种法律和政策因素也相应会备受关注，同时规范、有序、高效的赛事组织运作能力也是赛事主办和承办方需要重点解决的问题。非职业赛事的法律和管理制度的建设应建立在对赛事本身的认识上，建立一套具有中国特色、非职业特色的法律和管理制度。

4. 人才专业化倾向

随着非职业俱乐部赛事影响力的扩大、政府和民众关注程度的提高，很多学校、机构开始注重非职业俱乐部赛事专业人才的培养，通过设立相应的专业以满足市场的需求。同时，赛事主办方也开始重视赛事组织管理团队的建设，打造一支人员配备合理、专业知识扎实、业务技能熟练、组织管理高效的运作团队已成为许多赛事主办方运作赛事的首要任务。同样，专业化人才的培养需要多方共同努力，国家的政策、高校的资源以及企业的经营运作都是专业人才成长的土壤。

五、非职业非俱乐部体育赛事

非职业非俱乐部体育赛事是我国竞技体育发展过程中形成的一种特有的赛事模式，是特指尚未进行职业化的体育项目所开展的各种体育比赛，如全国运动会。一方面这类赛事是与职业赛事相对应的，从职业化和市场化程度来看，这类赛事的主要比赛项目职业化水平较低或者尚未进行职业化，市场化运作水平也相对较低。另一方面，从赛事的主要参与形式来看，这类赛事的参赛队伍不是以各职业俱乐部为单位的，而是以各种专业队的形式，如省市代表队的形式参加；从组织形式来看，其组织者一般是各级体育管理部门或各级人民政府，包括各级体育管理部门下属的运动项目管理中心和各级人民政府下属的行政部门。但同时必须指出的是，尽管这类赛事是"非职业化"的，但是这并不意味着赛事的竞技水平较低，因为其参与者主要是各级运动队的专业运动员。此外，从运动项目上看，这类赛事所涉及的主要运动项目多以奥运项目为主，从某种程度上可以看作是小规模的"奥运会"或者单项体育锦标赛。

相比职业体育俱乐部赛事、非俱乐部职业赛事及非职业俱乐部赛事，非职业非俱乐部赛事在我国有较长的发展历史，是四类赛事中兴起时间最早的赛事，这是由该类赛事的特点所决定的。

非职业非俱乐部赛事在发展的过程中，受到社会经济发展水平提高、思想观念转变和体育发展水平提高的影响，不断地吸收其他各类赛事举办的经验和教训，在项目设置、竞赛组织、运动水平、参与规模等方面都有了较大幅度的提高。特别是在赛事的运作上，由于经济体制转轨和市场经济的发展，这类赛事也开始逐渐转变计划经济时代的办赛思维，利用市场化因素和手段为赛事筹措资金，并开始遵循市场规律进行赛事的组织和运营。表现为赛事从允许有赞助到主动寻找赞助，从仅关注竞赛成绩到日益重视赛事的综合效益。

第二节 商业体育俱乐部的发展与经营管理

作为服务行业的商业健身俱乐部与其他的商业性企业一样，都是以追求高利润额回报为主要目的。在商业健身俱乐部的运营管理中，最为重要的就是对人的管理，其中包含对会员的管理与对俱乐部内部工作人员的管理。对于会员的管理需要利用会员制来实现，对俱乐部人员的管理需要对内部的管理人员、健身教练等进行人力资源的管理。

商业健身俱乐部只有不断地研究、分析市场营销环境的变化，制定相应的营销策略，把握住营销环境变化的趋向，善于寻找和利用机会，并依据环境的变化调整营销策略，才能够在竞争中取得一定地位。

一、商业健身俱乐部的运营管理

作为服务业的商业健身俱乐部和一般的企业一样，都是以追求商业利润为目的的。管理的定义很多，综合学者的观点，可以概括为管理是指一定组织中的管理者，在特定的环境和条件下，为了实现特定的目标，实施计划、组织、人员配备、指导与领导、控制等活动的过程。在商业健身俱乐部的运营管理中，最重要的就是对人的管理，其中包括对会员的管理和对俱乐部人员的管理。

（一）会员制与会员服务

俱乐部会员制是指能够提供餐饮、住宿、健身、娱乐等项目的服务机构，给予定期缴纳一定数量会费的会员以各种优惠和方便的经营形式。

商业健身俱乐部普遍采用的是会员制。在对会员提供服务的同时，也适当扩大至为会员以外的客人服务，但在服务和价格上会对会员进行优惠。推行会员制可以使俱乐部较快达到一定规模，并通过规模运营创造良好的业绩。对俱乐部会员提供诸多超值服务，包括非健身性质的服务是发展会员制度的有力手段。会员制消费已经成为消费者普遍接受的一种日常消费方式，是企业与消费者之间的制度模型中最为重要的组织形式之一。

商业健身俱乐部普遍采用入会制，管理制度是会员制、一对一服务，也就是说每一个会员都有对应的一个顾问为其服务。有些会员还有自己的私人教练。从会员入会前到成为会员后以及此后的延伸服务，可以使消费者享受会员制的增值服务。同时，俱乐部也不排除开放式的经营方式，非会员消费者也可以进入俱乐部从事体育健身消费活动。

商业健身俱乐部会员制的有关规章制度在会员入会时应以书面形式交与会员

阅览，接待人员要耐心、详细地解答会员的问题，帮助会员清晰地理解有关条款。待会员同意遵守并签字认可后，合约才具有法律效力。

（二）商业健身俱乐部的服务管理

商业健身俱乐部要把创新贯穿于管理的各个环节，不断激发消费者的健身热情，开发健身者新的兴趣点，引领消费者的健身行为上升到一个新的层次。为了提高健身俱乐部的服务质量、满足不同会员的消费需求，必须加强俱乐部服务人员的专业技能和服务规范的培训，提高员工工作自觉性，授权一线员工一定的判断范围和处理权，提高服务质量与绩效。对会员身心健康的各方面实施管理和监控，为会员提供全方位、多层次、细致周到的服务。

硬件服务与软件服务是相辅相成、互为依托的。硬件设施的完好是综合管理水平的体现，而俱乐部服务水平的提高又是以精良的健身设备为依托的。如图8-3所示。

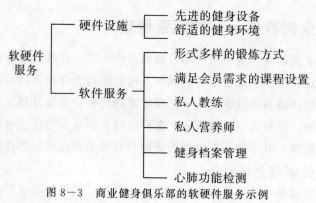

图8-3　商业健身俱乐部的软硬件服务示例

（三）商业健身俱乐部的教练员管理

经过多年的发展，我国健身行业已经从"萌芽期"成长到"青春期"，各方面都有较大的发展。但是，健身行业的规范管理仍是一个很大的难题，尤其是商业健身俱乐部的教练员管理方面更是如此。

教练员在商业健身俱乐部是必不可少的，是最能代表俱乐部形象的"代言人"，他们的运动技能和健身方法在消费者心目中就是健身服务不可分割的一部分。素质好的健身教练能稳定现有会员，提高会员健身兴趣，并通过良好声誉的传播，带来新会员，成为健身俱乐部的宝贵资源。

二、商业健身俱乐部市场营销

企业作为社会经济组织，总是在不断变化着的外界环境条件下开展市场营销活动，而企业的市场营销活动也总是受周围营销环境的制约和影响。一方面，它会给企业带来营销机会；另一方面，它也会给企业带来某种威胁和挑战。商业健身俱乐部只有不断分析和研究营销环境的变化，制定切合实际的营销策略，把握营销环境变化的趋势，善于捕捉和利用环境机会，识别和避免环境的威胁，并适当地调整营销策略，才能确保企业在激烈的市场竞争中立于不败之地。

总的来说，商业健身俱乐部的宏观营销环境处于一个较好的状态之中，商业健身俱乐部的发展正朝着健康、积极的方向发展。

第三节　青少年体育俱乐部的发展与经营管理

一、青少年体育俱乐部的管理

（一）资金管理

筹款能力在很大程度上决定了非营利组织的生存与发展。作为非营利性的青少年体育俱乐部，为实现组织目标，完成使命，筹集资金是其运营过程中必不可少的重要工作，但由于一些青少年体育俱乐部筹集资金的能力差，经常面临资金短缺的问题。青少年体育俱乐部筹集资金的渠道有几种：①公益赞助资金与体育彩票捐赠的公益基金筹集；②依托单位资金的投入；③会费与门票的收入；④附加服务性收入；⑤与营利组织联盟的收入；⑥间接的免税收入。

（二）青少年体育俱乐部的场地和设施资源管理

青少年体育俱乐部是实体型体育服务组织，不是运作型组织，需要有自己所有的或长期租用的场地、设施。但青少年体育俱乐部是依托体育事业单位创办的，所以大部分青少年体育俱乐部没有自己的场地、设施，在场地和设施不足的情况下，许多青少年体育俱乐部把目光投向了依托单位、学校、社区和企业。单位、学校、社区和企业拥有丰富的体育场地、设施资源，青少年体育俱乐部采取租用或合作方式，可以弥补青少年体育俱乐部在这方面的不足。另外，除了采用租用和合作方式解决场地、设施不足的问题外，青少年体育俱乐部也可以因地制宜，自力更生，充分利用自然环境条件，发挥各自的优势，科学地设计和建设场地，改善设施。

二、我国青少年体育俱乐部的运行机制

（一）我国青少年体育俱乐部的动力机制

动力机制是组织存在的前提和落脚点。青少年体育俱乐部的动力机制来自两方面：一是外源性动力，二是内生性动力。政府职能改革及社会组织功能的放大是外源性动力的基础，而政府大力鼓励青少年体育俱乐部的创建，并通过经济、行政等手段尽可能地提供后续发展条件，构成了青少年体育俱乐部初步成长的平

台，同时国家鼓励青少年体育俱乐部兴办并使其过渡到民间运营。源自俱乐部内部生存发展的需要则是其内生性动力的基本内容。

（二）我国青少年体育俱乐部的监管机制

经济市场化、政治民主化、社会自治化推进传统社会向政治、经济、社会三元分立的现代社会转型。这种转型导致了我国社会领域的深刻变革，兴起于 20 世纪 80 年代的"社团革命"正是这一变革的反映。社团革命的直接体现就是在政府和市场之外出现了另一种社会组织形式——非营利组织，并且其数量正随着我国经济社会的发展而急剧增加。

青少年体育俱乐部的监管主要应包括俱乐部的自我约束、同行监管以及外力监督，即自律、互律和他律三方面。其中自律机制是青少年体育俱乐部遵守行为规则和规范的根本，他律要通过自律才会起作用，行业互律则是自律和他律的必要补充。只有三种监督机制共同作用，才能有效地发挥监督合力，从而确保青少年体育俱乐部公开透明的运作，最终实现其公益性的组织目标。

第九章 我国体育产业发展的人才培养体系研究

进入 21 世纪以来,体育产业在不断拉动内需增长、增强人民体质、构建和谐社会中发挥着越来越重要的作用,特别是"一带一路"倡议的提出,进一步推动了我国体育产业的快速发展。然而,我国目前的体育人才培养存在着人才数量不充足、培养模式和市场需求不适应等问题,已经严重制约了我国体育专业复合型人才的培养和体育产业的发展。本章通过对我国体育产业发展的人才培养体系进行研究,深入分析体育人力资源的配置与管理,探讨当前我国体育产业人力资源的培养模式,就成了为体育产业的科学健康发展提供的有效途径。

第一节 体育人力资源的基本理论

人才是社会发展的原动力,谁组建了高水平的人才队伍,谁就拥有了世界的未来。党的十八大以来,习近平总书记关于人才工作的系列重要讲话精神中指出,"要秉持科技是第一生产力、人才是第一资源的理念,兼收并蓄,吸取国际先进经验,培养更多、更高素质的人才",实现中华民族伟大复兴,人才越多越好,本事越大越好。知识就是力量,人才就是未来。21 世纪是知识经济的时代,融知识、技能、经验等于一体的人力资本已成为了社会发展与进步的根本动力,而体育产业的发展壮大取决于是否充分开发人力资源。

一、体育人力资源的概念

要理解体育人力资源就要首先理解人力资源。人力资源的核心要素是人,将人作为一种资源,但并不针对某一个个体。人力资源指一个国家或地区拥有的具备智力劳动和体力劳动的人的总称。目前,对体育人力资源概念的界定还没有形成统一的认识。从整体而言,有学者认为体育人力资源是体育领域内接受过体育专业教育或受过专门体育运动训练的、能够推动体育发展的体育人才的能力,即体育人才的知识、技能、运动水平、科研实力、组成结构的总和。还有学者从体育人口的角度出发,提出体育人力资源是指能够推动体育发展的,能进行体育实践活动或有助于体育运动开展的,具有一定体育意识、知识、能力和经验的体育人口。根据人力资源的定义,有学者认为体育人力资源是指一个国家或地区拥有高超的体育运动技能，获得过突出运动成就，具有较强的体育研究能力、创造能力和管理能力的人的总称。

本研究综合以上学者的观点，认为对体育人力资源概念的界定可以分为广义和狭义。广义的体育人力资源指体育组织内一切能够从事体育事业的具有智力劳动能力和体力劳动能力的人们的总和。狭义的体育人力资源指体育系统内接受过体育专业培养教育或受过专门体育训练能推动体育事业发展的专业人员的总称。

二、体育人力资源的构成要素

体育人力资源包括人的智力和体力，根据现实的应用形态以及劳动能力，具体包括人的知识、能力、体质。在我国，体育人力资源主要依照法定劳动年龄进行划分，包括未达到法定劳动年龄、在法定劳动年龄之内以及超过法定劳动年龄三类。

（1）未达到法定劳动年龄。未达到法定劳动年龄，但是符合国家相关体育条文规定，已经从事体育活动的体育人力资源，即未成年就业的体育人力资源。

（2）在法定劳动年龄之内。在法定劳动年龄之内，在体育领域就业、准备就业、待业的体育人力资源，主要包括正在从事体育劳动、正在学习体育专业、军队服役人员从事体育工作、体育领域中待业的体育人力资源。

（3）超过法定劳动年龄。超过法定劳动年龄，仍然继续从事体育工作的体育人力资源。

三、人口、体育人口、体育人力资源和体育人才资源的关系

人口、体育人口、体育人力资源与体育人才资源是一个动态结构关系，始终处于不断变化的过程中，这个结构呈正金字塔形，如图9—1所示。

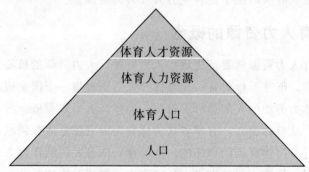

图9—1　人才动态结构

人口是体育人口、体育人力资源和体育人才资源的基础，一定数量和质量的人口在一定程度上影响着体育人力资源的结构，但不是正比关系，一个国家或地区人口基数的多少并不能说明体育人力资源的情况。体育人口与体育人力资源并

没有直接联系，体育人力资源并不都是由体育人口分化出来的。人力资源的显著特点是劳动性和生产性，只有与体育生产、体育劳动相联系的体育人口才是体育人力资源。例如，每周开展身体活动频率 3 次以上，每次身体活动 30 分钟以上的体育锻炼人群，属于体育人口，但大部分不是体育人力资源，而承担群众体育指导工作的社会体育指导员就是体育人力资源，因为社会体育指导员承担着体育教学、训练、组织与管理等劳动性、生产性工作，而前者并不具有此特征。体育人力资源是体育人才产生的根基，是从体育人力资源中脱颖而出的较为优秀、层次较高的部分劳动能力。

在人口、体育人口、体育人力资源与体育人才资源的相互关系中，人口一定包含体育人口、体育人力资源和体育人才资源，体育人口与体育人力资源属于交叉关系，体育人力资源并不是全部包含在体育人口中，体育人才资源全部包含于体育人力资源中。

四、体育人力资源的分类

对体育人力资源进行科学系统的分类，可以更加科学地认识和管理体育人力资源，充分发挥各类体育人力资源的效能。我国体育长期实行举国体制，尽管中华人民共和国成立 70 多年来培养了大量体育人才，但是从整体上看，体育人才结构单一，缺乏经营管理人才，缺少对体育人力资源的开发和管理。按照工作性质，可以将体育人力资源分为体育管理类、体育教育类、体育竞技类、体育产业服务类。

（一）体育管理类

体育管理类人力资源主要是指国家机关、企事业单位中各级各类的体育组织中从事体育领导或管理工作的体育人力资源。其主要来源于各级体育行政机关、体育专业学校、体育科研部门、各级运动队及体育教学组织的领导和管理工作人员。体育管理类人力资源主要是根据国家或上级的体育政策法规，对体育工作中的重要问题实行决策、计划、组织、监督、评估，协调体育领域内各系统、各单位的工作，有序开展体育管理相关工作，使体育组织灵活高效运转，为体育事业创造良好的发展空间。体育领导人在体育工作中占统帅地位，是发展体育事业的领导者和组织者，他们所起的作用是任何各类体育人力资源都无法替代的。

（二）体育教育类

体育教育类人力资源包括体育教育人力资源和体育技术人力资源。体育教育人力资源指在体育教育领域内，直接或间接从事教育教学、培训和科研的工作人员。其主要来源是大、中、小学校的体育教师和体育专业学校的体育技术课教师、体育理论课教师及从事体育宣传、体育出版工作的体育工作者。体育教育类人力资源主要通过对受教育者宣传国家的体育方针政策，传授体育理论基础知识和运动技能方式方法，提高受教育者的身体机能和运动技术，强化人们对体育的认识，增强社会适应能力，培养出高水平运动员，高层次体育教育、体育科研、体育工程技术、体育管理等体育人才。

体育技术人力资源主要是指在体育工作领域内从事体育科技开发、体育科学实验以及体育科技保障和辅助的人员。其主要来源于各级体育科学研究所的体育研究人员、体育情报人员，从事体育器材和制造工作的工程技术人员，运动队的保健医生和营养师等。体育技术人力资源掌握专门的知识和技术，具备操作技能，根据体育事业发展的需要，在体育生产等实践一线工作中解决技术和操作性难题的工作人员，如研究提高运动技术水平的方法，制造现代化体育运动器材和仪器，协助教练员解决运动训练和竞赛中的各种实际问题等。他们是体育事业发展的前沿力量，是建设体育强国不可忽视且必须迅速建立的人才队伍。

（三）体育竞技类

体育竞技类人力资源包括体育竞技人力资源、体育训练人力资源和体育裁判人力资源。

体育竞技人力资源是指具有一定体育运动技能，在体育竞技领域内专门从事运动训练和参加较高层次体育竞技比赛的人员。体育竞技人力资源是以自身的机能、身体素质和运动技术，在教练员的指导下，进行科学严格的训练，通过参加各级各类高水平的运动比赛，创造优异运动成绩，争取比赛的胜利，为国家为集体争取荣誉的同时向世人展示先进的体育运动技术、战术能力和水平，提高推动体育竞技运动和体育事业的发展。其主要来源于各级专业运动队、专业和业余体育学校、业余训练组织和大中学校训练队的运动员。

体育训练人力资源是指在竞技体育领域内，专门从事运动训练工作的教练员，在群众体育活动中从事技能传授、锻炼指导和组织管理的社会体育指导员。体育训练人力资源主要是向专业运动员和社会体育人员传授体育运动知识与技能，依据理论与实践相结合的原则，进行体育运动训练，不断地探索提高运动技术和运动成绩的方法，改善生理机能，提高体育技能水平。社会体育指导员技术等级分为：三级社会体育指导员、二级社会体育指导员、一级社会体育指导员、国家级社会体育指导员。社会体育指导员义务或有偿开展体育技能训练、锻炼指导、组织管理以及体育咨询等服务。他们是发展我国群众体育事业，增强身心健康，建设社会主义精神文明的一支主要力量。

体育裁判人力资源是指在体育比赛中依据比赛的规则，对比赛结果做出正确裁决的裁判员。体育裁判人力资源是竞技比赛的执法者，主要围绕体育比赛进行工作，其裁判水平的高低，直接影响运动员技术水平的发挥。同时，也是开展竞技体育运动不可或缺的人才力量。

（四）体育产业服务类

体育产业服务类人力资源是指在体育领域中，从事体育产业的规划设计、生产营销、经营服务方面的人员。体育产业服务类人力资源主要是以体育为工作内容，以经营效益为目的，在各项体育营销、赛事运作、俱乐部管理、体育经纪、体育赞助等工作中解决问题，从事经营或提供有偿性服务。例如，体育经纪人，是在体育领域中以收取佣金为目的，为促成他人交易而从事居间、行纪或代理等经纪业务的公民、法人和其他经济组织。体育经纪人主要开展的活动包括对体育比赛的经纪和对运动员的经纪，体育经纪人的存在，使得体育比赛更具有普及性、权威性和规范性，并使体育明星、运动员及体育俱乐部和其他体育组织从日常烦琐的事务中解脱出来，专注于提高运动技战术水平，同时还可以刺激体育市场，加速体育产业化发展。

五、体育人力资源的特征

体育人力资源是人力资源的一种形式，要将体育人力资源视为体育事业发展中的重要力量，并对其进行有效的管理，必须掌握体育人力资源的特征。体育人力资源的特征与人力资源的特征具有共同性，比如自然性、社会性、能动性、有限性、动态性、时代性、消耗性、流动性等，除此以外，体育人力资源还具有鲜明的个性特征。

（一）资源稀缺

体育与大多数其他学科相比，是一个发展较晚、较为冷门的学科，没有引起大多数人的重视，社会地位还比较低，这是造成体育人力资源稀缺的一个重要社会原因。随着人口出生率降低，青少年群体相对减少，体育后备人才储量降低，家长不支持甚至反对子女从事竞技训练或学习体育相关专业，这又是造成体育人力资源稀缺的另一个社会原因。此外，由于体育特别是竞技体育具有成材率低、淘汰率高、风险大、回报率低等特点，这从根本上造成了体育人力资源的稀缺。

目前，我国优秀竞技体育后备人才稀缺，一、三线运动员相对较少。社会体育指导员非常短缺。截止到 2015 年，全国登记注册的社会体育指导员有 150 余万人，其中有 3200 人是国家级社会体育指导员，有很大一部分人并没有上岗开展全民健身志愿服务。另外，我国体育经纪人也相当匮乏，数量不多，基本分布在经济发达地区和体育市场较为活跃的地区。高校体育教育人力资源也较为缺乏。

（二）文化素质偏低

体育人力资源，特别是体育竞技类人力资源中运动员专项训练低龄化现象严重，学生过早地离开全日制学校。如体操、跳水、武术等项目，小学 5～6 年级就进入运动队集训；羽毛球、乒乓球、田径也多是小学毕业进入运动队；篮球、排球等项目的运动员在进队前基本上毕业于省体校或地市中专，未受到系统的基础文化教育。这些运动员从小学阶段就开始从事半专业化训练，占用了大部分时间和精力，势必造成运动员文化素质偏低。我国教练员绝大多数是运动员出身，时间分配上，运动训练占绝大部分，这就决定了教练员需要在运动训练的间隙进行文化学习，而且运动员水平越高，集训比赛越多，学习时间也就越少。一般情况下，初中时期的运动训练大多属于基础性训练，比赛少，学习压力轻，大多数运动员可以坚持学习；到了高中阶段，运动训练进入专项提高阶段，比赛、集训的频率开始增多，出现停课现象，加上学习压力重，缺少充足的文化学习时间，致使某些运动员的学习成绩出现滑坡；到了大学阶段，运动训练进入最佳竞技阶段，运动员的重心主要放在提高运动成绩上，要绝对保证运动训练的时间，而文化学习的时间相对减少；在职培训阶段，虽然实行了教练员岗位培训制度，但仍然主要立足于教练员的专业技能、技巧，而忽略了文化课的学习。这些因素综合起来很大程度上决定了教练员队伍整体文化素质不高。

（三）综合体力劳动与脑力劳动

体育与其他社会现象最明显的区别就是以身体练习为基本手段，身体直接参与活动。体育人力资源中体力劳动是不言而喻的，运动员接受高强度、严要求的训练和竞赛任务，运动技能的形成需要通过大强度的训练量来实现。教练员在教学中的动作示范以及训练中的陪练都需要付出高强度的体力劳动。除了体力劳动，体育人力资源同样也需要脑力劳动。教练员和体育教师承担着竞赛任务和教学训练任务，需要根据每个运动员和学生的特点，如体力、智力、心理特征，因材施教，这就需要教练员和体育教师具体情况具体分析，深入了解和研究训练对象。为了获得比赛的胜利，创造优异成绩，教练员和体育教师要不断地学习国内外先进的技术训练经验，体育管理人员要组织竞赛，制定政策制度，运动员和学生要掌握运动技术，完成训练任务，领会动作要领，熟知战略战术，这些都离不开脑力劳动。

（四）劳动生产周期长

体育人力资源的劳动不像其他有形物质产品可以通过计时、计件等方式来衡量，非物质形式的生产劳动是难以用有形的物质形式来准确量化的。体育人力资源的劳动作为非物质产品，难以确定社会必要劳动时间。一枚奥运会金牌、一项新的世界纪录，其中包含了运动员、教练员、科研人员、后勤人员、管理人员等的辛勤劳动。其他物质生产部门的劳动生产周期较短，可以用年、月、日、小时、分钟等明确计算，而体育人力资源的劳动生产周期长，在时间上可跨度数年甚至数十年之久。从我国体育人才培养现状看，少年运动员从 7～8 岁进行业余训练到 17～18 岁成才，训练时间长达 10 年左右。培养一名世界水平的田径选手，通常需要 8～10 年，培养一名奥运选手需要 10 年左右。体育教师要经过 25 年左右的时间才能成长为全国优秀体育教师。

（五）时效性

时效性指体育人力资源的形成和使用在一定时间内有效。地矿资源可以长期保存，不开采品位也不会变低，体育人力资源实则相反，储而不用就会被荒废甚至退化。作为生命有机体的人，生命是有周期的，每个人都要经历幼儿期、少年期、青年期、中年期和老年期，人的才能和智慧的发挥有一个最佳的时期和年龄阶段。一般来说，25～45 岁是科技人才的黄金年龄，37 岁是其峰值。体育人力资源的时效性更为明显，如果未能在这一时期充分利用开发，就会导致体育人力资源的浪费。特别是竞技体育后备人才的培养过程有很强的时效性，由于运动项目不同，成材的年龄段也不相同。运动员的年龄一般在 15～25 岁之间，超过这一年龄阶段，一般不可能再创造出最佳成绩。体育教师会随着年龄的增大，运动动作示范的能力逐渐减退。因此，体育人力资源的管理必须要尊重时效性，适时开发，即时利用，最大限度地开发体育人力资源，延长其发挥作用的时间，使体育人力资源的形成、使用与管理达到平衡的状态。

（六）损耗程度大

体育人力资源在使用过程中会出现有形和无形的损耗情况，比如，体育人力资源自身疾病和衰老就是有形损耗，体育人力资源知识和技能落伍就是无形损耗。而且由于体育运动本身对抗性强、竞争激烈，对体育竞技类人力资源的损耗尤为严重。有些运动项目如登山、攀岩、铁人三项等比赛所要求的自然条件恶劣、场地器材及相应保护措施达不到要求以及对体育竞技类人力资源的过度开发等原因，导致体育人力资源易出现伤残事故。在当今社会，新技术不断取代旧技术，体育竞技类人力资源的损耗速度越来越快，主要表现为无形损耗，对无形损耗的补偿相比于有形损耗要更加困难，伴随着体育竞技类磨损速度的加快，产出费用也逐渐提高。

第二节　体育人力资源的配置与管理

一、体育人力资源的配置

（一）体育人力资源配置的概念

人力资源配置将资源配置的概念应用到人力资源中去，强调了人在社会发展中的重要作用，是指人力资源要素在各地区、各部门间的分配及其流动的排列组合。

体育人力资源的配置是按照体育可持续发展的实际需求，结合一定的经济或产出目标，从不同领域发展的数量和质量上对人力资源进行合理有效的分配，实现人、财、物、时间、信息等要素的有机结合，充分发挥体育人力资源能效，最终获得最大产出和最佳效率的动态过程。只要适合体育发展所需要的各项资源，不管它是在自然条件下的自由配置还是社会条件下的人为配置都属于体育人力资源配置的科学领域范畴。

体育人力资源的配置可以从三个层面理解：宏观层面、微观层面和个体层面。宏观层面的体育人力资源配置是指体育人力资源在不同地区、部门间的分配，它要求体育人力资源能够在适宜的地方进行有效配置。微观层面的体育人力资源配置是指在分配确定的情况下，某个地区、部门组织利用这些资源，最大限度地发挥其作用，具体实施在微观单位组织，由资源供求双方的行为共同完成。个体层面的体育人力资源是体育人力资源自己选择工作岗位的主动行为，它是体育人力资源自主选择性的体现。对体育人力资源个体来说，需要寻找一个适合自己的工作单位和职业岗位，工作单位要有发展前途，职业岗位要有上升空间，这两个条件若都能满足，将使体育人力资源自身在市场中获得最佳位置。如若发现目前的工作单位不尽如人意或者遇到更好的职业机会，也会出现行业领域内的职业流动现象。

（二）体育人力资源配置的构成要素

体育人力资源配置由主体和客体两个部分构成。

体育人力资源配置的主体包括人力资源和用人单位。体育人力资源是体育劳动市场运行的根本，是向体育市场提供体育劳动力的储备库。体育人力资源要进入体育市场必须具有一定的体育劳动能力，可以创造一定的体育价值。用人单位是体育人力资源配置的重要组成部分，是接纳体育人力资源，满足体育劳动市场需求的工作间。用人单位要进入体育劳动市场必须要具备以下条件：能够为体育人力资源提供工作岗位、能够选用体育人力资源、能够向体育劳动者支付报酬、使用体育人力资源后可以产生一定效益。

体育人力资源配置的客体是指体育人力资源中的劳动能力，是体育人力资源智力劳动和体力劳动的总和，具有价值和使用价值。体育人力资源配置的客体承载于体育人力资源主体上，没有劳动者也就没有体育人力资源配置客体。因此，体育人力资源配置的客体受到运行主体体育人力资源的限制，但同时，体育劳动市场需求的是劳动能力，因而运行主体体育人力资源的宏观活动又受制于运行客体劳动能力。

（三）体育人力资源配置的目标

体育人力资源配置的总目标是以市场为根本手段，将有限的体育人力资源配置到相应环节中去，获得最佳收益，满足体育劳动市场的需要。

体育人力资源配置的宏观目标是使体育人力资源社会生产总量与社会使用总量达到平衡，体育人力资源社会生产结构与社会需求结构相契合。

体育人力资源配置的中观目标是指引各地区、部门在体育人力资源使用方向上进行正确的选择决策，优化各地区、部门在体育人力资源使用方向中的配置，整合体育人力资源配置，发挥组合优势，形成现实的社会生产力。

体育人力资源配置的微观目标是充分调动体育人力资源自身的主动性、创造性、积极性，增加体育人力资源的活力，提高工作效率，做到人尽其才，人尽其力，更长久地创造价值，推动体育事业的发展。

（四）体育人力资源配置的内容

体育人力资源配置的内容主要包括四个方面：区域配置、领域配置、行业配置、项目配置。

1. 区域配置

体育人力资源的区域配置是指将某一个区域范围内的体育人口和体育人力资源作为基础，结合这一区域体育资源的现状和体育发展规划，通过区域内体育人力资源流动，调整不同区域的体育人力资源政策，最终实现体育人力资源的配置。体育人力资源的区域配置，必须结合当地体育发展的实际情况，具体问题具体分析，充分发挥地区资源优势，使各地区均衡发展的同时又各具特色，推动区域体育事业的发展。

2. 领域配置

体育事业的发展可以分为竞技体育领域、群众体育领域、学校体育领域和体育产业领域。体育人力资源在领域方面的配置要以发展重点领域为主要方向，对各领域中投入—产出之间的关系进行综合评定后再确定。体育人力资源的领域配置应该准确把握体育人力资源的方向，从我国基本国情和体育发展现状出发，保障竞技体育领域的资源供给，扩大群众和学校体育领域的资源分配，加深体育产业领域的资源共享，规划好各领域间的资源规模、比例和结构，使体育人力资源的领域配置获得最佳效益。

3. 行业配置

体育人力资源的行业配置非常重要，体现了体育人力资源的规定性。体育人力资源的规定性包含两点：水平等级和行业种类。在进行体育人力资源的行业配置的过程中，要区别对待水平等级和行业类别，针对不同行业的岗位需求，合理分配适合该水平等级和职业类别的体育人力资源，最终达到最优组合。另一方面，还要考虑行业交流和替代，应对出现某种职业供不应求的现象。科学合理的人力资源行业配置，需要准确预测行业需求，在这个基础上，安排各级各类教育培训，精准培养出符合各类行业需求的体育人力资源，满足各类行业岗位的需求。

4. 项目配置

体育包含种类繁多的运动项目，体育人力资源的配置自然也包括运动项目的人力资源配置，在运动项目的配置上，综合考虑年龄结构，职称结构，一、二、三线人员结构等方面，不仅要避免出现某一运动项目上人才过于集中，而且也要防止出现某一运动项目中人才匮乏。

（五）体育人力资源配置的规律

体育人力资源配置遵循"边际效益递减律"，人力资源的边际效益是指向一个处于经济活动过程中的经济实体做出的新的人力资源投放所获得的收益。依据"享乐递减法则"，在社会经济活动中向每个经济实体投入的人力资源都可以导致边际效益递减现象。在向人力资源稀缺的经济实体投入人力资源后，这个经济实体的人力资源投入边际效益会呈现三个时期。第一时期，当经济实体的人力资源需求量很大时，其人力资源投入的边际效益明显且逐渐增大；第二时期，当经济实体的人力资源配置趋向饱和时，人力资源投入的边际效益逐渐降低直到为零；第三时期，当经济实体的人力资源配置过剩时，人力资源投入的边际效益出现负增长。与此对应，社会经济中的经济实体间人力资源投入边际效益会出现三种情况：一是人力资源匮乏的经济实体边际效益呈现正增长，二是人力资源配置基本平衡的经济实体边际效益接近于零，三是人力资源过剩的经济实体边际效益呈现负增长。

（六）体育人力资源配置的原则

1. 坚持国家宏观调控为主、市场调节为辅的原则

体育人力资源配置主要分为计划配置和市场调节，这两类配置方式各有利弊。计划配置的优势是从全局把握，统筹协调，但是管得过多、过细就会降低人们的积极性和创造性。市场调节可以充分调动人们的主动性和积极性，提高配置效率，但是又会在一定程度上出现体育人力资源不平衡的问题。从辩证法角度看，无论何种配置方式，都有自身的优势和劣势，不能盲目选择其中一种。为了实现资源优化合理配置，只有将两者有机融合，优劣互补，最大限度地实现体育人力资源的合理配置。

依据我国的基本国情，现代市场是政府调控下的市场，现代市场竞争是政府管理下的市场竞争。体育人力资源要达到合理配置，既需要完备的体育产业市场体系，又需要政府在资源的配置中起到宏观管理和调控的作用，选择合适机变的

政策体系。即使在市场经济较为发达的西方国家，不仅有市场调节，国家也会介入资源配置。因此，体育人力资源的配置方式需要结合计划配置和市场调节，根据我国体育发展的具体实际情况，体育人力资源的配置方式应该坚持国家宏观调控为主、市场调节为辅的原则，国家从全局角度对重大问题进行调控，而具体的业务性的问题则交给市场，这是体育人力资源配置不可动摇的原则。

2. 统筹协调，兼顾公平

我国区域经济发展不平衡，东、西部地区，农村和城市都存在很大差距，体育人力资源配置要从整体出发，总揽全局、科学筹划、协调发展、兼顾各方地区差异，避免体育人力资源过分集中，分配不均。但是均衡不意味着绝对平均，并不能实现绝对公平，体育人力资源本身具有相对稀缺性，因此应在相对均衡和公平的基础上，最大限度地发挥体育人力资源的效益。运用经济、法律、政策等手段，遵循市场规律，使资源向效率最佳的环节流动，向国家重点发展的区域流动。

3. 人尽其才，提高效率

要提高体育人力资源的利用效率，提高工作积极性，就要使体育人力资源与工作岗位相匹配，达到物尽其用的效果。如果能力高于工作岗位的要求，会出现大材小用，造成人力资源浪费；如果能力低于工作岗位的要求，工作难免出现纰漏和问题，造成不必要的损失。只有将人才资源分配到合适的职位上，才能提高工作效率，获得高收益。从体育人力资源的角度看，选择到合适的岗位，才能发挥自身资源优势，为用人单位创造价值；从用人单位的角度看，选择到合适的人力资源，充分利用资源优势，才能提高生产效率，实现效益增长。

经济学中资源配置的重要原则就是提高效率，在体育经济运行中总会出现资源配置不合理、利用不充分的问题，提高效率可以有效解决这些问题。体育人力资源是体育经济运行的中坚力量，占有特殊地位，提高体育人力资源的使用效率尤其重要。

4. 动态变化

体育人力资源的配置包括初配置和再配置。初配置是指体育人力资源最初在地区、部门及不同使用方向上的分布，主要针对新增的体育人力资源的配置。再配置是指在初配置的基础上，体育人力资源在地区、部门及使用方向上的合理流动，从而形成新的体育人力资源分布格局。体育人力资源初配置需要考虑存量问题，即有多少体育人力资源分配到各地区、部门及使用方向上。而体育人力资源再配置主要面对的是流量问题，即通过多少体育人力资源的合理流动达到有效的再配置。

随着社会的发展进步，特别是知识更新速度的加快，出现一批新兴学科和交叉学科，原来合理的人力资源配置变得不合理了，原来优化的人力资源结构变得不优化了，这时就需要进行人力资源再配置，推动体育人力资源在地区、部门及使用方向上的合理流动。另外，随着不断深入的体育体制改革和不断变化的体育人才需求，出现新的工作岗位或者一些岗位对人才提出了更高的职业要求，以前的体育人力资源不适应工作岗位提出的新要求，或者某一岗位急需相应的人力资源，这时都需要体育人力资源进行再配置。因此，随着经济、社会、知识、能力的不断发展，体育人力资源的配置也要处于动态变化中。

5. 优化结构

通过体育人力资源的配置，调节各地区、各部门的体育人力资源分布，新的体育人力资源投放到不同的方向，优化体育人力资源使用结构。实践证明，多元的工作队伍结构，思路更为开阔，视野宽广，营造活跃的工作氛围和学术氛围，有利于开展综合工作；知识更新快的工作队伍结构，有利于吸纳符合现代社会发展要求的体育人才；年龄结构丰富的工作队伍结构，体育人才队伍不会出现断层和真空情况，有利于体育工作的可持续发展。优化人力资源结构，形成组合优势，具备高创造性和高效率的特点，因此，在资源配置过程中要坚持优化结构的原则，而不是"照顾关系"形成"小圈子"的体育人力资源结构。

6. 合理配置

体育人力资源合理搭配是指体育人力资源投入的最高产出率，经济的投入方向、配置的合理，以及更为广泛的社会方面的内容。科学协调生产效率与分配公平的关系、社会劳动与家务劳动的关系，经济效益可以通过数字等直观的方式表现出来，而社会效益则较为隐性，不能直观地表现出来，需要通过一定的形式才能体现。因此，体育人力资源合理配置，需要从宏观和微观两个层面正确理解和把握，力争取得最大的经济效益和社会效益。

体育人力资源的合理配置在于最大限度地提高体育人力资源的劳动投入产出率，必须有效结合体育人力资源和物质资源，科学管理体育人力资源，达到对各类体育人力资源的合理利用。针对不同工作岗位的不同要求，在人力资源的配置上，要最大限度地发挥每个人的工作才能，深入挖掘工作潜能，利用个人专长，调动劳动积极性和创造性。

7. 充分就业

当今世界不同经济体制、不同经济水平的国家都共同追求的目标就是充分就业，它不仅是经济目标，而且是一个重要的社会目标。英国资产阶级经济学家恩斯提出充分就业的概念，即在一定时期社会存在一个工资水平，愿意接受这种工资水平但是没有得到就业岗位的失业者称为"非自愿失业"；不愿意接受这种工资水平，想要寻找更高收入的失业者则是"自愿失业"，当一个社会不存在"非自愿失业"时，就是充分就业的状态。充分就业可以从两个角度分析，从总供给与总需求的关系分析，充分就业是总需求增加时，总就业量不再增加的状态，也就是凡接受市场工资水平愿意就业的人都能实现就业；从劳动力供求关系分析，充分就业是劳动力供给与需求达到均衡的状态，国民经济的发展充分地满足了劳动者对就业岗位的需求。

在宏观经济学的原理中，充分就业是人力资源的供给可以满足社会需求，有劳动能力和就业要求的经济活动人口，基本上都能获得社会劳动岗位。但是，由于经济活动的复杂性和不确定性，就业情况千变万化，充分就业在实际操作中有一定困难。从微观层面上看，生产的边际效益往往是影响人力资源需求量的主要因素，在资金投入固定的情况下，用人单位人力资源的需求总是有限的，但通常情况下人力资源供给又具有无限弹性，使得充分就业只能是一种相对的概念，在实际操作中充分就业很难完全实现。可以肯定的是，当充分就业实现时，失业现象并不会消失，摩擦性失业及其他类型的自然失业与充分就业会同时存在。

体育人力资源配置是通过调节体育人力资源的供求关系来实现的。人力资源供求矛盾客观存在，一部分人力资源在流通过程中沉淀下来，形成失业。失业是价值规律调节人力资源供求关系的结果，是在人力资源市场活动中形成竞争机制、价格机制的重要条件。但是失业的弊端又要求政府通过各种手段将其控制在一定范围内，避免无限扩大。通常，在人力资源供不应求或供求基本平衡的状况下，就容易实现充分就业，但是如果人力资源供过于求，就无法实现充分就业。这时就需要采取各种调控手段扩大岗位需求，尽量减少供给，达到人力资源的供需基本平衡，提高就业率。若采取一定平衡措施后仍然供过于求，这时未能就业人员的生活来源，就要从社会保障的费用中获得。经济学的原理中社会就业总人数只能达到经济总产值不继续下降的劳动力边际投入数量，但是在实际操作中，考虑到社会效益，有时还需要适量降低经济总产值，以便投入更多的劳动力，提高就业率来保持社会稳定。

二、体育人力资源的管理

（一）体育人力资源管理的概念

体育人力资源管理受到体育组织内外环境、社会经济发展水平的影响，是体育组织使用合适的体育人力资源，组成高效的体育人才队伍，实现体育组织目标的过程。体育组织要达到既定目标，就要运用科学且行之有效的管理理论和方法，提高体育人力资源的使用效率，借助考核和激励的手段管理体育人力资源。体育人力资源管理并不是直接管理劳动过程，而是对体育组织中人与人、人与事相互关系的管理，彼此相互适应、相互促进，事得其人、人尽其才，促使人与人、人与事的关系达到最佳状态。

体育人力资源管理常用的手段有组织、协调、监督，组织就是将人与人组织起来；协调是通过利用行政等各种手段，调整人与人、人与事的相互关系，避免出现各种矛盾，使其始终保持最优状态；监督是按照体育人力资源管理的相关法律法规对组织、协调等管理工作进行监察。

体育人力资源管理的核心要素是人和事，对人要竞争择优，对事要因事择人，竞争聘用、择优选拔、考核奖励、进修培训都属于管理手段。体育人力资源管理不是强迫人被动地接受，而是挖掘每个人的优势，使其在最适合的工作岗位上发挥自身长处和特点。根据每个人能力的变化，及时调整工作岗位，促使人力资源的合理流动。

体育事业的发展变化对体育组织中的人提出新的要求，体育组织成员素质能力的提高又对体育事业的发展起到促进作用，二者相互影响，形成了体育人力资源管理的基本规律，不同于自然规律和社会经济规律。

（二）体育人力资源管理的意义

体育人力资源管理的实质是根据体育市场客观发展变化的规律以及体育组织中人与事的相互关系，对其进行组织、协调、监督的活动。目前，我国体育人力资源的管理面临许多问题，加强人力资源的管理已经成为我国体育事业可持续发展的迫切需要。

1. 构建科学的人才培养体系

当前我国体育市场的发展由计划经济体制向市场经济体制转型，"一带一路"倡议的提出，推动了体育事业的进一步发展，各类体育组织在这一过程中遇到了很多问题，急需建立适应市场竞争的，有助于人才选拔、培训、激励的人才培养体系。我国各级体育组织由体育行政部门逐渐向协会性质的非营利组织转型，一些体育事业单位逐步转为市场机制下的营利组织，原有的国有体育企业转变为股份制企业。这些组织在转型过程中，都会遇到体育人力资源管理的相关问题，建立科学的人才培养体系，有助于提高人力资源的管理效率。

2. 改革创新体育人力资源管理培养模式

由于政治、文化、体制的不同，我国与西方发达国家的体育组织在人力资源的管理上具有很多不同点，西方的人力资源管理理论和模式并不完全适用于我国体育组织，需要将国外人力资源管理理论与方法改革创新，形成一套适应本国国情的管理模式。结合体育组织自身的特点，一些通用的、成熟的理论模式未必适用于我国体育组织。针对我国各级体育组织的实际情况形成合适的体育人力资源管理培养模式。

3. 培养高层次体育人才资源

国家间体育的竞争就是体育人才的竞争，有效的体育人力资源管理可以增强体育竞争力，科学的体育人力资源管理可以推动体育事业的快速发展。目前，我国各类体育组织中专业的体育管理人才比较匮乏，特别是缺少高层次专业管理人才，体育赛事组织、运营和体育产业开发方面的高级管理人才，人才培养工作迫在眉睫。随着我国在国际体育组织中的地位日趋上升，需要有一大批懂外语、精通技术业务和管理经验的体育人力资源进入国际体育组织。

4. 实现个人职业目标和体育组织的战略目标

体育人力资源的管理有助于实现个人职业目标和体育组织的战略目标，为体育组织提供人力资源开发模式、培训途径，提升人力资源价值，建立公平、公正的绩效考核体系和分配体系，激发员工的工作热情，提高满意度，帮助员工实现职业发展规划。

（三）体育人力资源管理的目标

对体育组织来说体育人力资源管理的最终目标就是获得体育人力资源的最大使用价值，以实现体育组织的目标。要想获得最大使用价值，就要努力提高体育人力资源的适用率、发挥率和有效率。

对体育人力资源来说，体育人力资源管理的最终目标是实现体育人力资源的价值，即体育人力资源的个人理想，既包括物质理想，也包括精神理想，既有国家理想，也有社会理想，体育人力资源管理从根本上来说是对人的全面发展。

（四）体育人力资源管理的内容

体育人力资源管理的内容主要是对体育人力资源的建立、维护和开发，从宏观层面看就是识人、选人、育人、用人、留人，从微观层面看主要包括人力资源进入体育组织，体育组织管理组织内成员的关系，成员与组织终止关系的一系列管理内容。

1. 识人

识人是体育人力资源管理的核心，是选人、育人、用人和留人的基石。精准的识人为体育人力资源的选人和用人奠定了坚实的基础。首先要确定工作的具体要求，如年龄、力量、运动素质、观察能力、性格、态度等；其次要确定对工作人员的具体要求，如心理、生理技能、知识和品格等。识人最主要的是综合考虑体育人力资源的职位胜任力，一方面使识人更加科学、客观，另一方面也提高了识人的效率和质量。

2. 选人

选人是体育人力资源管理进行实际操作的第一步，在运动员选材中有一句俗话："良好的选材等于成功的一半。"可以看出选人的重要性。如果选对合适的人，之后的育人也就相对容易，用人得心应手，留人更加方便。根据体育组织内的岗位需求和职责要求，利用各种方式方法从体育组织内部、外部吸引应聘人员，按照平等公平、择优录用的原则，招聘所需要的各种体育人力资源。选拔体育人才需要经过资格审查，从应聘人员中初步选出一定数量的候选人，然后经过严格的笔试、面试等环节进行筛选，试用一段时间后正式录用。

3. 育人

育人是体育人力资源管理的推动力。体育事业的发展靠体育人力资源的推动，育人是体育人力资源管理的助推器。为了提高体育人力资源的工作效率，对新员工开展的岗位培训大多是有针对性的短期培训，对高层次管理人员尤其是晋升前的培训，主要是尽快掌握更高一级职位中工作的内容和技能要求。体育人力资源的培训系统一般包括确立培训主题、制定培训目标、设计培训程序、实施培训计划、评估培训。

4. 用人

用人是体育人力资源管理的关键。识人、选人、育人、留人的最终目的都是为了让体育人力资源发挥效能，实现体育组织目标。体育人力资源在用人方面的管理内容主要包括机构与编制的管理、考核与奖惩的管理。机构与编制的管理，需要对体育组织的机构和各个岗位的要求进行分析，确定每一个组织机构和工作岗位对人力资源的要求。考核与奖惩是由体育人力资源自身对工作内容进行总结，体育组织管理部门进行审核，最后做出工作绩效考核的评价。定期进行绩效考核与奖惩挂钩，可以激发体育人力资源的积极性，检查和改进体育人力资源管理。

5. 留人

留人是体育人力资源管理的目的，如果能留住优秀的体育人力资源，不仅可以增强竞争力，而且可以推动体育事业快速发展。可以通过多种手段、渠道，全方位考虑体育人力资源的需求，留住优秀的体育人才。

报酬福利是留人的重要手段之一，体育人力资源管理部门从工作人员的资历、能力和实际绩效业绩出发，制定有吸引力的工资报酬，随着员工的职务升降、岗位变换、成绩高低进行相应的调整。福利是工资报酬的延续，如"五险一金"等福利待遇，体育人力资源的保留需要国家、社会、用人单位、个人四方共同努力，国家、政府制定了劳动保护的相关条例和规定，在一定程度上保护了体育人力资源。

（五）体育人力资源管理的原则

1. 以人为本的原则

在体育人力资源的管理工作中，要树立以人为本的观念，关注人本身在体育事业发展中的关键作用，不断激发工作热情，全身心地投入到体育人力资源的管理中去。各级管理者认真研究各类体育人力资源的特点、成才规律，激发其主观能动性，挖掘体育人力资源的潜能，通过定期开展教育培训工作，提高体育人力资源整体水平。

2. 反馈原则

反馈就是由控制系统把信息输送出去，将结构返送回来，影响信息的再输出，起到控制作用，从而达到最终目的。在体育人力资源管理的过程中，由于受到内外多种因素的影响，或者是计划制订得不够完善，出现一些问题，这些问题需要及时反馈到体育管理部门，以便及时采取措施，调整策略，更好地实现目标。

3. 休戚与共原则

体育人力资源的管理在实现体育组织的目标的同时也实现了体育人力资源自身的价值，如果过于计较个人利益得失，不仅降低了体育人力资源自身的价值，而且也阻碍了体育组织目标的实现，两者荣辱相生，休戚与共。

第三节　我国体育产业人力资源培养模式研究

一、体育产业人力资源培养模式概述

21世纪，人才将成为国家、民族、社会生存发展的推动力，体育产业人力资源既是体育产业各领域升级发展的基石，又是体育体制改革促进体育事业全面发展的推动力量。目前，我国面临体育事业发展的重大机遇，需要大批体育产业人力资源，将体育资源转化为生产力，尤其需要各种类别的体育人力资源承担体育产业发展的重任。体育人力资源的培养是时代的需要，是体育事业发展的需要。可见，对体育产业人力资源培养模式的研究是非常有意义的。

体育人力资源培养模式包括三个方面：培养目标、课程设置和培养方式。

培养目标是整个体育产业人力资源培养模式的主导方向，培养目标向体育产业各类别的体育产业人力资源展现了一种基本的工作状态，包括工作领域、工作报酬等内容，为体育产业各类别体育人力资源的培养确定了方向。

课程设置是连接培养目标和培养方式的重要纽带，培养人才首先要明确培养什么样的人才，其次是如何培养，课程设置起到关键的连接作用。课程设置体现了体育产业各类别人才的基础知识、技能和素质要求，根据培养目标，结合所需课程，确定科学合理的培养方式。课程设置并不是简单的罗列，需要配合其他措施，例如教学方式或教材。课程设置处于不断变化之中，随着体育产业的不断发展，人才要求的不断变化，培训内容的不断更新，培训方式的不断创新，课程设置也要与时俱进。

培养方式是体育产业人力资源培养的最终实施阶段,各教育培训机构通过办学方式、培养层次、考评方式以及师资队伍的建设等,实现体育人力资源的培养目标,使人才符合岗位要求,课程设置得到进一步提升。学生和用人单位在培养目标上存在一定差异,由于区域发展不平衡,目前我国体育产业人力资源的培养过程也存在着供需矛盾。体育产业人力资源的培养目标以国家和地区发展需要为前提,依据国家和地区的经济实力。

根据国家和地区经济以及体育产业发展对人才的不同需求,以及体育教育机构的自身条件,确定培养目标,构建合理的人才培养目标。在构建人才培养模式时,必须树立正确的办学指导思想,准确地定位,制定正确的培养目标,课程设置上要充分考虑不同区域对体育人才的不同需要,及时了解区域经济社会的发展动向,根据区域体育产业的发展,适时调整人才培养目标。

二、各类体育产业人力资源培养模式

(一)体育经济人才培养模式

体育经济学作为一个新兴专业,主要是培养从事与体育经济活动有关的体育专业人才,其研究内容包括体育产业范围内的一切经济活动,体育经济学与体育管理学存在一定差别,管理学更注重管理技能,而经济学偏向经济理论,因此,体育经济人才的培养具有自身特色。

1. 培养目标

就目前体育经济学专业的现状来看,体育经济人才的培养目标是:在体育及体育相关领域的政府、高等院校等机构,从事体育产业开发、体育金融、体育国际贸易以及体育教学科研等活动的专业人才。

政府部门、体育俱乐部、高等院校、体育企业等机构都需要大量体育经济人才,但是政府部门和高等院校的体育人才的缺口比较大,这是我国体育产业的发展现状所决定的。目前我国体育产业处于起步阶段,体育产业相关政策亟待完善,政府部门从政策的制定到调整体育产业结构都需要掌握经济学理论的体育经济人才。在高等院校中,由于体育经济人才供不应求,应加大对体育经济学教学的科研,为体育经济学人才的培养提供理论指导。

2. 课程设置

体育经济学专业的主修学科是经济学、体育学、管理学和数学。其课程设置要跟随社会和学科的发展变化而变化,根据学科特点确定开课学时,最好将社会实践作为必修课,在市场环境中遇到经济问题,最终还是要运用经济学原理解决实际问题,因此社会实践课显得尤为重要。体育经济专业应开展以实践为中心的开放式教学,这种开放式教学可以采用案例教学、模拟教学和项目教学等多样化的教学方法。体育经济专业可以没有指定教材，教师可以运用最有发展前景的、就业率较高的案例来进行教学，不拘泥于教材本身、注重社会实践的开放式教学模式更有利于培养出适应社会需要的体育经济人才。

3．培养方式

体育经济人才的培养应以学历教育为主，由专业院校对体育经济人才进行教育培训。任何形式的在职培训或自学等方式既没有现实实施条件，也不会得到社会认可。体育经济人才的培养可以由综合性大学体育系与经济系联合培养为主，体育院校和经济类大学联合培养为补充。随着体育产业的发展，体育院校资源优势的逐步凸显，更有利于培养专业的体育经济人才。

在人才的培养层次上，体育经济人才应该至少具备本科学历，以硕士学位为主，适当培养体育经济学博士，研究生是我国高层次人才队伍的主力军，为实现科教兴国奠定坚实基础，需要扩大体育经济专业研究生的招生规模。满足社会各方的需求，可以招收委托培养研究生，培养经费由委托单位承担，研究生毕业后继续回委托单位工作。

在考核方面，对体育经济人才的考核应以考试为主，学制采用学分制与学时制相结合的方式。

（二）体育生产与研发人才培养模式

我国体育产业主要集中在体育服装、体育器材等体育用品领域，还没有专门从事体育产品研发的机构，体育用品企业大多集中于中小型企业，体育产品的研发能力较差，缺乏体育生产与研发的专业团队。自主创新要以人为本，只有拥有具有创造力的核心研发人才，企业才能将研发结果投入生产，才能实现自主创新。

1．培养目标

体育生产与研发人才的培养目标是从事市场调研、设计方案、样品整合、生产管理、品牌策划等复合型技术人才，具有良好的思想道德素质，扎实的专业知识，较强的技术能力，对人才的综合素质要求比较高，主要针对体育产业中的体育用品制造业。

2．课程设置

数学是培养生产研发人才最重要的基础理论课，它是培养技术人员形成数学思维习惯，提高逻辑分析能力，体育生产研发人才的培养将应用数学课设置为必修课或选修课，内容包括复变函数论、积分变换、数值分析、离散数学等应用较广的现代数学内容。课程的教学可采用少而精的方法，学时少可通过讲座形式介绍精华部分，便于学生开阔视野，接受更多更广的现代数学方法。

教学方式可以将大部分课程安排在工作厂房里进行实践授课，将理论与实践相结合，学生学习的同时可以直接运用到实践，一方面用理论指导实践，另一方面通过实践来检验理论。建立"讲授—训练—自学"开放式交流教学体系，注重师生之间的交流互动，不断从外界获取新的知识和信息，重视下厂调研，校企联手，营造开放式的交流环境，为学生毕业后能顺利走入社会，适应工作岗位奠定坚实的基础。

通过实验教学，传授知识、加强能力和提高素质，影响着体育生产研发人才培养的质量水平。组织学科水平高、教学经验丰富的教师教授公共基础课、技术基础课；有一定科研能力、熟悉专业生产的教师教授专业课。授课过程中不仅要传授知识，而且要传授治学之道，提高学生主动学习的能力。加强实验室建设，使实验的仪器设备达到较高的水平，为学生提供锻炼动手能力的条件。

建立一支具有创新意识的教师队伍，除了具备教师的基本素质条件外，要有科学研究与技术创新、解决实际技术难题的能力，有指导生产实践的能力，拥有创新的教育理念，善于进行教学理论方法研究和创新，注重培养学科骨干和学术带头人，形成教学、科研、生产相结合的教师队伍，担当起培养应用型生产研发人才的任务。

3. 培养方式

改革办学机制，实行校企联合办学。随着职业教育的发展壮大，实践教学逐渐受到人们的重视，但是依照原来的教学行政管理体系，学校难以靠自身的能力完成相应的实践实习教学安排，实行校企联合办学，与企业紧密联系，扩大学生的实习和社会实践空间，改革以学校和课堂为中心的传统人才培养模式。学校要及时掌握市场变化与企业人才需求的信息，与经济效益好、具有发展潜力的制造类企业实行联合办学，把一部分办学的主动权交给企业，树立为自己培养人才的观念，调动企业的积极性。学习内容最后一年以企业为中心，主要由企业组织学生进行专业实习，毕业后直接投身生产加工第一线，之前以学校为中心，主要由学校组织学生学习公共基础课和专业理论课。学校和企业应签订联合办学协议，明确双方责任，为校企联合办学提供法律保障。

生产研发人才是应用性很强的技术人才，建立新型的师徒培训模式，需要一支专业的企业培训师团队，技术工人经过师傅培训获得专业的师傅资格证书，之后便可以在企业承担带徒弟学习的培训任务，要加快企业培训师团队的建设，提高技术工人的理论水平。

（三）体育项目管理人才培养模式

体育项目管理主要针对与体育活动有关的项目管理活动，在有限的资源环境中，运用系统的理论和方法，对与体育有关的项目进行合理的计划、组织、领导和评价，最终达到项目目标，最常见的如奥运会、世锦赛的项目管理等。

1. 培养目标

体育项目管理人才的培养目标是培养体育产业领域内，从事项目策划与评估、项目组织与采购、项目实施与控制、项目风险管理等工作的高级应用型管理人才。体育项目管理人才要具备的能力素质有决策、组织、创新、协调和控制、激励、社交、领导能力，需要掌握一定的管理、财务和法规知识，有一定的外语能力，便于扩大沟通和交流。

2. 课程设置

体育项目管理人才培养的课程安排较多，核心以管理学为主，包括经费管理、风险及质量管理、战略管理、财务管理等。

课程设置要能够鼓励学生进行基于实践和个人体验的探索性学习，项目管理不可重复性的特点决定了需要训练学生独立思考问题的能力。因此，在教学过程中要结合具体项目案例，最好是学生熟悉了解的项目，引导学生从宏观和微观层面分析项目实施情况、成本控制情况、项目实施后的经济和社会效益以及面临的风险等，使学生设身处地地思考和解决实际问题，尊重学生的独创性，采用以问题为中心、以任务为驱动、理论联系实际的方法进行教学活动。

3. 培养方式

体育项目管理人才属于应用型高级管理人才，综合性大学的许多学科都处于科研前沿，学科种类多、学科综合性强、人才荟萃，具有成熟的教学与管理经验，有完备的教学设施和办学条件，掌握最新的前沿科技信息，因此，综合性大学培养体育项目管理人才是人才和用人单位的最佳选择。充分挖掘现有的教学资源，提升体育项目管理人才的办学效益。综合性大学也要改变重科研、轻教学的情况，提高教师的敬业精神和业务能力，增加实践教学方式，改革教师考核及晋升制度，鼓励一线教学的教师提高体育项目管理人才培养的教学质量。建设一批体育项目管理人才教育培训基地，更加有计划、规范地开展体育项目管理人才的培养。

三、我国体育产业人力资源培养模式的建议

（一）加强政府的宏观调控

体育人力资源用人单位对体育人才提出了高要求、严标准，但是却没有对体育产业人力资源的培养模式进行开发，现有研究多集中于高等院校。政府需要发挥统筹协调的作用，营造良好的政策环境，保证政策充足供给并严格实施，集中利用企业、高校、科研机构三方优势，资源共享互补，创建具有中国特色的体育产业人力资源培养模式。

（二）充分利用学校资源

学校以及其他培养机构成为体育产业人才的供给方，及时了解市场变化动态

以及人才资源的需求情况，确定人才的培养目标，实行学分制与学时制结合的课程设置，采取考试的测评方式，丰富课程设置，体育人力资源在掌握体育基本知识的基础上，通过选修课拓展知识层面，引入数学、管理的相关知识，培养全面的复合型人才。

（三）加强专业建设

当前，我国体育产业人力资源存在供需矛盾以及区域不平衡的问题，应加强体育产业各分类人力资源培养的专业建设，开设新兴专业以满足体育市场对相关人力资源的需求，做好就业指导和职业生涯规划管理的课程，实现人才与用人单位的双赢，根据各个区域发展情况，因地制宜建立不同的体育产业人力资源培养模式。

第十章 我国体育产业资源开发与配置

第一节 体育产业资源及其配置的基本理论

一、体育产业资源

（一）体育产业资源的概念

能够支持各体育产业部门进行业务活动开展所动用的所有资源的总和就是所谓的体育产业资源。随着体育产业的不断发展与成熟，各种与之相协调的体育产业资源不断产生，这些资源为体育产业的发展提供了有力的支持，同时也推动了我国经济发展。

（二）体育产业资源分类

从综合性视角来看，可以将体育产业资源划分为两种类型：一是单一性体育产业资源，二是综合性体育产业资源，这两大类体育产业资源又可以划分为不同的小类，具体见表10-1。

表 10-1 体育产业资源的类型划分

分类依据			类型
体育产业资源的市场特性和开发价值			潜在的体育产业资源
			已开发或正开发的体育产业资源
按综合性程度分	单一性体育产业资源	物质形态的体育产业资源	体育自然资源
			体育经费资源
			体育场地设施资源
			体育人力资源
		非物质形态的体育产业资源	体育传统资源
			体育信息资源
			体育组织资源
	综合性体育产业资源	各领域的体育产业资源	学校体育产业资源
			竞技体育产业资源
			大众体育产业资源
		区域的体育产业资源	农村体育产业资源
			城市体育产业资源
		各单项的体育产业资源	篮球项目产业资源
			体操项目产业资源

二、体育产业资源配置

（一）体育产业资源配置的基本类型

体育产业资源的配置方式有以下三种类型：

1. 计划配置

计划配置的主体是政府，政府决定体育产业资源的分配，体育企业要依据国家经济计划行事。政府可通过各种手段对体育产业资源配置的格局进行直接或间接的调节，这对于将有限的体育产业资源集中起来，促进预期目标的实现具有重要的意义。政府在体育产业管理中，会设立专门的机构，政府的管理权力高度集中，相应的组织机构在贯彻计划机制原则的基础上采用行政方式全面管理体育产业。而从本质上而言，社会组织往往不具备管理功能。由政府计划配置体育产业资源的国家主要有苏联、朝鲜等。改革开放前，我国也采取该配置类型。

2. 市场配置

通过市场价格的波动、市场主体的竞争、市场供求关系的变化而对经济运行进行调节的方式就是所谓的市场配置。市场机制充分竞争，受益最高的部门和地区是体育产业资源流动的目标方向，将体育产业资源配置到哪个部门和地区，主要受市场供求比例变化及由此导致的价格波动的影响。在市场供求关系中，价格发挥着晴雨表的作用，反映着资源稀缺程度或需求程度，从而将这些准确的市场信息传递给体育生产企业，这就加剧了企业之间的竞争，刺激了企业的盈利欲望，引导体育产业资源向资源严重稀缺、供不应求的生产部门流动，这必然会造成稀缺体育产业资源的存量的增加，进而使体育产业资源供求的矛盾得到缓解。世界上采用市场配置方式进行体育产业资源配置的典型国家是美国，政府很少介入和干预体育事务，主要采用法律和经济手段进行间接性的调控与管理。

3. 混合配置

在体育产业资源配置中，难免存在"政府失灵""市场失灵"的情况，事实上，在资源配置中，如果仅仅依靠政府，或只是依靠市场，都会遇到很多问题，所以，当前，在体育产业资源配置中，很少有国家会单纯采用某一种配置方式，采用由市场配置和政府计划配置相结合的混合配置方式的国家已越来越多。世界上各个国家都在立足本国国情的基础上，不断对体育产业资源配置的方式进行调整，试图对与本国国情相适应的混合型配置方式进行构建与采用。这种方式对于政府主导作用的发挥，对于吸引社会对体育的支持具有重要的意义。当然，不同国家之间的混合型配置方式存在着明显的区别。有些国家以政府计划配置为主导，以市场配置为辅，即采用政府主导型的配置方式；有些国家以市场配置为主导，以政府计划配置为辅，即采用的是市场主导型的配置方式。中华人民共和国成立至今，随着社会经济体制的转型，我国体育产业资源配置的方式也在不断变化。

（二）市场配置与政府配置的边界

作为一种普遍流行的经济运行状态，市场经济以市场调节为基础和主导，本质上来说，市场经济是具有一定组织能力的一种经济调节方式，通过这种方式进行体育产业资源配置和布局，离不开对供求规律、价格机制、竞争机制的运用。通过运用市场机制，能够使微观体育经济主体的个别利益与社会整体目标保持协调一致。一定程度上而言，人们在对自身利益进行追求的过程中，也会推动体育产业资源的合理配置，这是普遍存在的客观后果。通常，如果运用市场机制就可以有效进行体育产业资源配置，那么政府就没有必要干预了。另外，虽然市场配置本身也需要一些成本，需要消耗一定的资源，但如果这种成本比政府配置成本低，那么选择市场配置的方式更妥当。一些转型国家往往不具备或不完全具备市场配置资源的效能条件，所以市场机制尽管可以配置体育产业资源，但这一配置方式并非成本最低、效率最高的方式。所以，在面临市场不全、市场不灵、市场配置高成本等问题时，可选择政府配置的方式，这样配置效果更好。

（三）体育产业资源配置的相关研究

1. 政府与市场的关系的研究

一般认为，在社会资源配置中，运用最广泛、最有效的机制是市场机制。市场机制可促进价格机制和竞争机制的功能的充分发挥，可促进市场主体主动向效益好的环节中配置资源，从而使微观经济活动主体的个别利益与社会发展的整体目标保持协调一致。需要注意的是，发挥市场机制的功能需要具备一些前提条件，一旦遇到"市场失灵"的问题，就难以使市场机制的功能发挥到最佳水平，资源配置也无法达到最优化的程度。

随着市场的不断演进和发展，市场上出现了一些突出的问题，如经济不稳定、公共物品供给不足、社会不公平等，这就为政府介入经济活动并实施干预提供了可能与条件。政府在市场经济中发挥自身的经济功能，目的是对市场自身功能的缺陷进行纠正、弥补。但是，政府在对市场经济缺陷进行弥补时，其经济功能逐渐扩大、不断强化，此时很容易导致另一种缺陷的产生，即"政府失灵"在经济运行中，政府被寄予很高的期望，人们希望政府通过发挥自己的职能来弥补市场功能的缺陷，但结果往往不尽如人意，不仅"市场失灵"的问题没有得到补救，反而又出现了新的问题，导致社会效益急剧下降。政府在弥补市场经济缺陷的过程中之所以会出现"政府失灵"的问题，与以下几方面的原因是分不开的：

第一，非市场活动本身可能导致在收入和权力方面的分配不公等。

第二，成本和收益的分离导致非市场产出的过剩和成本的攀升。

第三，非市场机构在预算增长、技术进步、信息的获得和控制方面的具体特性可能导致种种缺陷。

第四，非市场组织的内生性和组织目标往往使相关机构的行为和运行偏离初始公共目标。

在经济运行中，"政府失灵"和"市场失灵"的现象客观存在，政府可以在一定程度上弥补、纠正市场的功能缺陷，但政府也不是万能的，市场机制无法解决的问题，政府未必就可以解决。不管从理论上来看，还是从实践经验来看，政府与市场的作用始终都不可能完全替代。

有学者指出，在社会主义市场经济中，最基本的资源配置方式是市场机制，政府在干预经济活动的过程中，并非是对市场机制的作用的否定，也不是替代市场机制，而是要促进市场作用的充分发挥。

庄垂生认为，在我国制度变迁的过程中，政府发挥自身的作用并不是为了完善市场运行；社会上可能同时存在政府失灵与市场失灵的现象，在经济运行中，市场机制与政府机制都是不完善的，将二者结合可互相补充。转轨中问题的核心在于在市场化的不同阶段应如何发挥政府作用与发挥到什么程度的问题，而非政府是否应该发挥自身作用的问题[①]。

马桑认为，我国政府面临着双重问题，第一是运用政策对市场在资源配置中的缺陷进行弥补与修正，第二是运用政策对市场在资源配置中存在的不合理状况进行调节。市场机制的局部健全和局部不健全是经济体制转轨的一个重要特征。在经济体制转轨时期，我国政府必须加大宏观调控的力度，而且我国政府的干预力度也必然要大于西方国家对其市场经济的干预。

2. 体育产业资源配置的研究

目前，我国体育界只有少数的学者在研究体育产业资源配置的相关问题，因而有关文献资料也非常少，现有的研究大都只是对体育产业资源的概念、分类、培育以及开发利用的问题进行探讨与分析。具有代表性的研究成果有以下几个：

陈勇军在体育产业资源配置方式及其效率评价的研究中，指出体育产业资源配置效率改革应符合体育的市场化发展要求[②]。

裴立新等对我国在社会主义初级阶段体育事业转变为"集约化"发展模式的必要性和可行性进行了分析，对"集约化"模式在体育产业资源配置与利用中的重要性进行了论证。有效利用体育产业资源，必须采用"集约化"模式，这有利于促进体育产业发展的质量和效益的提高。体育产业发展向"集约化"转变，应实现体制、资源配置方式等方面的全方位转变。

---

① 庄垂生. 政策变通的理论：概念、问题与分析框架 [J]. 理论探讨，2000（6）：78—81.
② 黄飞. 中国体育消费与发展研究 [M]. 长春：吉林人民出版社，2019.

　　刘可夫研究了体育产业资源开发和配置的相关问题，在研究中指出，在一定时期和一定条件下，体育产业资源是短缺的，这是其与其他经济资源的共性特征①。体育产业作为一项经济活动，需要投入相应的资源，需要对体育产业资源进行合理开发、高效利用和优化配置，这是发展体育产业的重要条件，也是提高体育产业经济效益和社会效益的基本要求。在体育产业发展中，不同类型的产业资源居于不同的地位，发挥不同的作用，以此为依据，对不同类型的资源进行不同的配置，促进体育产业资源作用的充分发挥，更好地实现体育产业的经济与社会效益。

　　任海等认为，体育产业资源的类型、来源、影响因素、资源投入后的最终产品、环境因素、组织形式、法律政策等因素都会影响体育产业资源的合理配置。体育产出的社会公益性和市场开发性非常明显和突出。当前，资源分割、资源不足、流通渠道不够通畅、配置结构不平衡、利用率不高、资源再生能力弱等是我国体育产业资源配置中面临的主要问题。面对这些问题，我们需采用综合机制来进行资源配置，即将市场机制与政府行为结合起来，这是基于对我国国情的考虑而采取的举措。

　　舒萍认为，体育场馆资源不足是制约体育产业发展的一个主要瓶颈，对此，应借鉴经济发达国家的经验，有偿开放学校体育场馆，并加强对相关设施的管理与配置。

　　肖林鹏分析并探讨了中国社会转型期竞技体育领域进行资源优化配置的重要性，指出我国的举国体制以"奥运争光"为目标，政府将计划与市场两种手段灵活地利用起来，可实现体育产业资源的优化配置，使体育产业资源的最佳效益得到充分发挥。

　　3. 我国体育制度改革的研究

　　李艳翎从经济体制与竞技体育体制之间的关系出发，研究了我国竞技体育体制的改革，研究中指出，我国竞技体育体制的改革主要由经济体制改革所决定，新时期这两种体制的改革要与社会变革保持协调，实现渐进式改革。

　　谭建湘在研究我国体育体制改革的过程中，是以我国足球职业化改革为出发点的，研究指出，我国体育职业化发展取得了明显的进步，发展环境在不断改善，并基本形成了俱乐部制，一些项目联赛的专业市场已经初具规模，而且基本形成了商业化经营机制。

　　潘键研究了体育体制改革的过程及改革中呈现出的特征，指出改革中呈现的特征具体表现在以下几方面：

---

　　① 李崇飞. 中国体育产业发展研究 [M]. 武汉：武汉大学出版社，2016.

第一，经济体制改革与政治体制改革相结合。

第二，自上而下与自下而上相结合。

第三，局部推进与整体协调相结合。

第四，体制内推进与体制外推进相结合。

李卫东指出，我国体育改革中之所以出现了很多问题，主要原因在于政府角色错位、体育改革目标不明确等。

孙庆鹏指出，未来我国体育体制的改革必须与我国在社会主义初级阶段的国情相符，与整个体育事业的发展步调相一致，必须与社会环境保持融洽和谐的关系。

史兵认为，重新定位政府角色是今后我国体育改革取得成功的关键，在体育改革中，要以缩减与调整政府机构为基本出发点和最后的落脚点。

此外，当前我国体育管理制度中存在着"管、办、做"合一的问题，对此，一些学者提出改革国家体育管理体制需要分两步走，首先是从举国体制过渡到垂直分化的国家与社会相结合的体制，其次是逐步过渡到水平分化的国家管体育、社会办体育的新体制。

第二节　我国体育产业资源配置的基本情况研究

一、我国体育产业资源配置的方式

从中华人民共和国成立到 20 世纪 70 年代末，我国体育产业资源配置中采用的方式主要是政府计划配置。我国的体育体制体现了政府直接办体育的理念。政府计划配置的基本特征主要表现为，政府通过采用计划手段对体育产业资源进行配置，采用行政手段对体育产业资源进行管理；政府既办体育，又管体育，而且都发挥着主体作用。在中华人民共和国成立初期，采用这种体制是非常必要的，该体制有效促进了当时我国体育事业的发展。我国为了借助体育"窗口"将新中国的新形象展示给全世界，促进我国国际地位的提高，国家有关部门将全社会资源集中起来，加强专业运动队的建设，并对三级训练网的训练体系进行了构建，通过发展体育来将社会主义的优越性展现给其他国家。这一时期，体育具有明显的政治性和外交性特点，即体育是我国发展政治、外交的一个重要手段。政府采用计划手段对体育产业资源直接进行配置能够使短时间内实现局部突破的目标得以实现。因此，在当时，政府对体育产业资源直接进行配置具有合理性，而且取得了良好的成果。在这一体制的支持下，"举国体制"作为竞技体育的组织管理方式充分发挥了自己的作用。

计划经济体制直接影响了我国对"举国体制"的建立，"举国体制"的优势主要表现为可以将有限的财力和物力集中起来，使重点方面的发展得到保障，使我国体育落后的面貌在短时期内焕然一新，促进我国体育崛起。

随着我国社会主义市场理论的完善和改革的深入，社会价值普遍重建，此时，体育产业资源配置中的计划配置方式暴露了自己固有的缺陷，政府体育行政部门操办和控制一切体育事务的方式严重影响了我国体育事业的发展，政府包办一切的现象迫切需要改革。关于体育改革发展的总目标在《关于深化体育改革的意见》中被提了出来，即"改变原来在计划经济体制下，单纯依赖国家和主要依靠行政手段办体育的高度集中的体育体制，建立与社会主义市场经济体制相适应，符合现代体育运动规律，国家调控，依托社会，有自我发展活力的体育体制和良性循环的运行机制，形成国家办与社会办相结合，集中与分散相结合的格局，力争在20世纪末初步建立具有中国特色的社会主义体育新体制"[①]。《关于培育体育市场，加快体育产业化进程的意见》明确提出，"体育事业发展的基本思路是，面向市场，走向市场，以产业化为方向"。

我国的足球项目率先开始向职业化方向发展，在足球联赛的影响下，其他项目的职业俱乐部联赛制度纷纷建立，如篮球、排球等，而且进步非常明显，效果也很好。此后，体育走"社会化、产业化道路"的目标进一步明确。在我国从计划体制过渡到市场体制的过程中，政府不断调整自己的职能，体育产业资源主体的多元化趋势越来越突出，体育产业资源不再由政府单独配置与管理，企业、个人等主体也逐渐介入其中。

当前，我国尚且处于社会转型期，在这一时期，我们需要解决很多有关体育产业发展的问题。而且当前我国仅有有限的体育产业资源，完全依赖市场进行配置有很大的难度，这就需要政府发挥自己的调控职能，干预与调节市场经济，弥补市场的不足。总之，转型期体育产业资源的配置方式不仅与原来的计划经济模式不同，而且与完全的市场经济模式也有一定的区别，其带有混合型方式的特点，而且这一特点非常明显。

二、我国体育产业资源配置的机制

从内在机制来看，体育产业资源配置中的市场配置方式与计划配置方式的内在机制是完全不同的，不同的机制也就造成了配置效果的不同。通过对两种体育产业资源配置方式实现机制的比较分析，可以明确两者在体育产业资源配置中各自的优势与不足，为我国社会转型期的不同阶段采用不同的体育产业资源配置方

---

① 丛湖平. 体育产业理论与实践［M］. 北京：人民体育出版社，2006.

式提供合理的参照依据。

（一）政府计划配置与市场配置体育产业资源的信息机制

资源拥有者是否及时掌握信息，或掌握的信息是否准确，直接决定了其能否合理配置体育产业资源。如果掌握的信息不充分，那么很容易在资源配置中造成浪费，或无法充分发挥资源的效应。对体育需求及变化、体育供给能力等信息进行充分了解和掌握，是对体育产业资源进行合理配置的基础与前提。体育市场复杂多变，因此在实践中很难将体育市场中的各种信息全面、及时且准确地掌握到手中，也很难合理调节与配置体育产业资源。在计划经济时期，通过市场的价格信号无法准确反映体育的供需变化。在实践中，信息具有分散性、不确定性，而且也是不完备的。通过市场机制可以对有限的体育信息资源进行更有效的配置，通过价格机制可以将体育产业资源的数量紧缺程度及动态变化比较准确地反映出来，从而花费较少的成本来对体育产业资源的定价问题加以解决。在市场机制中，价格机制是核心，市场价格信号能够直接刺激体育企业的经营管理，通过市场竞争能够使体育产品的供需达到均衡状态，从而更有效地配置体育产业资源。

随着我国体育事业市场化发展水平的不断提高，对于体育市场价格信号的变化，体育企业的反应已经越来越明显了。另外，在体育产业资源的市场配置中，信息不完全的现象也时常存在，这就导致了市场交易成本的增加。所以，在转型期中，仍需要由政府来对市场进行规范化的调节，使市场信息更加透明。

（二）计划配置与市场配置体育产业资源的决策机制

在体育产业资源的计划配置中，政府完全集中掌握了决策权。政府行政部门根据自己制订的计划来分配体育产业资源，在分配过程中，注重将体育的社会效益凸显出来，这有利于从政治上保障资源分配的安全性。但某种程度上而言，计划配置可能会导致体育社会功能的弱化，而使其政治功能得到强化，这样体育就与国家政治需要相吻合了，政府基本上都是站在政治的角度对体育产业资源进行配置的。体育在计划体制时期被当作是一种特别的社会福利事业，此时体育呈现出的特征主要表现为产品非商品化、部门非生产性等，体育产业资源在市场上无法自由进出，各类体育产业资源的稀缺程度也无法通过指令性价格的变动而反映出来。而且因为体育的商品属性为社会所排斥，所以体育企业在经营中缺乏一定的动力，也没有成型的可利用的约束机制，这就使社会办体育的积极性受到了打击。同时，因为体育企业的微观经济活动主要由政府包办，所以致使政府的调控协调能力大大降低，最终导致了政府职能错位问题的产生。

在市场体制的体育产业资源配置中，资源配置的决策并不像计划体制下的决策那样集中，表现出一定的分散性，一般由企业在微观层次上做出所有的经济决策，这有利于对计划配置下信息分散与决策相对集中的矛盾进行有效的协调与解决，从而使决策结构与信息结构的协调得到保障。当然，在社会转型期，采用市场机制进行体育产业资源配置也有一定的缺陷，这主要体现在以下两个方面：

第一，市场机制本身就是自发、盲目的，各个体育经济组织为了实现自身的利益目标，不可避免地会与其他经济组织出现摩擦、矛盾，引发冲突，如果相互间的竞争持续高涨，就会浪费和损失一定数量的体育产业资源。

第二，利润最大化是市场机制的主要追求，所以由市场配置体育产业资源，难以同时实现预期的经济效益和社会效益。

在社会转型期，我国体育市场主体的决策机制正由集中统一的决策机制过渡为各独立主体的分散决策机制，然而因为政府部门的管理制度在一定程度上还在制约着市场主体，所以在很大程度上政府也在控制和干预市场主体的决策权。

（三）计划配置与市场配置体育产业资源的动力机制

向社会提供公共体育物品，实现良好的社会效益，这是体育产业资源计划配置的主要目的。然而，在体育产业资源的配置过程中，政府也会面临一些动力与约束等问题。从公共选择理论可知，尽管政府的职能是使社会的公共需要得到满足，使国家的公共利益得以实现，但根本上来说，政府作为一个行为主体并不是尽善尽美的。鉴于此，政府在实践中会表现出偏离自身职能和社会公共利益的行为，这样政府行为也就具有了一定的盲目性与随意性，而这也是市场行为的缺陷与不足。虽然政府配置资源的主要目标是使社会各种公共体育需要得到满足，但在实践过程中，政府并不能完全做到按理性认识和客观需要进行配置与调控。从现阶段我国的情况看，政府为了取得良好的政绩、报酬、待遇等利益，为了追求短期的显性"政绩"，会特别青睐于那些显性的、社会轰动效应大的体育投资领域和项目，如竞技体育的奖牌数量、体育产业的产值等。

在市场经济条件下，受追求利益动机的驱使，人们希望最大化地实现自身的效用，市场的动力机制可以最大限度地将各种经济主体的积极性激发和调动起来，这样就使得市场经济环境充满了风险、竞争和压力，在市场竞争中，优胜劣汰的机制发挥着双重作用，一方面是诱力，一方面是压力，在这两方面作用的影响下，市场主体快速高效地将体育产业资源配置到需求最大、作用最突出、效益产生可能性最大的地方。

与政府计划配置相比而言，市场配置的内在动力更强一些。所以，市场可以供给、组织及生产转型期的私人体育物品，从而使体育产品的服务质量不断提高。例如，足球、篮球等项目已经走向了职业化发展道路，本身它们的市场价值就已经很高了，通过产业化运作获利是不成问题的。但因为市场机制最大限度地追求利润，在公共体育物品方面，因为生产这类产品很难将搭便车的行为彻底消除，这就导致企业因为没有现实的利益而没有经营的动力。所以，在公共体育物品方面，政府财政转移支付仍然是必不可少的保障。

（四）计划配置与市场配置体育产业资源的竞争机制

在体育产业资源的计划配置过程中，在不同层面存在着不同的竞争。

首先是各行政区政府之间的竞争，作为利益主体，各地区政府之间的竞争非常突出。政府为了最大限度地争夺体育产业资源，追求本地区利益的最大化，会对各种障碍进行设置，部门主义和本位意识就是明显的反应，在这些障碍的影响下，"地方保护行为""进入和退出壁垒"的现象日益严重。在利益分配的博弈中，这种竞争的交易费用非常高，从而对我国体育产业资源的总体配置效率产生了严重的影响。

其次是政府内部的竞争，但这方面的竞争是比较少的，在体育产业资源的计划配置过程中，政府内部的竞争相对缺乏，该问题在政府机构中普遍存在。体育政府部门的工作具有明显的垄断性，公共体育物品的供给由这些部门垄断，因为竞争的缺乏，政府提供的体育物品无法满足社会需要，这就导致了供给过剩或不足等问题的产生。另外，在社会转型期，因为政府对大量体育产业资源进行控制，而且无法及时进行体制转换，所以大量的行政性垄断行为便出现在政府配置体育产业资源的过程中，这就导致体育市场竞争秩序的建立受到了抑制，对于全国统一大市场和市场经济的发展是非常不利的，权力寻租、政治腐败等现象也有可能因此而出现。

与计划配置相比，市场配置中存在着更为激烈的竞争，通过竞争可以激发技术创新，提高生产率。所以，一般而言，在体育市场竞争中能够最大程度地利用好体育产业资源，实现资源的优化配置。但是，随着市场竞争到达一定程度，规模报酬不断增加，此时垄断现象就会接踵而至。竞争性垄断一方面能够使过度竞争的问题得到避免，使规模经济的优势得以发挥；另一方面又会对竞争造成影响，从而对技术创新、消费者利益产生威胁。

在竞技体育领域，垄断有自己的特殊性，主要表现为相同的替代服务产品在高水平竞技体育市场中是不存在的，其制度安排的目的是垄断或维护垄断，而在市场内部，市场主体之间的竞争又非常激烈。在体育领域中，不管是因为竞争导致的垄断，还是政府的行政性垄断，判断其是否有效的主要标准是其是否对各经济主体功能的发挥有利，从而将可靠的信息提供给政府部门，使政府有针对性地进行干预。

三、我国体育产业资源配置的效率

（一）我国体育产业资源配置效率低的主要表现

众所周知，我国体育产业资源比较短缺，受这方面因素的影响，我国体育产业资源配置效率低下的问题也越来越突出，这就对我国体育产业的发展造成了严重的制约。

从现实来看，我国体育产业资源配置效率低的表现主要如下：

1．体育产业资源分配效率低

从以下几方面可以看出我国体育产业资源分配效率低：

（1）地区分配不均衡。在我国，经济落后地区更为缺乏体育产业资源，从而对当地体育产业资源的配置效率产生了影响。从地域分布来看，东部经济发达地区拥有的体育产业资源比中西部地区更丰富，这从东部地区拥有的体育场地设施的数量、规模、质量、资金投入等方面都能体现出来。

（2）城乡分配不均衡。农村严重缺乏体育产业资源，导致体育产业资源配置效率低下。相对来说，城市的资源条件更好一些。

（3）公共体育财政投入不均衡。在我国，在非竞技项目中投入的体育产业资源相对较少，这也是这些项目相关资源配置效率低的主要原因。这一不均衡进一步拉大了群众体育与竞技体育的差距。事实上，体育事业公共财政的目的主要是使群众的公共需要得到满足，将公共服务提供给更多的群众。现实中，在体育财政投入方面，城乡差距还是比较明显的。

（4）公共体育事业费与体育事业费增长幅度不均等。调查发现，我国体育事业费的增长幅度明显要比公共体育事业费的增长幅度大，体育事业费每年都有增长，而在全部体育事业费中，公共体育事业费所占比例的下降趋势比较明显。

2．体育产业资源流转效率低下

对于任何一个系统而言，保持活力的前提都是高效率的资源流转。只有资源顺利流转，才能使资源的更新、增值得到保障。配置渠道阻塞、资源流通不畅是我国体育产业资源配置面临的主要问题。资源流动困难不仅体现在体育系统内外方向的流动中，而且体现在体育系统内部的流动中。

首先，以体育产业发展中的基础资源——资金资源来说，许多国家和国际体育组织围绕体育产品已经开辟了大量的资金流动渠道。在体育界内外，大量资金迅速流动，投资方与被投资方的位置不断变易，提高了资本的增值速度。例如，欧美国家的体育娱乐业虽然以职业体育俱乐部为主体，但该行业在资金上与其他行业的联系特别密切。相比欧洲国家，我国的资金资源呈单向流动，是按照体育界外体育界的方向流动的，还不具备多渠道的互动机制。

其次，从体育设施资源来看，资源流转主要指的是资源使用权的流动。例如，在不同的时间里，一个体育场在学校体育课、居民健身以及运动队训练中发挥着不同的作用，这就反映了体育设施资源在不同群体间的流动。因为我国社会各系统相对封闭，缺乏互动，所以体育设施资源在各系统间的流动也比较缓慢。

最后，就体育产业人力资源来说，体育人才资源缺乏通畅的更新渠道，这主要表现在两方面，一是人才来源的枯竭；二是人才的就业困难。

体育产业资源能否充分发挥自己的作用，会受到各方面因素的影响，其中体育产业资源的流转效率的影响非常大。

综上，现阶段我国体育产业资源流转效率低主要表现为：因为体育产业资源价格无法将其价值充分体现出来，导致资源流转受阻，即使流转相对通畅，也难以实现体育产业资源的优化配置。

3. 体育产业资源使用效率低下

体育产业资源使用效率低下是我国体育产业资源配置效率低下在微观上的表现。体育产业资源使用不充分是体育产业资源使用效率低下的突出表现。因为管理者思想观念落后，管理方式单一，管理手段陈旧，而且过分注重管理，忽视了经营，所以体育产业资源大量闲置和浪费的现象非常突出，这就导致体育产业资源的社会效益和经济效益无法充分发挥。此外，体育产业人力资源的浪费现象在我国也非常普遍。

体育产业资源使用效率低下的另一个表现就是体育经费使用效率低。在使用经费、分配与投入经费的过程中，投入产出比率和边际成本收益概念没有得到应有的重视，这就造成了盲目投入资金、高投入低产出等不良现象的产生。在体育产业投资中，一般前期固定成本都比较高，随着资金使用率的增加，也会提高边际收益。而且维护收益只需要少部分边际成本，所以在设施资源使用中，只要投入较少的成本就可以修护损坏的设施，而且还会使边际收益增加。但在实践中，很多资源在受损后没有及时得到修护，最终成为沉没成本。同时，挤占与挪用原本用于体育产业领域的资金的现象也比较普遍，这些都导致公共体育资金的配置效率不断下降。

4. 体育产业资源综合利用效率低下

体育产业资源综合利用效率低下也是体育产业资源配置效率低下的一个重要表现。虽然各部门都有属于自己的体育产业资源，但他们在安排与利用资源中没有统筹规划，缺乏综合利用的意识，所以导致体育产业资源没有被高效率地综合利用起来。这样的配置无疑是浪费了资源，对体育产业资源的综合利用效率造成了严重影响。

在我国，没有得到充分有效利用的体育产业资源有很多。以高校的体育资源为例，高校集中了大量的体育场馆和设施，国家公共财政投资建设的这些高校体育场馆设施占全国体育场馆的一半多，但这些场馆的对外开放率却很低，不对外开放体育场馆设施的学校居多。从全国来看，我国公共体育场馆仅实现了小部分的开放。开放率最高的当属体育系统，其他系统仅保持很小的开放率。而且有些场地设施虽然对外开放，但没有得到高效的利用。再如，我国有些大型体育场馆是为了举办某些赛事而建立的，赛事结束后，虽然会将这些资源进行有偿或无偿开放，但因管理模式落后，导致这些资源没有得到很好的使用，长期闲置，导致资源相对过剩。

5. 体育产业资源再生能力低下

因为体育产品和各种资源要素没有纳入市场，所以导致资源投入与产出的双向驱动过程成为单向流动过程，即只是将资源转化为产品。因为没有从多个层次深入开发体育产品，所以导致无法充分发挥体育产品对资源的增值功能。这就导致在利用体育产业资源的过程中出现了资源的大量消耗。具体表现为没有深入开发大众健身的消费性服务价值、高水平竞技运动的商业观赏价值等，从而浪费了大量的体育产业资源。

（二）我国体育产业资源配置效率低下的原因

作为一种特殊的社会文化形态，体育与人的生物属性、社会属性都有非常密切的关系。体育具有健身、健心和益群等价值，正因如此，其才具有很大的社会效益和经济效益。在体育系统中，每个子系统的生存与发展都与其他子系统有很重要的关系，任何一个子系统都是其他子系统生存与发展的重要依据，子系统之间密切互动，相辅相成，而且体育系统与社会环境也在很多方面存在着密切的联系，这样社会才可以从多种渠道对体育的发展进行推动与调整。所以说，体育系统内外多种因素的综合作用导致我国体育产业资源配置中出现了各种各样的问题。

具体来说，影响体育产业资源配置效率的原因主要体现在以下几个方面：

1. 配置结构的原因

我国在体育方面的投资存在着严重的结构失衡问题，主要表现在群众体育与竞技体育投资的结构失衡、不同运动项目投资的结构失衡、不同地区资源配置的结构失衡等方面。因为长期以来我国都是采取政府计划配置方式对体育产业资源进行配置的，再加上体育被赋予了政治性，所以竞技体育的社会价值和文化价值更受国家重视，在资金投入方面，国家更注重对竞技体育的投入，在群众体育方面的投入相对较少，这就推动了社会转型期我国竞技体育的发展，但也加大了竞技体育与群众体育发展的差距。

奥运会战略与全运会战略在目标上存在很大的差异，因此影响了体育资源配置的合理性，在全运会战略思想的影响下，各省（市）、地区的运动项目布局也呈现出一定的差异，以全运会的项目设立为依据来发展本地区体育是普遍共性，这也导致了各地区在发展体育的过程中偏离了本地的实际情况，对投入产出效益没有给予重视，导致大量的体育资源白白浪费。另外，我国也普遍存在着竞技体育产业资源闲置、社会体育产业资源不足等现象。

受"举国体制"的影响，国家对竞技体育的价值过分重视，向竞技体育领域投入了大量的人、财、物资源。目前，我国城乡差距非常明显，导致这一问题的原因主要是我国城乡分割的二元社会结构明显，城乡收入不均衡，社会利益分配格局和制度差异显著，差异性体育产品供给体制和基本制度等。此外，在传统体育产权制度的影响下，严格的产权激励机制和约束机制在体育产业资源的配置中严重缺失，这就给体育产权的交易和转让增加了难度。而且在当前，我国主要依靠多层行政性委托代理关系来运营国有体育产权，运营中弊端重重。体育"条块分割"管理是我国现行的主要管理模式，在该模式下，体育产业资源高度分散、分割明显，而且重复建设问题严重，只有少部分资源实现了共享，造成了需求不足和闲置浪费的问题。所以，为了使体育产业资源配置的公平性得到保障，应结合政府投入和社会运作，对传统体育产权制度进行改革，尽快实现资源共享，从而推动体育产业资源配置效率的提高与配置格局的优化。

2. 政府职能的原因

在市场主体进行资源配置的过程中，政府政策发挥了指挥棒的作用，并且驱动市场主体的配置行为。体育产业资源配置构想即使再完善，如果缺乏好的政策体系做支撑，也是无法实现的。目前而言，我国体育产业资源配置政策还有很多不完善的地方，很多方面的政策都比较缺失，有的政策体系也是问题重重，不够完善，我国体育产业资源因此也无法实现高效率的配置。

目前，我国市场经济体制的建设还处于初级阶段，体育市场的发育程度有限，国家计划约束着体育消费品市场，国家计划控制着体育生产要素市场。现行体育体制中，计划经济色彩浓厚，政府主要通过计划手段对体育产业资源进行配置，采取行政方式进行体育管理，并且监督市场主体的决策，可见现行体育体制具有"三位一体"的性质。从这一方面来看，体育市场由政府所垄断，具有封闭性，市场壁垒和行业壁垒也因此形成，所以无法高效率地配置体育产业资源。目前，我国政府宏观管理体制与市场机制还未有机统一起来，因为政府职能发生了错位，所以与市场机制的关系并不和谐，有些领域政府本不该介入，但政府还是会实施控制，而有些领域需要政府的全力支持，但政府却没有充分发挥自己的功能，这些都是政府职能越位、缺位的表现，这些问题严重阻碍了体育市场化发展。目前，我国体育改革陷入了两难的境遇，主要表现为经济体制改革要求政府发挥自身的职能，全力推动体育产业的发展，而政府过多干预又会阻碍体育的产业化发展进程。

3. 配置方式的原因

长期以来，我国主要以行政命令的方式对体育产业资源进行配置，这是受传统计划经济体制影响的结果。理论上而言，只要充分掌握了信息，决策具有理性化，行政配置方式就比市场配置方式更有优越性，可以实现体育产业资源的优化配置。但信息具有非充分性，而且行政决策者完全做出理性决策也是不可能的，这就决定了通过行政配置方式无法实现体育产业资源配置的最优化。

事实上，市场配置方式也难以保证体育产业资源配置的最优化，但市场价格机制可以反映供求关系，从而能够使体育产业资源流向最有效的领域，理论上而言，这样的配置可以接近最优化。我国在市场体制改革中，各种资源的配置方式基本上都是行政配置方式，该方式基本取代了原来的行政配置方式，但因为体育产业资源具有自身的特殊性，所以依靠行政方式配置的体育产业资源还有很多，这就使体育产业资源的配置效率受到了一定的影响。在社会主义初级阶段，由于资源有限，而行政命令式的配置方式又不计效益，所以对体育产业的发展非常不利。

4. 配置方法的原因

资源的配置方式从根本上影响着资源的配置效率，但配置方法的影响也不容忽视。在资源配置方式既定的基础上，好的配置方法能够使资源的配置效率得到最大程度的提高。我国体育产业资源配置效率低下的一个重要影响因素就是资源配置方法的落后。长期以来，我国在体育产业资源配置中采取的是"粗放型"为主要方法，主要表现为一味强调投入，增加规模，不关注效益，从而导致我国体育产业资源的配置效率低下。

现阶段，我国体育系统中还不具备完备的共享机制，不同的体育分支各成体系、体育产业资源不足、资源分割、资源浪费等问题的发生主要就是由这一原因造成的。资源分割的问题同样也影响了体育行政部门，一方面大量体育场地设施闲置；另一方面社会教育、科技、人力等资源又无法得到充分的利用，从而造成了资源的短缺与浪费。多年来，我国发展体育一直存在着高投入、低产出、高淘汰率的问题，体育产业粗放型的发展模式与市场经济的运作规律明显不符。

第三节 我国体育产业资源开发与配置的优化研究

一、我国体育产业资源开发的优化路径

从优化体育产业资源的角度出发，作为一系列资源的集合体，企业只有优化设置好内、外部资源，才能够获得强大的竞争优势。在经济转型背景下，合理配置体育产业资源，深入开发与高效利用体育产业资源，能够强有力地提高体育产业的核心竞争力。

（一）促进体育产业资源供需平衡

在开发体育产业资源的过程中，首先要对各种资源的供需情况有清楚的认识，然后采取方法实现供需平衡。

第一，在体育产业资源的流通中，对恰当的供给渠道进行选择，加强对新的供给源的开拓。

第二，合理分析与掌控体育产业资源的市场需求，促进多种体育产业资源的供需平衡。

（二）结合各地优势，合理运用资源配置方式

市场机制的资源配置方式强调运行效率，在市场资源的优化配置中，价值规律无形中发挥着重要的作用。价格围绕价值变化，依据这一规律，市场价格机制在推动资源高效利用方面发挥了重要的作用，市场的调节作用促进了体育产业资源配置的优化发展。作为市场配置的重要补充，政府行为也促进了各种体育产业资源的利用及优化配置。在体育产业发展中，政府宏观调控职能的充分发挥能够使效率优先，兼顾公平的构想成为现实。此外，对于不同地区体育产业资源的现实拥有情况也要给予高度的重视，即注重分析各个地区原有的资源实力，这是实施体育产业资源战略的基础与前提。只有综合考虑市场机制、政府行为及资源优势，才能使体育产业资源战略性开发与利用的目标得以实现。

（三）推动体育产业集群的发展

波特最早提出"集群"概念，他在考察美国、日本等国家的产业发展情况后提出集群内企业获得竞争优势的主要途径是主体互动和知识学习。一般而言，一定范围内的企业竞争优势集合体就是所谓的集群，在一个集群中，各个企业相互依赖，相互促进。通过发展企业集群，能够重新配置资源，将企业集群及核心竞争力凸显出来，从而将更多能够满足市场需求的产品开发出来。需要注意的是，体育产业集群不是许多体育产业的简单相加，而是各相关企业以体育产业链为中心在结构与组织上的有机结合，发展体育产业集群可以在一定程度上使其获取和资源转换的壁垒得以缓解，使专业化的体育资源的共享理念成为现实，使一定地域范围内的相关企业组成生产网络，进一步优化体育产业资源，实现体育产业资源的高效配置。

（四）加强体育产业资源的协同体系的构建

为了使各项体育产业资源能够更好地与社会需求相符，在开发体育产业资源的过程中，需树立资源的协同观，有效配置各类体育产业资源，使各类资源都能够得到优化，从而使其价值得到最大程度的发挥。经过不断的开发，我国部分体育产业资源已经实现了共享，这主要从高校的体育资源中体现出来。

（五）促进体育产业创新能力的提升

开发与利用体育产业资源是一个动态过程，体育产业资源经过战略性开发后，能够更好地配置，实现深度的优化，促进新资源的形成，为体育产业的发展注入新鲜血液与无限活力，有效解决因体育产业资源短缺而造成的体育产业发展滞后及创新不足的问题。

二、我国体育产业资源配置的优化

我国体育产业资源配置的优化可以从配置方式、配置方法及配置政策三个方面来分析。

（一）体育产业资源配置方式的优化

1. 对政府与市场的边界进行准确界定

对政府与市场的边界的准确界定是体育产业资源由计划配置方式过渡到市场配置方式的前提。政府与市场的边界模糊是目前我国在体育产业资源配置中面临的主要问题，这主要体现在以下两方面：

第一，在体育产业资源配置中，有很多领域（可以产业化和商业化的体育领域）采用市场配置方式更有利，但政府也会介入这些领域中。

第二，有些体育产业资源（如体育服务资源、公共体育产品等）理应由政府来配置，但政府没有大力投入，影响了资源的配置。

以上就是政府与市场边界不清楚的主要表现，这两个问题对我国体育产业资源的配置效率产生了严重的影响。

针对以上问题，我们应将政府与市场的边界理清，促进计划配置方式向市场配置方式的顺利过渡。政府对自身的职能要依法界定，自觉规范，包括市场监管职能、经济调节职能、社会管理职能以及公共服务职能等。在资源配置中，要充分贯彻政企分开、政事分开的原则，政府在履行管理职能的同时不能履行出资人职能，在资源配置中，发挥市场的基础作用始终都是必要且重要的。

发达国家在体育产业资源配置中有很高的效率，体育产品与体育服务只要是可以进行商业化和产业化运作，政府就不会介入，完全由市场配置资源，从而使体育产业资源的配置效率得到了提高，如果政府参与其中，便不会取得好的效果。有些体育产品与体育服务具有公共产品属性，如果让市场来配置这些资源，就会导致市场失灵的现象发生，政府在配置这类资源方面发挥着举足轻重的作用，应从财政上大力支持与鼓励。

2. 改革体育产权制度

经济学理论指出，本质上来说，资源配置和资源流转都是一种产权交易。在产权交易中，如果缺乏有效的产权保护制度，激励机制和约束机制就难以建立，从而会影响市场调节作用的发挥。所以说，市场运行规则的基本前提是产权明晰，如果产权制度不合理也不完善，就会阻碍市场运行，难以发挥市场配置方式的作用。在传统体育产权制度的影响下，当前我国采用的体育产权制度仍然具有集中性，产权的权责不对称是这种产权制度的最大缺陷。体育主管部门所控制的体育产业资源并不是由部分的决策者所拥有，所以资源运行的收益也与决策者无关，决策者不需要承担成本损失的风险，所以，他们也就不会想办法去提高体育产业资源的运行效率，这无疑将导致体育产业资源的配置效率大大降低。

当前，在我国的体育产权交易中，存在着政府行政管理职能与市场经营管理职能不明确的问题，而且没有有效的市场交易平台来为产权交易提供良好的环境，这就导致行政性垄断问题在体育产权交易中的产生。因为产权交易双方没有互相掌握对称的信息，所以造成了体育产权交易效率低的问题，再加上一种严重的不规范行为，体育产权时效性的特殊要求很大程度上都得不到满足。总之，在体育产业化与市场化发展中，产权问题已成为一个非常严重的"瓶颈"。

同时，现在越来越多的体育赛事开始了商业化和产业化运作，这一方面也存在着产权关系不清晰的问题，有些职业体育俱乐部并不是实体性的俱乐部，从根本上来说，它们不具备独立法人资格，所以独立进行市场化运作也是不可能的，因而会严重影响体育产业资源配置效率。

为了提高体育产业资源的配置效率，需加强体育产权制度的建立与完善，具体从以下两方面着手：

（1）促进产权主体结构的多元化。在衡量体育商业化和产业化发展程度的过程中，体育产权主体结构能否多元化是一个非常重要的指标。如果不改变产权主体单一化的问题，那么要建立多元的市场主体是不可能的，这就会限制产权交易的顺利进行，并严重影响市场运行。从当前我国的现实环境来看，应推动非国有体育经济组织的发展，鼓励更多的各种类型的体育经济组织参与体育产业资源配置，而且在配置中要坚持"谁投资、谁受益"的重要准则。

（2）促进体育产权的清晰化。产权制度良性运行的首要基础是产权清晰。产权不清是当前制约我国体育产业资源优化配置的重要原因。因此，要进一步明晰体育产权，明确不同产权主体的权利和责任，建立有效的市场激励机制和约束机制，使体育产业资源的市场配置方式更好地发挥作用，推动产业资源的市场运行。

（3）促进体育产权的流动。产权交易的前提是产权具备流动性，倘若产权无法流动，将导致产权无法交易，此时产权也就是一个形式。产权只有具备流动性，才能使体育产业资源配置具备实现帕累托改进的基本条件。因此在明晰产权的基础上促进产权流动是今后产权改革的方向，只有这样，才能更好地发挥市场配置的作用，提高体育产业资源配置效率。

（二）体育产业资源配置方法的优化

优化体育产业资源配置方法，主要是由粗放式配置向集约式配置转变。大卫·李嘉图最早提出"集约"的概念，他指出，通过提高效率实现产出量增长就是集约。马克思指出，扩大再生产有内涵式与外延式两种类型。前者是集约型发展，后者是粗放型发展，前者主要通过提高质量、科技创新来增加效益，后者主要通过提高产量、扩大规模来增加效益。

改革开放后，我国在体育产业资源配置中所采用的方式不同于传统的粗放式方式，但也与完全的集约式有一定的区别，可以说正处于二者的过渡阶段，但目前来看，粗放式的比重仍然比较大，虽然在部分资源的配置中采用了集约式的方法，但在很多方面还是有很多漏洞，需要进一步改革，具体可从以下两方面来进行：

1. 提高科技含量

利用科技手段能够使体育产业资源配置效率大大提高，总体来说，我国体育产业规模较小，无法使体育市场日益增长的需求得到满足。所以，我们必须树立通过科技改革推动体育产业发展的意识，改变一味扩张产业规模的做法，着重依靠科技来促进体育产业资源配置的优化，促进体育产业资源配置中科技含量的增加和配置效率的提升。

提高科技含量主要可以从以下几方面进行：

（1）加强对体育科技市场的培育。为推动体育科研在新时期的进一步发展，我们应引导、推动科技力量、科技人员从科研单位转移到相关企业，促进科研与企业的共同发展。加大对体育科学技术市场的整合与改革力度，促进供需矛盾的有效解决。

（2）加强体育科技人员的激励机制的建立与完善。体育科技工作者虽然做出了很多的贡献，但他们大都是默默无闻的，不张扬自己，这也是人们容易忽视这类人群的主要原因。随着体育产业的不断发展，科技因素的作用越来越受关注与重视，因此应建立恰当的激励机制，激发体育科技人员的热情与积极性，使其在体育产业资源开发与配置中进一步发挥自己的作用。

（3）增加体育科研的投入。在体育科研领域投入一定数额的经费有利于促进体育产业资源的优化配置。

（4）充分利用高校体育产业资源。经过多年的发展与建设，目前我国一些高校拥有丰富的体育产业资源，如清华大学、北京体育大学等，大量先进的体育器材、精密仪器以及体育科学人才集中在这些院校，此外，还有专业的训练基地纷纷在高校建立。这些高校能够将体育研究迅速转化为成果，从而促进体育产业发展水平的提高。

2. 改革体育管理体制

在体育产业资源配置中，体制既是一种有效的驱动力，也是必不可少的导向标。要想使体育产业资源的配置方法从粗放式顺利转变为集约式，就要加强体制改革，发挥体制的支撑作用。现阶段我国的体育管理体制正处于转型期，计划经济体制、市场经济体制同时存在，受传统体制的制约与影响，资源配置方法在由粗放式向集约式转变的过程中面临着很大的问题。资源配置方式的转变需要有一定的制度保障，但当前我国缺乏这方面的制度，所以导致体育产业发展中出现了许多问题。对此，为推动体育产业的发展，必须加强体制改革，推动体育管理体制改革的进一步深化。促进市场在体育产业资源配置中基础作用的发挥是改革体育管理体制的核心，发挥市场的基础配置作用有利于提高体育产业资源配置方式的转化速度，更好地实现体育产业资源的优化与开发。

具体来说，改革体育管理体制应从以下几方面进行：

（1）尊重体育市场规律。虽然国家和俱乐部为中国足球联赛投入了大量的人力、物力和财力资源，但中国足球仍然没能冲出亚洲走向世界，相反，我国足球产业发展中的弊端频现，导致这一问题出现的主要原因是市场在资源配置中的基础性作用没有充分发挥。因此，我国体育部门应将体育竞赛市场逐步放开，在发展体育产业的过程中，促进多元利益格局的形成，贯彻"谁投资、谁受益"的原则，对不同主体的利益给予尊重并加以保护，促进市场在体育产业资源配置中基础性作用的进一步发挥。

（2）发挥体育行政部门的作用。我国建立市场经济体制后，该体制在一步步完善，为了更好地发挥这一体制的作用，体育行政部门需对自身的职能重新进行界定，并清楚地认识到，可以职业化与市场的那部分资源应由市场调节，同时必须弄清楚哪些职能必须由政府承担，哪些公共产品必须由政府负责提供，在体育行政绩效评价中，必须将效率、服务质量以及社会公众的态度作为最重要的指标。此外，还要建立一种良好的政府体育治理典范，体现公平与民主，从而提高资源配置效率，使资源配置与优化得到保障。

（三）体育产业资源配置政策的优化

完善体育产业资源配置政策是发展我国体育产业的需要，通过完善政策，可以促进体育产业资源配置效率的提高。下面主要分析完善体育产业资源配置政策的途径。

1. 加大财政投入力度

当前，我国体育产业发展的一个主要制约因素就是财政投入不足。因此，我们要对严格的体育投入保障政策进行制定，并明确规定在体育方面投入的增长速度要比经济增长速度和财政收入的增长速度快，从而使体育产业的发展得到保障。今后，我国不但要继续推动体育产业的发展，还要促进竞技体育、群众体育的协调发展。大众体育未来发展的基本组织形式主要以社区体育为主，所以政府要促进社区体育组织、设施、指导、信息等方面服务水平的提高，推动社区体育产业资源的多层次开发与高效配置，整合社区体育产业资源，从财力上支持与推动体育公共服务目标的实现，特别是要在财政上大力支持农村体育公共服务体系的建立与完善。同时，在财政投入不足的当前，要实现体育产业资源的优化，必须以较少的投入实现最大的收益，这是非常关键的问题。

2. 加强对财政投入结构的调整

我国体育财政支出结构不平衡，主要表现在对竞技体育的投入多，对群众体育的投入少。因为竞技体育的市场化、产业化程度比较低，所以竞技体育的资金投入形式和渠道从根本上说与计划经济时期具有相似性。在体育财政支出中，大部分公共开支都投入到了竞技体育中。在发展体育产业中，不仅要增加财政资金投入总量，还要注重对财政资金的投入结构的调整，将部分资金投入到群众体育中，促进竞技体育产业与群众体育产业的协调发展。

目前，我国体育工作的根本任务是发展群众体育，只有将群众体育发展好了，才能更好地推动体育产业的发展。因此当前我国应立足国情和群众体育的特点，按照相关要求适当增加财政资金向群众体育产业的投入比重，引导和推动群众体育活动的开展。

3. 进一步放开市场价格

发达国家在体育市场管理方面的政策值得我们借鉴与学习，主要表现在将体育产业资源价格市场充分放开，充分发挥市场调节机制的作用，以市场竞争机制和市场供求关系的变化为依托对体育产业资源进行优化配置，从而有效提高体育产业资源配置效率。所以，政府在对传统的高度集中的管理方式进行改革的过程中，要从管理形式、管理手段以及管理机构三方面入手。政府物价管理机构应坚持统一领导、分级管理的原则，在此基础上指导与监督价格变化。此外，还应制定有关体育商品定价的法律政策，促进体育竞赛市场活动的规范发展。

4. 促进市场管理的规范与完善

发达国家在体育市场管理中，注重对扶持政策的制定，以便推动体育市场的规范与发展。美国为了进一步发展体育市场，采取"反垄断豁免"政策来管理职业体育市场，从而使体育市场得到了迅速的发展。我国也需要借鉴发达国家的经验，制定有效的管理政策来促进体育市场发展，提高体育产业资源的优化配置效率，具体从以下几方面来进行：

第一，加强市场监督管理体制的建立与完善。

第二，运用政府宏观调控手段对体育市场的经济活动进行监督与管理。

第三，促进体育产业市场监督管理队伍的素质的提高，提高相关人员的专业性、技术性，促进管理队伍综合管理水平的提高。

参考文献

[1] 李颖川. 体育蓝皮书 中国体育产业发展报告 2019 [M]. 北京：社会科学文献出版社，2020.

[2] 马卫平，龙博，夏漫辉. 当代中国体育思潮研究 [M]. 长沙：湖南师范大学出版社，2020.

[3] 孙洁. 体育文化研究的多向度审视 [M]. 天津：天津科学技术出版社，2020.

[4] 李艳丽. 中国体育场馆发展报告 [M]. 北京：社会科学文献出版社，2020.

[5] 张健，蒋依依. 中国体育旅游发展报告 [M]. 北京：社会科学文献出版社，2020.

[6] 谭宏. 我国体育产业上市公司竞争战略对企业绩效的影响机制研究 [M]. 北京：经济管理出版社，2020.

[7] 彭圣致. 现代体育经济的多维度发展探析 [M]. 北京：中国经济出版社，2020.

[8] 耿志伟，段斌. 职业体育球迷消费行为研究 [M]. 镇江：江苏大学出版社，2020.

[9] 李颖川. 中国体育产业发展报告 2020 [M]. 北京：社会科学文献出版社，2021.

[10] 崔乐泉. 体育文化与产业研究 第1辑 [M]. 北京：社会科学文献出版社，2021.

[11] 杨京钟. 中国体育产业财税理论与政策研究 [M]. 长春：东北师范大学出版社，2019.

[12] 黄飞. 中国体育消费与发展研究 [M]. 长春：吉林人民出版社，2019.

[13] 胡昕. 经济学视角下的中国体育产业发展研究 [M]. 青岛：中国海洋大学出版社，2018.

[14] 滕野. 体育产业发展的理论与实证研究 [M]. 北京：中国华侨出版社，2021.

[15] 中国旅游研究院. 中国休闲发展年度报告 2017－2018 [M]. 北京：旅游教育出版社，2018.

[16] 李龙. 中国体育产业发展问题的伦理审视 [M]. 北京：中国经济出版社，2017.

［17］李崇飞. 中国体育产业发展研究［M］. 武汉：武汉大学出版社，2016.

［18］沈华柱. 发展与动因 中国体育电视产业研究［M］. 上海：上海三联书店，2017.

［19］祝慧英. 中国体育健身休闲产业发展研究［M］. 北京：中国广播影视出版社，2017.

［20］王玉珍. 中国体育旅游产业竞争力研究［M］. 北京：新华出版社，2015.

［21］席玉宝. 中国体育用品产业与市场实证研究［M］. 北京：北京体育大学出版社，2006.

［22］赵立，杨铁黎. 中国体育产业导论［M］. 北京：北京体育大学出版社，2001.